SUPER CREATOR

결국 시장을 지배하는 것들의 비밀

콘텐츠의 지배자들

최은수 지음

비즈니스북스

콘텐츠의 지배자들

1판 1쇄 발행 2023년 12월 15일
1판 3쇄 발행 2024년 1월 25일

지은이 | 최은수
발행인 | 홍영태
편집인 | 김미란
발행처 | (주)비즈니스북스
등 록 | 제2000-000225호(2000년 2월 28일)
주 소 | 03991 서울시 마포구 월드컵북로6길 3 이노베이스빌딩 7층
전 화 | (02)338-9449
팩 스 | (02)338-6543
대표메일 | bb@businessbooks.co.kr
홈페이지 | http://www.businessbooks.co.kr
블로그 | http://blog.naver.com/biz_books
페이스북 | thebizbooks
ISBN 979-11-6254-356-6   03320

* 잘못된 책은 구입하신 서점에서 바꾸어 드립니다.
* 책값은 뒤표지에 있습니다.
* 비즈니스북스에 대한 더 많은 정보가 필요하신 분은 홈페이지를 방문해 주시기 바랍니다.

> 비즈니스북스는 독자 여러분의 소중한 아이디어와 원고 투고를 기다리고 있습니다.
> 원고가 있으신 분은 ms1@businessbooks.co.kr로 간단한 개요와 취지, 연락처 등을 보내 주세요.

※ 이 책은 관훈클럽정신영기금의 도움을 받아 저술 출판되었습니다.

누구나 콘텐츠로
운명을 바꿀 수 있다

"AI로 인해 기자라는 직업도 사라질까?"

　30년 91일간 콘텐츠와 전쟁을 치른 기자 출신이자 현직 AI 석학교수로서 필자가 챗GPT에게 물은 첫 번째 질문이다. 숨죽이고 챗GPT의 답을 기다리고 있자니 10여 초 만에 답이 나왔다. "AI 기술 발전으로 기자라는 직업이 사라질 가능성은 존재하지만, 완전히 사라질 가능성은 낮다고 본다."

　새로운 정보를 찾아 분석하고 이를 바탕으로 논리적인 콘텐츠를 구성해 기사를 작성하는 능력은 아직 AI 기술로 대체하기 어려운 영역이기 때문이다. 하지만 2023년 챗GPT의 이 대답에 안도의 숨을 내쉬고 있을 수만은 없다. 지금처럼 기자 세계에 위기감이 엄습한 적은 없다.

챗GPT의 위협 이전부터 이미 유튜버가 기자보다 더 생생한 정보를 전달하고 큰돈을 버는 세상이 되었다. 그들은 팩트 체크 때문에 기자는 다룰 수 없는 콘텐츠도 거의 제재 없이 다룰 수 있고, 소위 '먹히는' 콘텐츠로 유튜브 스타가 되면 거꾸로 레거시 매체들로부터 러브콜을 받는다. 치열하게 언론사 입시를 준비할 필요도 없다.

언론사를 떠나 유튜브를 시작한 기자가 매달 수천만 원씩 번다는 소식도 들려오고, 기자들이 기업이나 정부 홍보팀으로 자리를 옮기는 현상이 엑소더스처럼 일어나고 있다. 콘텐츠 소통 방식이 완전히 변했기 때문이다. 이제는 유치원생이든, 직장인이든, 전업주부든, 은퇴자든 누구나 자신만의 콘텐츠가 있으면 SNS 계정을 만들어 순식간에 크리에이터로서 새로운 인생을 열어 나갈 수 있다.

콘텐츠의 개념부터 바꿔라

오늘날 세상은 콘텐츠가 있는 자와 없는 자로 나뉜다. 회사에서 잘나가는 상사, 소위 대박 난 영화나 드라마, 전국구 맛집이 된 동네 식당, 빅히트를 친 상품의 공통점은 자신만의 독특한 콘텐츠가 있었다는 것이다. 이처럼 콘텐츠의 관점에서 수많은 성공 신화를 분석해 보면 세상이 달리 보인다.

이를 위해서는 우선 콘텐츠에 대한 정의를 바꿔야 한다. 콘텐츠의 개념을 문화와 지식 및 예술 세계의 창작물에 적용하는 수준을 뛰어넘어 '사람과 조직, 사물, 제품, 공간을 채우고 있는 특별한 기술과 내용물'로 확장해야 한다.

가령 전 세계 휴대전화기 시장을 장악하고 있는 아이폰과 갤럭시의 성공 요인인 기능·기술·디자인 요소도 그들만의 콘텐츠로 바라봐야 한다. 성공한 사람의 비결, 선도 기업의 경쟁력, 전 세계에 통하는 히트 상품, 누구나 가고 싶어 하는 관광 명소 등의 특별함도 이제는 '콘텐츠'로 명명하고 그 가치를 분석해야 한다. 콘텐츠의 관점에서 세상을 움직이는 사람, 사물, 현상을 바라보면 지금 나와 조직이 갖춰야 할 경쟁력이 무엇인지, 제대로 파악할 수 있다.

콘텐츠 경쟁력이 '콘텐츠 지배자'를 만든다

필자 역시 수많은 기업과 사람들을 취재하는 과정에서 그들의 성공 비결을 콘텐츠 파워 면에서 살펴보면서 새로운 통찰을 갖게 되었다.

독일의 바이오 기업 바이오엔테크BioNTech는 mRNA(메신저리보핵산)라는 자신만의 콘텐츠를 갖고 있었기에 화이자의 러브콜을 받아 코로나19 백신을 개발해서 돈방석에 앉았다. 바이오엔테크의 콘텐츠는 '세계에서 유일한 딘 하나의 깃'이다. 이 유일무이힌 콘덴츠의 경갱럭은 단숨에 비이오엔테크를 세계적인 '콘텐츠 지배자'로 만들어 주었다.

PGA투어 4대 메이저 대회 중 하나인 마스터스 골프 대회가 열리는 오거스타 내셔널 골프장Augusta National Golf Club은 또 하나의 콘텐츠 성공 사례다. 미국 남부 조지아주에 있는 인구 20만 명의 작은 도시 오거스타에 위치한 이 골프장은 그들만의 특별한 콘텐츠를 만들기 위해, 세계 최고 기량의 선수만 초청하고 갤러리 입장권도 5만 명의 패트론patron에게만 배당한다. '세계에서 가장 배타적인 클럽'이라는 특별함을 유지하기 위한 운영 원칙을 고수하고 있다. 최상의 코스가 될 수 있도록 토양의 온도와 습도, 산소량까지 조절하고, 대회 6개월 전부터는 아예 코스 문을 닫는다.

이 특별함은 오거스타 내셔널 골프장을 세계 3대 골프장으로 만들어 주었고, 이 골프장의 회원이 되는 것은 세계적인 명사들의 위시 리스트가 되었다. 세계 최고의 거부 빌 게이츠조차 수년을 기다린 끝에 이 골프장 회원의 상징인 그린 재킷을 입을 수 있었고, 타이거 우즈는 아직 회원이 되지 못했다. 최근에는 리브LIV 골프 수장이자 사우디아라비아 국부펀드PIF의 총재 야시르 알 루마얀이 이 골프장의 회원권을 요구하기도 했다. 오거스타 내셔널 골프장이 이처럼 전 세계 골프 콘텐츠의 지배자가 된 이유는 바로 까다롭고 배타적인 운영 콘텐츠에 있다.

LVMH(루이비통 모에 헤네시)는 2023년 4월 유럽 최초로 시가총액 5,000억 달러의 기업이 되었다. 베르나르 아르노 회장의 재산은 2,110억 달러(약 280조 원)로 세계 1위 부호다(2023년 세계 억만장자 보고서, 《포브스》 발표). 루이비통, 디올, 불가리, 겐조 등 명품 패션 브랜드를 소유하고 있는 LVMH는 단순한 패션 브랜드가 아니라 누구나 갖고 싶은 진정한 '럭셔리 콘텐츠'를 담고 있는 '콘텐츠의 지배자'다.

성공하기 위해 1만 시간이나 투자해야 하는 시대는 지나갔다. '1만 시간의 법칙'과 같은 시대의 보편적인 공식을 거부하고 독보적인 콘텐츠로 단숨에 시장을 지배한 수많은 성공 사례는 바야흐로 콘텐츠의 시대가 도래했음을 알리고 있다.

콘텐츠를 갖고 있다는 것은 나름의 경쟁력을 확보했다는 뜻에 불과하다. 이 콘텐츠가 빛을 발하려면 경쟁자와 비교해서 차별화된 콘텐츠, 즉 특별함이 있는 독창적인 요소를 갖춰야 한다. 이런 콘텐츠를 '슈퍼 콘텐츠'라 부르는데, 슈퍼 콘텐츠는 전 세계 어디서든 강력한 영향력을 발휘한다.

지금 내가 속해 있는 조직 혹은 분야에서 콘텐츠의 지배자가 되기 위해서는 어떤 특별한 콘텐츠를 갖춰야 할지 생각해야 한다. 필자는 기자로 재직할 때 늘 '나만의 특별함'에 대해 고민했다. 매일 쓰는 기사를 매개로 미래, 꿈, 성공, 트렌드, 재테크 등의 주제를 정해서 몇 달 심지어 몇 년 동안 밴드나 블로그를 활용해 스크랩을 하거나 칼럼을 썼다. 그렇게 해서 콘텐츠가 모아지면 책을 펴냈다. 무려 28권의 저서(공저 포함)가 탄생했고 '베스트셀러 작가'라는 이야기까지 들을 수 있었다. 네이버에 연재한 '최은수 박사의 뭡니까'는 32,000여 명이 구독을 선택했다. 콘텐츠는 필자에게 자신감을 주었고, 관련 분야에서 전문성을 인정받아 강의 요청이 이어졌다. 그렇게 지속적으로 나만의 콘텐츠를 다져 왔기에 기자에서 AI 기업 경영자와 석학교수로 과감한 변화를 감행할 수 있었다.

'AI 창작자'의 신세계가 펼쳐진다

"놀랍다. 드디어 AI 끝판왕이 왔다."

콘텐츠 창작 시장에 챗GPT의 등장보다 더 충격적인 사건은 없었다. 챗GPT가 콘텐츠 창작에 관련된 모든 것을 바꿔 놓고 있다. 언론계에는 'AI 기자'뿐 아니라 'AI 앵커'까지 등장했다. AI 기자는 스포츠 경기가 끝나고 1초 만에 자동으로 기사를 작성해 주고 증권 관련 기사도 척척 써 낸다. AI 앵커는 방송까지 진행한다. 텍스트만 입력하면 AI가 진행하는 방송 영상이 만들어진다. 분석과 해석 능력은 극복해야 할 과제지만, 사람보다 빨리 적은 비용으로 24시간 기사를 생성하고 보도하는 것이다.

더 큰 충격은 챗GPT가 소설가, 작가, 화가, 작곡가 등 크리에이터가 하는 거의 모든 창작 업무를 대신 할 수 있다는 점이다. 'AI 창작자 시대'의 도래는 콘텐츠 제작의 판도를 바꿀 게임 체인저라 할 수 있다. 그래서 필자가 만난 대부분의 리더와 창작자들은 인간이 기술에 종속되는 '일자리의 위기'가 다가오고 있음을 우려하면서도 적극적인 활용 방안 찾기에 골몰하고 있다.

우리 정부도 챗GPT를 업무에 활용하는 방안을 수립하고 있는데, 과학기술정보통신부는 이미 챗GPT로 보도자료를 작성한다. 국가적인 차원에서 사회 전반에 걸친 윤리적 쟁점에 대한 검토도 시작되었다. 또한 일부 언론사와 교육 기관들이 챗GPT 활용 교육을 시작했다. 삼성·SK·네이버·코카콜라 등이 자체 비즈니스에 접목했으며, 많은 기업이 마케팅을 비롯해 업무 전반에 활용하려는 움직임을 보이고 있다. 언론사들은 챗GPT로 기사 작성을 시작했다.

이제 AI를 잘 다루는 사람이 현실세계의 창작자를 뛰어넘는 결과물을 만들어 내기 시작했다. 크리에이터는 콘텐츠를 창작하는 방법을 대전환해야 한다. 변화를 요구하는 거대한 핵폭탄이 우리에게 다가오고 있다. 그 변화에 가장 빨리 적응하는 개인과 기업, 조직, 국가만이 '콘텐츠의 지배자'가 될 것이다.

2023년 11월

콘텐츠의 미래, 어떻게 달라지나?

기업을 이기는 크리에이터들

CHAPTER 4

대체불가 '미래 콘텐츠'가 온다

CHAPTER 1

세상은 콘텐츠가 지배하고 있다

오늘날 세상을 지배하는 자는 누구일까? 바로 콘텐츠를 가진 사람과 조직이다. 30년간 기자로 활동하면서 필자가 만난 독보적인 리더들은 모두 자신만의 콘텐츠를 갖고 있었다. 즉, 신문과 방송에 등장할 정도의 스토리텔링이 되는 이야기의 주인공들이었다. 다가올 미래에도 이 '콘텐츠의 지배자'들이 압도적인 영향력을 발휘하면서 세상을 자신이 원하는 방향으로 이끌어 나갈 것이다.

슈퍼 크리에이터,
슈퍼 팬의 시대가 열렸다

2022년 3월, 2년 4개월 만에 방탄소년단BTS 서울 공연이 잠실 종합운동장 주경기장에서 열렸다. 3일간 전 세계에서 찾아온 BTS 팬 아미ARMY 45,000명이 공연장을 가득 채웠다.(코로나로 인한 사회적 거리두기로 공연장 수용 인원의 3분의 1만 입장한 상황이었다.) 현장을 찾지 못해 각국의 영화관에서 진행된 라이브 뷰잉과 스트리밍 서비스로 BTS의 공연을 지켜본 전 세계 아미는 단 사흘 동안 242만 명에 달했다. 이틀 동안 온라인 스트리밍 접속자 수만 102만 명이었고, 라이브 뷰잉은 총 3,260만 달러(약 403억 원)의 흥행 수입을 기록했다. 북미 영화관 티켓은 평균 가격 9달러의 약 4배 가격에 팔렸고, LA 등 주요 도시의 멀디플렉스 영화관에서는 매진 사례가 이어졌다.

BTS는 현 시점에서 가장 독보적인 콘텐츠의 지배자다. 그들은 아미들의 생각과 행동을 좌지우지할 뿐 아니라 전 세계 문화와 패션 비즈니스를 넘어 외교에도 영향력을 유지하고 있다. 멤버들의 군 입대로 그룹 활동이 중단된 상황에서도 각자의 개성이 담긴 솔로 콘텐츠로 여전히 압도적인 영향력을 유지하면서 새로운 가능성을 보여 주고 있다.

'걸어 다니는 중소기업'으로 불리는 임영웅 역시 트로트 콘텐츠로 팬심을 울리는 콘텐츠의 지배자다. 임영웅의 팬카페 '영웅시대'의 회원수는 20만 명에 육박한다. 2023년 임영웅이 K리그 시축을 한다는 소식이 전해지자 팬들이 경기장을 꽉 채워 K리그 사상 최다 관중을 기록하기도 했다. 그는 2022년 한 해 동안 약 580억 원을 벌어들인 것으로 추산된다.

막강한 영향력을 지닌 슈퍼 크리에이터와 슈퍼 팬은 마치 한 몸처럼 움직인다. 특히 슈퍼 크리에이터들은 대한민국을 뒤흔드는 콘텐츠의 지배자이자 막강한 실행자로 거대한 팬덤을 형성하고 있다. 콘텐츠 비즈니스는 슈퍼 팬을 얼마나 많이 확보하느냐에 성패가 달려 있다.

일반적으로 팬이란 연예인과 운동선수를 비롯한 셀럽 혹은 기업과 특정 제품 등을 열광적으로 좋아하는 사람을 의미한다. 반면 슈퍼 팬은 엔터테이너

슈퍼 크리에이터

BTS, 임영웅처럼 최상의 콘텐츠로 막강한 팬덤을 만들어 낸 콘텐츠의 제왕.

슈퍼 팬

일반 팬의 차원을 넘어 음반 등 제품의 구매와 홍보에 지갑을 열고 앞장서는 '찐팬'.

의 콘텐츠와 그가 사용하거나 광고하는 특정 기업의 제품 등을 자발적으로 구매하면서 자신의 소셜미디어를 활용해 적극적으로 홍보하는 방식으로 매출을 일으켜 주는 '찐팬'을 의미한다. 여기서 주목할 사실은, 슈퍼 팬은 ESG Environment, Social and Governance 경영이 강조되는 오늘날의 기업들에는 회사의 매출과 브랜드 이미지를 제고시켜 주는 최고의 충성 고객들이라는 점이다.

팔로워 10만 명보다 슈퍼 팬 1천 명이 소중하다

인터넷 사업가 팻 플린은 저서 《슈퍼 팬》Superfans에서 "슈퍼 팬은 기업의 전부다."라고 주장한다. 슈퍼 팬이 비즈니스를 성장시키는 가장 중요한 큰손이라는 분석이다. 그들은 무슨 제안을 해도 두 팔 벌려 환영하고, 어떤 제품을 내놓든 선뜻 지갑을 열어 구매하기 때문이다. 구독자이자 단골이며 '광팬'임을 자랑스러워하는 동시에 브랜드의 가치를 다른 사람들에게 자발적으로 홍보하는 제2의 마케터인 셈이다.

따라서 분야를 막론하고 성공을 꿈꾼다면 서둘러 나만의 슈퍼 팬을 최대한 확보해야 한다. 단지 팔로워 숫자가 아니라 그 가운데 슈퍼 팬이 얼마나 되느냐가 중요하다. '팔로워 10만 명'보다 '슈퍼 팬 1,000 명'이 소중하다. 나의 가치에 공감하는 '찐팬'이 딘

슈퍼 팬 1,000의 법칙

나의 콘텐츠에 열광하는 찐팬 1,000명을 확보해야 슈퍼 크리에이터로 발돋움할 수 있다.

시간에 더 많은 고객에게 전파하는 교두보 역할을 해주기 때문이다.

충성도가 남다른 애플의 마니아 '애플빠'와 할리 데이비슨의 충성스러운 고객 '호그'H.O.G.처럼 명품 기업에만 슈퍼 팬이 존재하는 것은 아니다. 슈퍼 팬 현상은 우리 주변에서도 숱하게 목격할 수 있다. 최고의 손칼국수와 수제비, 기름을 쏙 뺀 제육과 평양냉면이라는 메뉴 콘텐츠를 갖고 있는 서울 충무로의 엄지분식과 필동면옥은 식사 시간이면 줄을 서야만 음식을 맛볼 수 있다. 이들 식당의 슈퍼 팬들은 멀리서 기꺼이 찾아올 뿐 아니라 한여름 뙤약볕에도 줄을 서서 차례를 기다린다.

이처럼 독보적인 콘텐츠를 갖고 있는 존재들은 분야를 막론하고 모두 슈퍼 크리에이터이자 콘텐츠의 지배자라 할 수 있다. 그렇다면 어떻게 해야 슈퍼 팬을 확보할 수 있을까? 그 핵심은 '진정한 관계 맺기'에 있고, 이를 위해서는 감동적인 콘텐츠를 갖고 있어야 한다.

진정한 관계 맺기
콘텐츠를 매개로 슈퍼 크리에이터와 슈퍼 팬을 이어 주는 연결고리. 애플빠, 호그와 같은 슈퍼 팬 그룹을 만들어 내는 핵심 원리.

'인력 아웃소싱'이라는 콘텐츠로 연 매출 2조 원이 넘는 성공 신화를 이룩한 삼구 아이앤씨의 창업자 구자관 회장은 진정한 관계 맺기로 고객인 기업을 슈퍼 팬으로 만든 입지전적인 인물이다. 구 회장은 가장 믿음을 주는 청소 서비스로 건물주와 관계 맺기를 시작했다. 건물주에게 믿음을 주자 건물주는 그의 슈퍼 팬이 되었고 다른 곳에 있는 건물의 청소뿐 아니라 경비 업무까지 맡겼다. 다른 건물주에게 추천도 해줬다. 슈퍼 팬들의 입소문 덕분에 식당이나 공장에서도 위탁 업무 의뢰가 줄을 이었다.

삼구 아이앤씨는 자릿세를 마련하지 못해 구두닦이도 할 수 없던 구 회장이 아내와 단둘이 식당 화장실을 청소하면서 시작한 기업이다. 오늘날 삼구의 사업은 나날이 팽창해 인력 파견업을 넘어 아웃소싱 1위 기업으로 발전했으며 직원 47,000여 명, 법인 27개, 매출 2조 원이 넘는 중견기업이 되었다.

구 회장 식 관계 맺기의 핵심은 고객뿐 아니라 직원들을 대하는 진심에 있다. 그것이 특별한 청소 서비스 콘텐츠를 만드는 근간이다. 회장은 '대표 책임 사원', 아줌마는 '여사님'으로 호칭을 바꿨다. 청소부나 야간 순찰을 도는 경비원 등 4만 명이 넘는 직원이 모두 삼구 명함을 가진 정직원이다. 오늘날 '인력 아웃소싱 업계의 삼성'으로 불리게 된 원동력은 바로 직원들이 회사의 슈퍼 팬이 되어 업계 최고의 콘텐츠를 만들어 주고 있기 때문이다.

아이폰과 애플 워치의 성공 역시 진정한 관계 맺기의 결과다. 제품이라는 콘텐츠를 통해 사용자들에게 '역시 애플이야'라는 믿음을 주었기 때문이다. 아이폰의 경우 사용자의 79퍼센트가 재구매 의사를 갖고 있는 슈퍼 팬인데, 이는 카메라 성능과 기능, 디자인 등의 핵심 콘텐츠가 '감성의 아이콘'으로 작용한 덕분이다. 이처럼 콘텐츠 크리에이터는 슈퍼 팬이 어떤 콘텐츠를 원하는지 정확히 간파해 내야 한다.

미국 대표 팝 가수 레이디 가가는 자신의 히트곡과 뮤직비디오를 팬들에게 공짜로 제공한다. 더 많은 대중과 관계를 맺기 위해서다. 대신 순회공연 콘텐츠로 수익을 올린다. 그녀만의 특별한 공연 콘텐츠는 색 다른 경험을 제공하기 때문에 제아무리 고가라도 매진 행진이 이어진다.

유명 아티스트나 셀럽뿐 아니라 개인과 기업도 자신만의 팬을 확보하는 것이 매우 중요한 시대다. 그런데 팬을 확보할 만한 강력한 콘텐츠 파워가 있어야 관계 맺기를 시작할 수 있다. SNS 운영자는 어쩌다 한 번씩 찾아오는 비정기적 방문자를 활발한 구독자로 전환시킬 슈퍼 콘텐츠 생산 능력이 있어야 한다. 그래야만 자신의 SNS를 일대일 관계를 넘어 '우리'를 만드는 유대 커뮤니티로 발전시킬 수 있다. 커뮤니티는 팬클럽과 같은 역할을 하게 되고, 팬들끼리의 연결 고리가 더 끈끈해져서 유대감이 생겨나면 그때서야 비로소 그들이 슈퍼 팬으로 발전하게 된다.

지금 당신의 회사를 들여다보라. 어떤 콘텐츠로 고객과 관계 맺기를 하고 있는가? 신제품이 나오면 밤샘 줄서기를 마다하지 않을 정도로 열성적인 고객이 몇 명이나 있는가? 스스로 당신 회사의 고객임을 자랑스러워하는 찐팬이 있는가?

기업형 슈퍼 크리에이터의 등장

바야흐로 슈퍼 팬만 있으면 콘텐츠 크리에이터 몇 명이 조 단위의 매출을 올리는 시대다. 2013년 데뷔한 슈퍼 크리에이터 BTS는 활동 정점기인 2021년 11월 소속사인 하이브의 주가를 414,000원, 시가총액을 17조 4,300억 원으로 끌어올렸다. 당시 하이브의 시가총액은 (주)LG, 삼성생명, 하나금융지주, 두산중공업 같은 굴지의 기업을 넘어섰다. 데뷔 8년 만에 이뤄 낸 성과여서 더욱 놀라운 일이었다. 이는 슈퍼 크리에이 터가 탄생시킨 강력한 콘텐츠가 수십 년의 역사를 지닌 기업을 능가하 는 세상이 되었음을 알려 주는 상징적인 사건이었다.

영화감독 제임스 캐머런은 영화 콘텐츠로 거부가 된 슈퍼 크리에이 터다. 1997년에 만든 영화 〈타이타닉〉으로 2조 7,000억 원을, 영화 〈아 바타〉를 통해서는 3조 4,600억 원을 벌었다. 앤서니 루소와 조 루소 감 독도 〈어벤져스: 엔드게임〉과 〈어벤져스: 인피니티 워〉로 총 6조 원을 달성했다. 영화 콘텐츠에 열광하는 슈퍼 팬들이 흥행을 위해 영업사원 역할을 한 결과다.

디지털 파워가 커지면 커질수록 유튜버, 웹툰 작 가, 틱토커, 인스타그래머뿐 아니라 각 분야에서 창 작 역량을 앞세워 기업형 슈퍼 크리에이터로 도약 한 이들의 사례는 늘어날 것이다. 실제로 크리에이 터들을 취재해 보면 향후 기업형으로 성장할 가능 성이 무궁무진한 이가 많다는 것을 실감하게 된다. 이들이 창출해 낼 경제적 가치 역시 상상 그 이상이 될 것이다.

기업형 슈퍼 크리에이터

BTS, 캐머런, 조석, 봉준호 등 특별한 콘텐츠로 일반 기 업을 능가하는 부가가치(매 출)를 창출하는 부자 크리에 이터.

2006~2020년 네이버 웹툰에 연재된 〈마음의 소리〉로 스타 웹툰 작 가가 된 조석 작가도 기업형 슈퍼 크리에이터로 도약한 대표적인 사례 다. 5,045일 동안 누적 조회 70억 건을 돌파하는 등 글로벌한 인기를 누 리면서 해외 팬까지 확보했다. 〈마음의 소리〉는 오리지널 IP가 되어 TV

시트콤뿐 아니라 게임과 애니메이션으로도 제작되었다. 콘텐츠 파워가 강력해지자 주요 OTT에서도 애니메이션 상영을 요청해 왔고, 2차 창작물까지 만들어져 캐릭터들을 활용한 70여 종의 상품이 탄생했다. 웹툰의 슈퍼 콘텐츠가 조석 작가를 슈퍼 크리에이터의 반열에 올려놓았고, 슈퍼 팬은 그를 기업형 부자 작가로 만들었다.

봉준호 감독도 대표적인 슈퍼 크리에이터다. 그는 영화 〈기생충〉으로 한국 블랙코미디 콘텐츠의 진수를 선보였다. 상류층의 위선을 비트는 창의성 넘치는 슈퍼 콘텐츠는 전 세계 1,031만 명의 관객을 슈퍼 팬으로 끌어들였다. 그 결과 한국 영화 역대 매출 1위의 기록과 함께 제92회 미국 아카데미 시상식에서 작품상, 감독상, 각본상, 국제 장편영화상을 휩쓸었다. 비영어권 영화 최초로 최우수 작품상을 받으면서 오스카상의 역사를 새로 썼다.

수억 원에 낙찰된 스티브 잡스의 버켄스탁 샌들

콘텐츠 시대에 가장 주목해야 할 점은 '슈퍼 크리에이터와 슈퍼 팬의 경제 효과'가 갈수록 강력해진다는 사실이다. 정보통신 기술의 발달과 다양한 멀티 플랫폼의 등장으로 탄생한 크리에이터 이코노미는 창작물뿐 아니라 정보의 글로벌 유통도 가능케 했다. 나아가 슈퍼 팬들은 자발적으로 수요를 창출하고 슈퍼 크리에이터를 보호하면서 홍보 활동까지 진

두지휘한다.

이런 선순환에 힘입어 슈퍼 크리에이터와 슈퍼 팬을 연결하는 커뮤니티는 막강한 '슈퍼 콘텐츠 경제'를 만들어 내고 있다. 가령 BTS를 슈퍼 팬과 연결시키는 팬 커뮤니티 플랫폼 '위버스'Weverse는 다양한 팬덤 활동을 이끌어 내면서 월간 활성 이용자MAU 수가 이미 1,000만 명을 넘어섰다. 더 놀라운 점은 위버스에 하이브 소속 가수들뿐만 아니라 블랙핑크(YG)와 에스파(SM) 등 다른 소속사의 다양한 가수들이 입점해 있다는 사실이다. 심지어 해외 가수도 들어와 있다. 이처럼 위버스 컴퍼니는 이미 슈퍼 콘텐츠 경제 시스템을 완성해 가면서 2022년 기준 3,000억 원대의 매출을 올리고 있다.

이제는 엔터테인먼트뿐 아니라 브랜딩이 중요한 모든 비즈니스 영역에서 아이템을 콘텐츠로 인식해 슈퍼 콘텐츠로 발전시킬 방안을 모색해야 할 것이다. 특히 팬덤 경제가 메타버스 세상 속으로 이동하고 있다는 사실에 주목해야 한다. 이 과정에서 슈퍼 크리에이터의 NFTNon-Fungible Token(대체 불가능 토큰)에 탑재된 디지털 콘텐츠를 슈퍼 팬이 암호화폐로 구매하고, 그들끼리 거래하는 시장이 보편화될 것이다.

애플 창업자 고 스티브 잡스가 즐겨 신던 버켄스탁 샌들이 경매에서 NFT와 함께 218,750달러(약 2억 9,000만 원)에 낙찰됐다. 구매자는 당연

팬 커뮤니티

슈퍼 크리에이터와 슈퍼 팬을 연결해 막강한 '슈퍼 콘텐츠 경제'를 만들어 내는 조직.

팬덤 경제

팬덤을 기반으로 콘텐츠의 브랜드를 형성해 수익을 창출하는 탄탄한 비즈니스 모델.

● 미국 줄리앙 옥션 경매에서 약 2억 9,000만 원에 낙찰된 고 스티브 잡스의 50년 된 샌들.

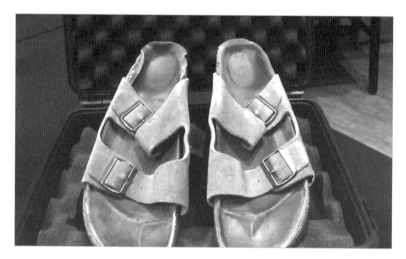

출처: 연합뉴스

히 잡스를 추앙하는 슈퍼 팬이었다. 하이브가 블록체인 기업 두나무와 손잡고 합작 법인 레벨스를 설립한 것도 이와 연관이 깊다. 전 세계 팬들에게 K팝 문화를 NFT로 발행해 판매한다는 비전을 바탕으로 팬덤 경제를 선점하겠다는 구상이다.

슈퍼 팬 세상에서는 상품의 가성비(가격 대비 성능이나 품질)보다는 팬들이 느끼는 감성비(희소성, 소유에 근거한 만족감)가 더욱 중요하다. 슈퍼 콘텐츠만 있으면 멀티 플랫폼과 오프라인을 넘나들며 팬덤을 기반으로 브랜드를 형성해 가면서 탄탄한 수익 모델을 만들 수 있다. 그러므로 기업이든 개인이든 팬덤 경제를 만들어

감성비

가격 대비 품질이나 성능을 뜻하는 가성비와 달리 희소성. 소유에 근거해 갖게 되는 만족감.

내려면 팬과의 유대 관계를 강화할 수 있는 접점을 확보해야 한다. 콘텐츠와 창작자(기업·개인), 슈퍼 팬이 온·오프라인 매개체를 통해 선순환할 수 있도록 채널이 살아 숨 쉬게 만들어야 한다.

콘텐츠 파워, 슈퍼 권력층을 탄생시키다

TBS 라디오 〈뉴스공장〉에서 하차하고 2023년 1월 9일 유튜브 방송을 시작한 방송인 김어준. 그는 유튜브 〈김어준의 겸손은 힘들다 뉴스공장〉 첫 방송 당일 라이브에서만 2,971만 원에 달하는 슈퍼챗SuperChat(후원금) 수익을 거뒀다. 더 놀라운 것은 이날 바로 전 세계 유튜브 채널 중 조회 수 1위를 기록했다는 사실이다.

이 소식을 접할 당시 기자였던 필자는 '과연 내가 기자 생활을 계속해야 할까?'라는 회의감마저 들었다. 이처럼 슈퍼 팬들의 열광적인 지지를 받는 크리에이터는 그만큼 강력한 영향력을 행사할 수 있다. 첫 방송 나흘 만에 이미 구독자만 100만 명이 넘었고, 유튜브 순위 사이트인 플레이보드에 따르면, 누적 후원금이 2억 원을 넘어섰다. 언론사가 수십 년 동안 노력해야 얻을 수 있는 독립적인 미디어로서의 입지를 단 며칠 만에 구축한 것이다.

한문철 변호사는 자동차 블랙박스에 찍힌 교통사고 영상을 분석해 과실 비율과 예방 방법을 일러 주는 특별한 콘텐츠로 교통사고 분석 건

슈퍼 권력자

SNS에서 100만 명 이상의
팔로워를 확보해 자신의 콘
텐츠로 막강한 영향력을 행
사하는 1인 미디어 운영자.

문 변호사가 됐다. 유튜브 채널 '한문철 TV'는 구독
자 170만 명이 넘었고, 콘텐츠의 전문성을 인정받
아 보험 회사와 함께 '한문철 운전자 보험'까지 출
시했다. 그는 교통사고에 관한 한 최고의 영향력을
가진 슈퍼 권력자다.

이처럼 누구나 자신만의 탄탄한 콘텐츠만 있으면 1인 미디어의 CEO
로 활동할 수 있을 정도로 콘텐츠 창작 시장이 우호적으로 바뀌었다. 그
러므로 이런 환경을 최대한 활용할 줄 알아야 한다. 특히 슈퍼 콘텐츠를
만들어 낸다면 기업인 못지않은 성공 신화를 일굴 수도 있다.

2021년 한국 전파진흥협회의 자료에 따르면, 국내 유튜브 채널은
32,828개, 1인 미디어 산업 관련 종사자 수는 36,065명에 달한다. 이
수는 갈수록 증가할 것이다. 미디어 플랫폼들이 창작자의 활동을 점점
더 쉽고 편리하게 지원해 주고 있으며, 키네마스터·블로·캡컷·필모라
등 수많은 동영상 편집 애플리케이션의 등장으로 스마트폰 하나만 있으
면 누구나 손쉽게 동영상을 편집할 수 있게 되었기 때문이다.

뉴미디어의 권력층

수백 만에서 수억 명의 팔로
워를 확보해 강력한 영향력
을 행사하는 유튜브, 페이스
북, 인스타그램, 틱톡 등의 크
리에이터들.

기존의 신문과 방송, 출판을 대체하는 뉴미디어
의 권력층은 1인 또는 몇 명의 소수가 파워를 만들
어 내고 있다. 이 가운데 유튜브, 페이스북, 인스타
그램, 틱톡의 크리에이터들이 신흥 권력층으로 급
부상하고 있다. 수백만 명의 구독자를 가진 일부
'먹방' 유튜버는 식품 업체 브랜드를 노출시켜 주는

15분짜리 영상 한 편에 1억 원을 받는 것으로 확인되고 있다. 이는 신문과 TV 광고료를 능가하는 수준이다.

인스타그램은 세계적인 셀럽들의 또 다른 수익 창출 수단이다. 축구 스타 크리스티아누 호날두는 5억 명이 넘는 팔로워를 앞세워 2022년 인스타그램에서만 광고료로 8,522만 달러(약 1,060억 원)의 부수입을 올렸다. 블랙핑크의 멤버 지수도 2022년 디올, 까르띠에, 아디다스 등의 브랜드 모델로 1,890만 달러(약 236억 원)를 벌어들인 광고 모델 권력자다.

유튜버들도 신흥 권력층이 되어 가고 있다. 특히 정치 유튜버들은 슈퍼 지지자들 덕분에 강력한 권력층이 되었다. 심지어 대선과 총선, 지방 선거 때는 정당과 연대해 후보가 수시로 출연하기도 한다. 대표 경제 방송이 된 유튜브 채널 '삼프로 TV'는 차별화된 경제 콘텐츠로 230만 명의 슈퍼 팬을 앞세워 케이블 경제 방송국을 능가하는 경제 뉴스 권력자가 되었다.

상황이 이렇다 보니 뉴스 취재 현장에서 유튜버와 언론사 기자들이 자리 배치를 놓고 충돌하기도 한다. 대선 후보나 광역 단체장 후보의 유세장 또는 기자회견 현장, 법원의 포토 라인, 영화나 제품 발표회 등 그동안 기자들의 고유 영역이었던 취재 현장에서 유튜버와 인스타그래머들의 취재 열기가 더 뜨거울 정도다. 이 때문에 모든 언론사가 별도의 팀을 편성해 유튜브 채널을 운영하고 있다. 방송국 사정상 생방송이 안될 때는 아예 유튜브로 생중계를 한다.

유튜브의 영향력이 커지면서 언론중재위원회에는 언론사 보도뿐만 아니라 유튜브 콘텐츠까지 정정 또는 차단해 달라는 요구가 거세지고 있다. 2022년 3,175건의 조정 사건 중 11퍼센트(352건)가 유튜브 콘텐츠에 대한 수정 요구였다.

한국에서 유튜브 콘텐츠가 창출한 경제 효과는 일선 기자들이 짐작하는 것보다 더 대단했다. 수전 워치츠키 유튜브 최고경영자CEO 는 "유튜브는 2020년 기준으로 한국 국내총생산GDP 의 약 1조 5,970억 원, 86,030개의 일자리 창출에 기여했다."라고 밝혔다. 유튜브 최초 공개 후 24시간 내 가장 많은 조회 수를 기록한 뮤직비디오 10개 중 9개가 한국 콘텐츠일 정도로 한국 아티스트와 창작자들은 글로벌 문화를 선도하는 유튜브 권력층이 되었다.

유튜브 권력층

축구 스타 크리스티아누 호날두, 삼프로 TV, 정치·먹방 유튜버 등 유튜브 콘텐츠로 돈을 벌고 영향력을 행사하는 유튜버들.

2020년 기준 국세청에 종합소득을 신고한 1인 미디어(SNS 마켓 사업자)는 총 785명으로, 이들의 총수입은 141억 4,800만 원으로 집계됐다. 2022년 7월 기준으로 파워 유튜버 최상위 30개 채널의 평균 연 소득은 22억 6,618만 원으로 추정된다(《포브스 코리아》). 인플루언서 마케팅 플랫폼 하이프오디터의 조사에 따르면, 팔로워가 1만~5만 명인 인플루언서의 평균 월 수익은 268만 원, 팔로워가 100만 명을 넘으면 월 1,996만 원에 달한다.

1인 미디어 창작자가 전문 직업으로 자리 잡자 국세청은 2019년 9월 '1인 미디어 콘텐츠 창작자' 코드를 새로 만들었다. 세무 행정의 큰 변화라고 할 수 있다. 유튜버 등 크리에이터들이 CEO로서 법인이나 개인 사업자로 등록하고 세금을 내는 하나의 산업으로 성장할 수 있는 길이 활짝 열린 것이다.

인생의 해법도 콘텐츠에서 찾는
디지털 네이티브의 세상

슈퍼 크리에이터, 슈퍼 팬, 슈퍼 콘텐츠, 슈퍼 권력자, 콘텐츠 지배자….
이 책에서 위 용어를 반복해 사용하면서 강조하는 데는 그만한 이유가
있다. 오늘날 사람들은 남녀노소를 불문하고 스마트폰 하나로 콘텐츠의
백화점인 인터넷 세상에서 살고 있다. 이처럼 콘텐츠가 지배하는 세상
에서 살아남으려면 디지털 세계를 움직이는 디지털 네이티브의 실체와
구체적인 행동 패턴을 잘 알아야 한다. 이는 개인과 기업뿐 아니라 국가
와 기관에도 동일하게 적용된다.

　2001년 미국 교육학자 마크 프렌스키가 처음 사용한 '디지털 네이
티브'Digital Native라는 말은, 태어날 때부터 디지털 기기에 둘러싸여 성

장한 세대를 뜻한다. 여기서는 밀레니얼(M) 세대
(1981~1996년생) 이후 태어나 현재 20대 중후반인
Z세대(1997~2012년생)로, 포스트 밀레니얼을 지칭
하는 용어로 한정해 사용했다. 흥미로운 점은 MZ세
대가 소비의 주체로서 M세대와 Z세대로 분리되고
있다는 것이다. 디지털 경험상 Z세대는 M세대와 근
본적인 차이가 있다. M세대는 디지털 세계를 청소
년기에 경험한 반면, Z세대는 태어날 때부터 모바
일을 중심으로 생활했다. 유튜브·인스타그램·1인
방송을 공중파보다 더 친숙하게 접하며 자랐다.

"M세대는 인터넷을 도구로 보고 자란 반면, Z세
대는 인터넷을 하나의 공간으로 보는 차이가 있다."
사진 공유 앱 포파라치의 창업자 앨릭스 마의 이 말
은 M세대와 Z세대의 차이를 단적으로 설명해 준다.
이들은 태어날 때부터 모바일이 생활의 중심 그 자
체였다. 모바일로 짧은 콘텐츠를 집중적으로 즐기
고, 유행 아이템도 단기간에 소비하고 바로 다른 유
행으로 옮겨 탄다. 디지털 기술 이전의 삶을 아예 겪어 본 적이 없는 세
대이기 때문에 온라인과 오프라인을 구분하는 것 자체가 이들에게는 무
의미하다.

필사가 근무하던 회사에도 Z세대 기자가 상당수 있었다. 이들은 타

MZ세대

1981~2012년에 출생한 40
대 초반에서 10대 세대로, 휴
대폰을 통해 세상을 보는 디
지털 콘텐츠 최대 소비자.

M세대

1981~1996년에 태어난 밀
레니얼 세대로, 청소년기에
디지털 세계를 경험하며 인
터넷을 삶의 도구로 본격 활
용하기 시작한 세대. 카페, 블
로그 중심의 커뮤니티 세대.

Z세대 = 디지털 네이티브

디지털 이전의 삶을 경험해
본 적이 없는 디지털 원주민
으로, 모바일 스마트폰이 삶
의 중심인 세대. 이들의 언어
를 이해해야 미래 콘텐츠의
승자가 될 수 있다.

인과 관계를 맺고 소통하는 방식, 물건의 가치를 매기고 소비하는 방식, 정보를 검색하는 방식이 기존 세대와는 전혀 다르다. 흥미로운 점은, 이들이 말보다 문자 사용에 더 익숙해서, 같은 테이블에 앉아 있어도 문자로 소통한다는 것이다. 심지어 미국에는 이들을 겨냥해 전화 공포증 극복 상담을 해주는 '더 폰 레이디'라는 회사까지 등장했다.

Z세대의 콘텐츠가 미래다

———

콘텐츠의 최대 소비자인 Z세대는 슈퍼 크리에이터이자 동시에 슈퍼 팬이다. 이들은 멀티태스킹에 능하고 신속한 반응을 요구하는 경향이 강하다. 다양한 디지털 기기를 사용해 동시다발적으로 여러 가지 정보를 얻거나 다양한 메신저를 활용하면서 일상 업무를 동시에 진행한다. 또한 이전 세대와는 달리 정치·문화의 주체이자 소비의 주체로서 의견이 강한 시민이다.

특히 코로나 기간에 디지털 원주민들은 자신들의 디지털 주특기를 앞세워 온라인 세상의 언어와 콘텐츠를 지배했다. Z세대가 사용하는 언어는 그들만의 소통 세계를 만들어 냈고, 사회의 흐름은 이미 그들을 중심으로 바뀌고 있다. 온라인 여론과 트렌드를 만들어 내는 여론 형성 주도층이 됨으로써 사회가 오히려 그들의

Z세대가 사용하는 언어

신조어 등을 앞세워 온라인 세상의 콘텐츠를 지배하고 있다. 진정성과 솔직함, 긍정적 가치를 중시한다.

흐름을 따라가고 있는 것이다. 그들의 콘텐츠가 미래로 가는 방향을 알려 주는 정답이 될 수 있기 때문이다.

Z세대에게 진정성은 아주 중요한 가치다. 온라인을 떠도는 광고나 낚시성 글, 인플루언서들의 위선과 가식을 숱하게 경험했기 때문에 오히려 진정성과 솔직함, 진실성, 긍정적인 가치를 중시한다. 이들은 안타깝게도 M세대와 달리 경제적 호황기를 한 번도 누려 본 적이 없다. 글로벌 금융 위기(2007~2008)와 코로나19까지 경험하면서 실용적이고 때로는 우울한 성향을 띠게 되었다. 정체된 현실 탈피를 위해 가볍고 재미있는 것에 더 큰 가치를 부여한다.

Z세대보다 앞서 태어난 M세대는 아날로그와 디지털 문화가 혼재된 환경에서 자랐다. 대부분 학창 시절 인터넷을 경험하거나 활발하게 이용했던 세대로, 디지털 유목민이라고 할 수 있다. 인터넷을 기반으로 한 카페와 블로그 중심의 커뮤니티 채널을 경험해 지금도 커뮤니티 지향적인 특성이 있다. 자아에 관심이 많아 본인의 일상과 행복, 성장을 중시한다.

그렇다면 Z세대 이후에 태어난 '알파 세대'는 어떨까? 이는 호주의 사회학자 마크 매크린들Mark Mccrindle이 정의한 용어다. MZ세대가 PC와 스마트폰의 영향을 받았다면, 알파 세대는 태어났을 때부터 스마트 기기를 접하고 AI 스피커와 대화하며 자랐다. 직관적으로 스마트 기기를 다룰 줄 아는 기술 친화적 세대라고 할 수 있다.

알파 세대

Z세대 이후 출생한 세대로, 태어났을 때부터 스마트 기기를 접하고 AI 스피커와 대화하며 자란 기술 친화적 세대.

잘파 세대

Z세대와 알파 세대를 합쳐서 부르는 용어. 글로벌 마인드를 가지고 있으며, 가치가 명확하고 가치에 따라 행동한다.

최근에는 Z세대와 알파 세대를 결합해 '잘파Zalpha 세대'라는 용어까지 등장했다. 잘파 세대는 글로벌 마인드를 가지고 있으며, 중시하는 가치가 명확하고 그 가치에 따라 행동한다. 향후 잘파 세대가 디지털 콘텐츠의 핵심 크리에이터로 부상해 온라인 주도권을 장악할 것으로 보인다. 콘텐츠의 지배자가 되려면 이제 Z세대와 알파 세대의 행동 패턴을 정확히 이해해 그들과 활발하게 소통할 수 있는 언어와 전략을 찾아내야 한다.

인생의 해법, '갓생 콘텐츠'에서 찾는다

갓생 콘텐츠

성공 공식보다 성장에 더 큰 의미를 두는 Z세대들의 도전 활동을 도와주는 콘텐츠.

Z세대는 인생의 해법을 콘텐츠에서 찾는다. Z세대들의 '미라클 모닝 챌린지'를 보면 그들만의 세상을 이해할 수 있다. 그들은 성공 공식보다는 '성장'에 더 큰 의미를 둔다. 미라클 모닝 챌린지는 2016년 할 엘로드Hal Elrod의 자기계발서 《미라클 모닝》Miracle Morning에 등장한 개념이다. 본격적인 일과가 시작되기 두세 시간 전에 누구의 방해도 받지 않고 자신만의 시간을 보내는 도전 활동을 통해 보람을 찾는 것이다. Z세대는 이 콘텐츠를 자신의 일상에서 실천하는 다양한 방법을 찾아냈다.

Z세대들의 이 같은 도전 지향적인 특성을 겨냥한 상품 콘텐츠까지 등장했다. 앱 '그로우'는 인생 목표부터 독서, 학습, 생활 습관 등 일상 속 작은 목표까지 관리함으로써 개인의 성장을 도와준다. 앱 '해비타운' Habitown은 게임처럼 즐겁게 자신의 습관과 목표를 관리하고 도전 과제를 실천하면서 가상의 건물을 세울 수 있도록 도와준다. 이처럼 자신의 도전 과제를 정해 목표를 완수해 내는 Z세대들의 생활 방식을 '갓생 살기'라고 한다.

갓생 살기

생산적인 일상을 보내고 성취감을 얻는 일을 규칙적으로 하는 Z세대들의 생활 방식.

'갓생'은 신을 의미하는 '갓'God과 인생을 뜻하는 '생'生의 합성어로, 생산적인 일상을 보내고 성취감을 얻는 일을 규칙적으로 한다는 뜻이다. 예를 들어 1년에 책 100권 읽기, 하루 1만 보 걷기, 오운완(오늘 운동 완료) 등의 과제 수행을 콘텐츠 기록과 인증을 통해 생활화한다.

그들은 왜 이렇게 갓생 살기에 몰입하는 걸까? 스스로 자신의 삶을 기록해 가면서 혼자만의 콘텐츠를 만들어 인생에 대한 자신만의 해법을 찾아 가는 것이다. 삶을 기록하는 데는 스마트폰의 사진과 영상 기능이 핵심적인 역할을 한다. 사회가 정해 준 대로 사는 대신 자신이 원하는 가치관대로, 인생의 목표를 자유롭게 실천해 가면서 행복을 찾고자 스스로 자신을 구속하는 콘텐츠를 만들어 생활하고 있다. 조직에서의 '나'가 아니라 해방된 '본연의 나'의 모습을 찾아 갓생 살기를 실천하는 것이다.

그들은 블로그 포스팅을 하고, 유튜브 영상을 제작하고, 하루 종일 인스타그램 콘텐츠를 고민하고 해시태그 다는 데 골몰한다. 네이버가 공개한 〈블로그 리포트〉에 따르면, 전체 블로그 사용자 중 70퍼센트가 MZ세대다. 그들은 스스로 실천하는 갓생 살기 활동을 SNS에 기록, 공유하면서 그들만의 문화를 만들어 가고 있다. 자신만의 콘텐츠 만들기가 자신의 미래에 대한 해법 찾기의 수단이 되면서 운동, 다이어트, 학습 등 관련 콘텐츠 매출 상승으로 이어지고 있다.

2022년 말 위메프 판매 데이터를 보면 스터디 플래너, 신년 다이어리, 학습 용품, 인터넷 강의 수강권, 전자사전 등 갓생 살기를 위한 아이템 매출이 크게 증가했다. MZ세대의 행동 패턴에서 기업 매출 증진의 힌트를 찾을 수 있다. 콘텐츠의 온라인 주도권은 이처럼 MZ세대에서 알파 세대까지 디지털 친화적인 10~30대가 이끌고 있다. 이제 이들의 감성과 언어를 제대로 장악하지 못하면 콘텐츠 경쟁에서 승자가 되기는 어렵다.

MZ세대의 행동 패턴

조직에서의 '나'가 아니라 해방된 '본연의 나'의 모습을 찾아 자신만의 콘텐츠를 만들면서 삶의 보람을 찾고 미래를 모색하는 생활 태도.

다 죽어 가던 〈뉴욕 타임스〉를
일으켜 세운 '콘텐츠'

콘텐츠의 막강한 위력은 〈뉴욕 타임스〉의 사례에서도 직접 확인할 수 있다. 〈뉴욕 타임스〉는 미래에도 콘텐츠가 세상을 지배한다는 사실을 증명한 대표적인 미디어다. 1851년 창간 후 뉴스 콘텐츠를 앞세워 미국 종이 신문의 제왕 역할을 해 온 〈뉴욕 타임스〉는 36개의 자회사를 거느리면서 35억 달러(약 4조 원)의 매출을 올리는 미디어 공룡 기업이었다. 필자도 신문기자 시절 〈뉴욕 타임스〉의 프리미엄 콘텐츠를 벤치마킹했었다.

하지만 2000년대 온라인 시대가 본격화되면서 광고와 구독자 수가 급감했다. 2005년부터 회사의 재정 상태가 악화되면서 2006년 회사가진 빚은 14억 4,593만 달러(약 1조 6,000억 원)에 달했다. 2010년까지만 해도 '시한부 환자' 신세와 다름없었다. 특히 2008년 글로벌 금융 위기의 여파로 이듬해 주가가 3.37달러까지 떨어지면서 'NYT의 파산은 시간문제'라는 전망까지 나왔다. 그렇게 〈뉴욕 타임스〉는 종이 신문 종언의 상징이 되었다.

2011년, 풍전등화의 위기에서 〈뉴욕 타임스〉는 디지털 전환을 단행했다. 종이 신문사에서 디지털 콘텐츠 중심의 디지털 미디어로 회사의 체질을 바꾸는 시도를 한 것이다. 부동산과 부실 자회사를 팔고 온라인 콘텐츠 생산에 올인했으며, 온라인에 특화된 볼거리 중심의 콘텐츠를 만들어 종이 신문 콘텐츠와 차별화하는 과정에서 프리미엄 콘텐츠가 자리를 잡자 단계적으로 유료화를 시도했다. 종이 신문 구독자 대신 넷플릭스와 스포티파이처럼 '디지털 콘텐츠 구독자' 확보에 주력했다.

디지털 전환
종이. 인쇄물 중심의 아날로그 콘텐츠를 온라인에 특화된 디지털 콘텐츠 생산 체제로 바꾸는 혁신.

그 결과 2020년 온·오프라인 구독자 7,523,000명(디지털 구독자 89퍼센트)을 확보했는데, 디지털 매출이 종이 신문 매출을 완전히 앞지르는 기적을 만들어 냈다. 연간 매출은 2조 원이 넘었다. 2022년 11월 기준 디지털 구독자는 859만 명, 종이 신문 구독자는 74만 명으로, 전체 933만 명에 달한다.

저널리즘 기업에서 디지털 상품 및 기술 기업으로

〈뉴욕 타임스〉를 다시 태어나게 한 근간은 디지털 콘텐츠다. 무엇보다 고품격 뉴스와 정보성 콘텐츠 제작을 핵심 가치로 삼았다. 차별화된 디지털 콘텐츠를 만들기 위해 〈뉴욕 타임스〉는 웹 디자이너와 개발자, 데이터 과학자, 비디오그래퍼 등 디지털 기술 인력을 대거 충원해 온라인에 특화된 콘텐츠를 생산했다.

이 과정에서 언론사의 '업'業에 대한 정의도 바꿨다. '월드 클래스 저널리즘 기업'이라는 기본 철학을 유지하면서도 '월드 클래스 디지털 상품 및 기술 기업'으로 회사의 정체성을 바꿨다. 이 지침에 따라 종이 신문 콘텐츠와는 전혀 다른, 온라인에 특화된 콘텐츠 생산에 돌입했다. 고품질 뉴스 콘텐츠는 기본이고 그 외에 쿠킹, 게임, 오디오 같은 실용 정보 콘텐츠와 디지털 상품 콘텐츠 역량을 대폭 강화했다. 2017년에 시작한 팟캐스트 〈더 데일리〉는 2년 8개월 만에 누적 다운로드 10억 건을 돌파했다.

그런데 안타깝게도 한국의 많은 미디어는 디지털 전환에 성공하지 못하고 있다. 그 이유는 기존의 내부 인력으로 디지털 콘텐츠를 만들면서 〈뉴욕 타임스〉가 10년에 걸쳐 이뤄 낸 성과를 단 1~2년 만에 끌어내려는 조급함에 있다고 본다. 근본적으로는 디지털 콘텐츠의 특성을 모르는 사람들이 콘텐츠 생산자로 참여하고 있기 때문이다. 온라인 주도권을 갖고 있는 MZ세대와 알파 세대들의 감성과 언어를 모르는 현식 기자들이 레거시의 시각으로 콘텐츠만 디지털화해서는 결코 성공할 수 없다. 전통적인 언론매체 종사자들에게 대대적인 혁신을 기대할 것이 아니라, 〈뉴욕 타임스〉처럼 DNA가 완전히 다른 디지털 네이티브에게 새로운 판을 짜는 역할을 맡겨야 할 것이다. 나아가 웹 디자이너와 개발자, 데이터 과학자, 영상 전문가 등 기술 전문가와 콘텐츠 생산자가 한 몸으로 승부하는 새로운 틀을 모색해야 한다.

디지털 구독 서비스

〈뉴욕 타임스〉가 부도 위기에서 벗어나기 위해 종이 신문사에서 디지털 미디어 회사로 변신하며 프리미엄 콘텐츠 구독 서비스로 성공 신화를 만든 비즈니스 모델.

십자말풀이, 수렁에 빠진 100년 주간지를 구하다

한국의 잡지 시장은 신문사보다 더 큰 위기에 직면해 있다. 볼거리와 재미가 가득 찬 온라인 콘텐츠는 한국 시장에서 일찌감치 잡지의 몰락을 불러왔다. 반면 시대의 흐름을 꿰뚫은 콘텐츠를 앞세운 미국의 한 잡지사는 전성기를 맞고 있다. 바로 《더 뉴요커》The New Yoker다. 1925년 창간된 미국의 주간지로, 100년 역사를 지닌 오프라인 매체의 상징이다.

십자말풀이

몰락의 상징이었던 100년 역사의 오프라인 잡지사를 살려 낸 가로세로 단어를 채워 넣는 온라인판 퍼즐 게임.

구독자를 불러 모은 콘텐츠는 가로세로로 단어를 채워 넣는 퍼즐 게임 '십자말풀이'였다. 추억의 놀잇

● 디지털 기업으로 변신한 〈뉴욕 타임스〉의 다양한 디지털 구독 서비스.

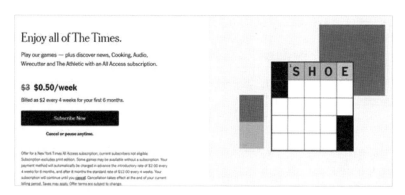

출처: 뉴욕 타임스, www.nytimes.com

거리에 불과했던 십자말풀이의 부활로 디지털 경쟁력을 높이는 데 성공한 것이다. 이로 인해 저널리즘 전문 연구 기관인 하버드 대학교 니먼 연구소Nieman Lab까지 십자말풀이 콘텐츠와 그에 따른 온라인 구독자 유입에 대한 사례 연구를 내놓았다.

2018년 《더 뉴요커》는 십자말풀이를 주 3회 온라인을 통해 내보내기로 결정했다. '퍼즐&게임' 부서까지 출범시켜 시사성과 유익함을 동시에 줄 수 있는 퍼즐 콘텐츠를 독창적으로 생산해 냈는데, 이 부서에는 카피 에디터와 세 명의 팩트 체커까지 두고 무결점 콘텐츠를 만드는 데 주력했다. 철저하게 콘텐츠의 유료화를 겨냥한 전략이었다. 이 서비스는 웹사이트와 앱을 통해 제공하는데, 연간 100달러(약 12만 원)의 구독료를 내야만 모든 게임을 할 수 있도록 했다. 특히 십자말풀이는 전체 방문자 대비 구독자 비율이 가장 높은 섹션이 되었다.

〈뉴욕 타임스〉도 디지털 기업으로 혁신하면서 십자말풀이 콘텐츠에 주목했다. 낚시성 뉴스나 퀄리티 저널리즘이 디지털 콘텐츠의 트래픽을 높인다는 고정관념을 버리고 다양한 콘텐츠로 구독자를 모은다는 전략으로 구독형 서비스를 설계한 것이다. 나아가 다섯 가지 글자를 유추하고 여섯 번 만에 맞춰야 하는 단어 퍼즐 게임 회사 '워들'Wordle을 인수했는데, 이 게임이 출시된 지 4개월 만에 내린 결정이었다. 일주일에 75센트의 구독료를 받는 워들은 묘한 승부욕을 자극해서 수천만 명의 이용자를 끌어들였다. 〈뉴욕 타임스〉는 워들의 콘텐츠 파워로 큰 성공을 거뒀다.

워들

〈뉴욕 타임스〉가 디지털 기업으로 혁신하면서 인수한 단어 퍼즐 게임 회사로, 구독자를 확보하는 데 도움이 되었다.

이외에도 게임 및 쿠킹 유료 구독자 수가 1,000만 명을 넘어서면서 2027년까지 1,500만 명의 유료 구독자를 확보한다는 새로운 목표를 선언했다.

슈퍼 팬들의 커뮤니티, 〈뉴욕 타임스〉의 날개가 되다

슈퍼 팬을 만드는 것은 콘텐츠 크리에이터만의 영역이 아니다. 기업들도 자신들만의 슈퍼 팬을 찾아내 팬덤을 만들면 고객 충성도가 높아지고 동시에 폭발적인 매출을 일으킬 수 있다. 온라인 세계에서 제품 후기 관련 여론을 형성하는 이들 '찐팬'의 강력한 지지와 고객의 자발적 참여가 제품에 대한 평판을 만들어 내기 때문이다.

〈뉴욕 타임스〉역시 디지털 미디어로 전환하는 과정에서 커뮤니티를 만들어 찐팬을 확보하는 데 성공했다. 독창적인 콘텐츠를 앞세워 커뮤니티 참여자를 단순 구독자가 아닌 슈퍼 팬으로 탈바꿈시킴으로써 바이럴 마케팅 효과를 일으켜 구독자가 자발적으로 다른 구독자를 데려오도록 하는 데 성공한 것이다. 이는 모든 독자를 하나의 커뮤니티로 간주해서 '팬 커뮤니티화'를 이루어 내는 연결에 집중한 덕분이었다.

모든 독자가 〈뉴욕 타임스〉기사의 일부가 되도록 하는 전략도 주효했다. 뉴스 플랫폼이 독자들 간 교류의 장이 될 수 있도록 다양한 이벤트를 활성화해서 네트워크 효과까지 견인한 것이다. 독자들끼리 연결되어 서로에게 배우는 '코멘트 섹션'comment section을 만들어서 시사뿐 아니라 음식, 도서, 여행, 기술, 퍼즐 게임, 정치, 외교 등 모든 영역을 공유하도록 했다.

대표적인 코너는 토론 섹션인 '더 스톤 시리즈'the stone series, 퍼즐 마니아들의 대화 공간 '게임 플레이'game play, 요리 레시피를 공유하는 '초콜릿 칩 쿠키'chocolate chip cookies 등이다. 이처럼 〈뉴욕 타임스〉는 커뮤니티를 활용해 찐팬들과 진정한 관계를 맺음으로써 슈퍼 팬을 확보했으며, 그들의 도움으로 도약하는 언론사를 만들어 냈다.

특히 독자들이 제시한 양질의 댓글과 의견을 취합해 'NYT 픽스' 코너에서 보여 준다. 댓글 작성자에게는 책임 있는 의견을 제시할 수 있도록 이름과 지역을 입력하게 한다. 2017년부터 머신 러닝 기술을 기반으로 'AI 퍼스펙티브'를 도입해 혐오·악성 댓글은 걸러 내고 있다. 그렇게 걸러진 댓글이라도 최종 게재 여부는 편집국 커뮤니티 데스크 담당자들이 직접 읽어 보고 결정한다. 이 같은 방식으로 댓글 공간을 '건강하고 전문성이 있는 토론 커뮤니티', 즉 포럼에 가깝도록 수준 높게 운영하고 있다. 이로써 〈뉴욕 타임스〉는 댓글까지도 고품질의 콘텐츠라는 메시지를 전하고 있다.

영국의 〈타임스〉 역시 웹사이트를 충성 독자의 커뮤니티 공간으로 만들어 관계 맺기를 통해서 독자를 늘리는 데 성공했다. 2010년 뉴스 앞머리의 80~90자가 노출되는 경성형 유료화 체계를 도입했다. 뉴스 전체를 보려면 유료 회원 가입 절차를 밟도록 한 것이다. 이로 인해 3개월 만에 웹사이트 방문자 수가 90퍼센트로 줄어들면서 수익이 급감했다. 하지만 〈타임스〉는 자신들의 웹사이트가 다수의 대중이 아닌 충성도 높은 찐팬들이 찾는 커뮤니티로 자리매김하는 것을 목표로 삼았다.

유료 회원의 콘텐츠 소비 행위를 '구독'이라는 용어 대신 '회원권'으로 바꾸면서 비용도 6개월 동안 1파운드(약 1,500원)로 문턱을 낮췄다. 이후 찐팬인 슈퍼 팬들이 몰려들면서 흑자 기업으로 변신했다.

　신문사의 경쟁사는 더 이상 신문사가 아니다. 유튜브뿐 아니라 넷플릭스를 비롯한 긱종 OTT, 서브스택Substack과 트위터의 레뷰Revue 같은 뉴스레터 서비스도 강력한 경쟁 상대다. 즉, 소비자의 시간을 확보하기 위한 무한 경쟁이 시작되었고 성패는 콘텐츠에 달려 있다. 앞으로 분야를 막론하고 기업들의 성장과 소멸은 차별화되고 독창적인 콘텐츠 생성과 확산에 달려 있음은 자명하다.

펠로톤이 콘텐츠를 팔고,
화이자가 마블과 손잡은 이유

펠로톤

단순히 운동기구만 팔지 않고 운동기구에 스크린을 탑재해 운동 콘텐츠를 제공하는 전략으로 글로벌 1위 운동기구 회사가 됐다.

미국 기업 펠로톤 인터랙티브PTON는 가정용 러닝 머신과 실내 운동용 자전거 등을 만들어 파는 글로벌 1위 운동기구 회사다. 특히 코로나19로 인한 팬데믹 때 플랫폼을 기반으로 홈 트레이닝 열풍을 일으켜 가입자 540만 명을 확보하며 기업가치를 500억 달러(약 60조 원)로 끌어올렸다. 2020년 한 해 주가가 400퍼센트 이상 폭등하기도 했다. 지금은 홈 트레이닝 인구 감소로 실적이 줄어들고 있지만, 펠로톤의 전략은 여전히 주목할 만하다.

펠로톤은 운동기구 회사가 아니라 운동 콘텐츠를 파는 기업이다. 운동기구에 32인치 터치 스크린을 탑재해 스피닝spinning 클래스와 러닝 클래스 수업을 받을 수 있도록 했다. 그리고 자전거와 러닝머신 외에 요가와 명상까지 콘텐츠를 다양화했다. 일반 회원은 월 39.99달러(디지털 회원 12.99달러)의 구독료를 내면 다양한 콘텐츠 서비스를 즐길 수 있다. 영상을 보거나 음악을 들으면서 운동할 수 있고, 운동 데이터가 강사에게 바로 전달되어 거의 실시간으로 피드백을 받을 수 있다. 같은 라이브 방송을 보면서 운동하는 사람들끼리 커뮤니티를 만들어 운동 노하우를 공유할 수도 있다.

이처럼 펠로톤은 콘텐츠 플랫폼을 통해 고객들을 충성심 높은 슈퍼 팬으로 전환시키는 데 성공했다. 이런 커넥티드 피트니스 프로그램은 고객의 폭발적인 반응을 끌어냈다. 때마침 코로나19 팬데믹으로 헬스장이 문을 닫고 직장인들이 재택근무를 하고 학생들이 원격수업을 받게 되면서 홈 트레이닝 열풍이 불어 매출이 폭발적으로 증가했다. 펠로톤은 넷플릭스가 수많은 영상 콘텐츠를 앞세워 구독 서비스를 한 것처럼, 운동 콘텐츠를 내세워 홈 트레이닝계의 넷플릭스가 되었다.

하지만 코로나19 팬데믹이 종료돼 사람들이 다시 헬스장으로 돌아가면서 매출이 급락했다. 이에 공동 창업자 존 폴리는 또다시 변신을 서둘렀다. 스포티파이와 넷플릭스의 CFO였던 배리 매카시를 CEO로 임명한 것이다. 매카시는 콘텐츠 제공 방식을 전면적으로 개편했다. 회사가 자체적으로 콘텐츠를 제작해 제공하는 '넷플릭스 모델'에서 누구나 운동 영상을 올려 스타 강사가 될 수 있는 '유튜브 모델'로 바꿔, 하나의 커뮤

유튜브 모델

회사가 콘텐츠를 제작해 공급하는 '넷플릭스 모델'과 달리, 누구나 영상을 올려 스타가 될 수 있도록 설계한 플랫폼.

코디 릭스비

자전거 운동 콘텐츠를 130만 명의 팔로워에게 제공해 매년 30만 달러를 버는 슈퍼 크리에이터.

니티가 될 수 있도록 소셜미디어 기능을 강화한 것이다.

펠로톤 앱을 통해 강사들이 운동 강의뿐 아니라 자신의 인생 스토리, 다이어트 레시피 등 다양한 콘텐츠를 구독자와 공유할 수 있도록 했다. 회원들과 교류하면서 자신의 브랜드를 만들고 인플루언서가 되도록 한 것이다. 그 결과 자전거 강사 코디 릭스비Cody Rigsby는 인스타그램 팔로워가 133만 명이 넘고 연간 수입도 30만 달러 이상인 슈퍼 크리에이터가 되었다. 이처럼 펠로톤은 콘텐츠의 힘을 활용해 운동기구 회사를 홈 트레이닝계의 넷플릭스로, 다시 피트니스계의 유튜브로 진화시키며 새로운 성장 신화를 써 나가고 있다. 운동 콘텐츠의 글로벌 지배자가 된 것이다.

블로그 콘텐츠, 커머스 플랫폼이 되다

'홍콩의 무신사'로 불리는 하입비스트Hypebeast의 창업주이자 CEO 케빈 마Kevin Ma는 스니커즈 블로그 운영자였다. 스니커헤드sneakerhead, 즉 운동화 수집광이었던 그는 2005년 하입비스트라는 이름의 블로그를 시작했다. 거기에 스니커즈 관련 콘텐츠를 집중적으로 올리면서 단숨에 파워 블로거가 되었고, 그 블로그를 웹 매거진 형태로 발전시켰다. 이후 독자들을 대상으로 온라인 패션 커머스 사업을 시작했다.

현재 하입비스트는 패션과 스트리트 웨어 뉴스를 제공하는 세계적인 웹 매거진이 되었다. 패션 콘텐츠를 소비하던 마니아들을 슈퍼 팬으로 만들었고, 2011년에는 온라인 커머스 플랫폼 HBX를 오픈해서 커뮤니티로까지 확대했다. 이들 찐팬들의 성원에 힘입어 매출이 급증하자 케빈 마는 하입비스트를 홍콩 증권거래소에 상장시켰다. 급기야 미국 경제 매체 〈패스트 컴퍼니〉가 선정한 '가장 혁신적인 회사 톱 50'에 이름을 올렸다. 이 리스트에는 아마존·구글·애플 등이 포함되어 있다.

HBX은 패션과 디자인, 게임과 스포츠, 전자와 자동차, 엔터테인먼트와 여행 등 콘텐츠 구독자들이 선호하는 다양한 영역의 제품군을 모두 취급하고 있다. 고객이 원하는 콘텐츠를 찾아내 그것을 제품 판매와 연결시킴으로써 매출 효과를 극대화한다. 하입비스트는 스스로를 '패션과 컬처 콘텐츠 기업'으로 소개하고 있다. 트렌드 리더들이 패션과 문화라는 키워드를 생각할 때 가장 먼저 떠오르는 콘텐츠 플랫폼으로 자리매김하는 데 성공한 것이다.

하입비스트

운동화 블로그로 시작한 '홍콩의 무신사'로, 마니아를 슈퍼 팬으로 발전시켜 패션과 컬처 콘텐츠를 다루는 글로벌 기업으로 발전시켰다.

HBX

하입비스트 슈퍼 팬들이 원하는 패션과 디자인, 게임과 자동차 등의 콘텐츠로 만들어 낸 온라인 커머스 플랫폼.

코로나 백신과 치료제를 어벤져스로 변신시킨 콘텐츠의 힘

미국의 글로벌 제약 회사 화이자는 코로나19로 인해 174년 역사상 최대 실적을 올렸다. 2022년 총 매출은 1,003억 달러, 우리 돈으로 123조 원에 달한다. 코로나 이전인 2019년 매출(약 410억 달러)에 비해 두 배가 넘는다. 이 가운데 백신 코미나티주와 치료제 팍스로비드가 약 70조 원의 매출을 기록했다.

이 같은 도약의 배경에는 세계 최초로 코로나 백신과 치료제를 개발해 낸 화이자의 기술력이 자리 잡고 있다. 하지만 화이자의 성공 요인은 팬데믹 상황이 아니라, 화이자를 제약 회사를 넘어 '신뢰의 아이콘'으로 만들고자 한 앨버트 불라Albert Bourla 회장의 콘텐츠 전략에 있다.

미국인들이 백신 접종을 기피하자 그는 개발보다 더 중요한 것은 백신 접종자 수를 늘리는 것이라고 생각했고, 그 방법을 콘텐츠에서 찾아냈다. 불라는 미국을 대표하는 엔터테인먼트 기업 마블 코믹스와 손잡고 디지털 만화 〈에브리데이 히어로즈〉를 발간해 화이자 트위터 계정은 물론 다양한 채널을 통해 배포했다.

〈에브리데이 히어로즈〉

코로나 백신에 대한 거부감을 없애기 위해 화이자가 마블 코믹스와 손잡고 만든 디지털 만화. 어벤져스(백신)가 울트론(코로나)을 물리치는 내용이다.

우리가 사는 커뮤니티를 보호하기 위해 영웅 어벤져스가 악당 울트론을 물리치는 모습을 텔레비전과 온라인을 통해 내보냈다. 끊임없이 되살아나는 인공지능 로봇 울트론을 어벤져스가 물리치는 모습을 통해

● 화이자·바이오엔테크가 마블과 함께 기획한 만화 〈에브리데이 히어로즈〉의 한 장면.

출처: 마블

백신에 대한 거부감을 우회적으로 제거해 나갔다. 코로나 예방주사를 맞고 스스로를 지켜 일상의 영웅이 되는 스토리를 만들어 전파한 것이다.

콘텐츠의 힘은 강했다. 화이자는 미국 사람들에게 익숙한 마블 애니메이션 콘텐츠로 백신과 치료제를 '어벤져스'로 탈바꿈시키는 데 성공했다. 영웅들의 이미지를 빌려서 백신에 대한 심리적 장벽을 허무는, 문화 콘텐츠의 힘을 활용한 마케팅 전략이 먹힌 것이다. 그 결과 마블 콘텐츠의 영향력을 활용한 화이자의 제품이 모더나, 얀센, 아스트라제네카, 노바백스 등 다른 백신보다 더 높은 선호도를 얻게 되었다.

보안 기업들도 콘텐츠의 도움을 받아 회사의 이미지를 바꾸고 있다. 어려운 보안 용어를 MZ세대 언어로 바꿔서 친근하게 다가서고 있는 것이다. 보안 업체 에스원은 크리에이터 효크포크와 손잡고 유튜브 영상을 만들었다. CCTV 신제품을 홍보하는 전략의 일환이었다. 걸그룹 ITZY(있지)의 춤을 멋들어지게 추며 청소하던 아르바이트생이 손님과 마주치자 멋쩍은 표정을 짓는 모습이 CCTV에 찍힌 영상이었다. 무려 1,360만 회에 달하는 클릭이 이뤄졌고, 영상 말미에 '선명하고 안전한 에스원 CCTV'라는 문구로 광고 효과까지 볼 수 있었다. 보안 업체의 경직된 이미지를 콘텐츠의 힘을 빌려 좀 더 친숙하게 바꾼 것이다.

〈오갑살〉
딱딱한 보안 업체의 이미지를 바꾸기 위해 안랩이 인공지능 갑(G.A.B)의 에피소드를 담아 만든 동영상 콘텐츠.

안랩은 웹툰 〈오늘부터 G.A.B님과 함께 살게 되었습니다〉(이하 오갑살) 영상을 제작해 페이스북과 네이버 웹툰 '도전 만화'에 연재하기 시작했다. 보안 지식이 전무한 인공지능 G.A.B Ghost in an Artificial 이 보안 회사에 들어가면서 벌어지는 사건을 담았는데, 그야말로 폭발적인 인기를 끌었다. 안랩은 보안과 개발 지식을 알려주는 유튜브 채널 '삼평동 연구소'도 운영하고 있다.

브랜드 마케팅의 선두 주자 나이키는 대표적으로 제품을 홍보하지 않고 혁신과 도전이라는 자사의 상징적 메시지를 담은 콘텐츠만 광고하는 회사다. 단순히 제품을 파는 것이 아니라 가치와 이미지를 함께 파는 것이다. 나이키의 슬로건 '저스트 두 잇'Just Do It 은 전 세계에서 가장 성공한 마케팅 슬로건 중 하나다. 이는 도전적이고 진취적인 것을 추구하는 나이키의 모든 것을 설명해 준다. 제품 홍보가 아닌 단 한 줄의 슬로건만으로 매출을 10배 이상 늘린 것이다.

제품 경쟁에서 콘텐츠 경쟁 시대로

제품만으로 경쟁하는 시대가 종언을 고하고 콘텐츠로 경쟁하는 새로운 시대가 열리고 있다. 검색만 하면 볼 수 있는 온라인 콘텐츠가 더 큰 파괴력을 갖기 시작했다. 소비자들은 더 이상 공중파와 종편의 방송 광고나 신문 광고가 아닌 '검색 키워드'로 제품의 정보를 스스로 찾아서 소비한다. 디지털 언어로 네티즌과 소통할 콘텐츠를 만들어야 하는 이유다. 기업과 조직에 최적화된 키워드를 만들지 않으면 키워드 검색에서 외면받게 될 것이다.

브랜드 커머스 기업 블랭크 코퍼레이션의 성공 비결은 콘텐츠 마케팅에 있다. 삼성전자 고 이건희 회장과 같은 동네 주민으로 유명해진 청년 남대광 대표는 제품을 OEM으로 생산하고 이에 대한 콘텐츠를 제작해 온라인 특수를 만들어 냈다. 주로 페이

콘텐츠 마케팅

MZ세대가 검색 키워드로 제품의 정보를 찾아 소비하는 특성을 활용해 제품에 대한 소비자 평판, 스토리텔링에 기초해 제품을 알리는 홍보 방법.

스북과 인스타그램을 통한 SNS 마케팅으로 미디어 커머스 신화를 이뤄 낸 것이다.

남 대표는 콘텐츠의 힘을 아는 창업자였다. 대학생 시절 페이스북에 '세상에서 가장 웃긴 동영상'(세웃동)을 만들어 페이스북 페이지뷰 1위를 기록했다. 이 같은 경험을 살려 제품에 대한 핵심 마케팅 메시지를 '블랭크 TV' 동영상으로 만들어 제품 판매로 연결시키는 전략을 펼쳤다. 일반인의 제품 체험 평가를 영상으로 만들어서 주요 소셜미디어를 장악하는 방식이었다. 리얼한 소비자들의 후기는 단숨에 누리꾼들을 사로잡았고, 기발한 광고에 빠져든 사람들은 홈페이지 링크를 타고 들어와 제품을 구매했다.

자체 개발한 브랜드를 콘텐츠 마케팅을 통해 관심을 촉발시키는 방식으로 완판 행진을 이어 갔다. 바디럽의 마약 베개와 퓨어썸 샤워기를 비롯해 남성 뷰티 브랜드 블랙 몬스터 등이 대표적인 성공 사례다. 그러나 콘텐츠로 반짝 히트 상품을 만드는 데는 성공했지만 OEM 제품의 한계를 뛰어넘지는 못했다. 기업의 가장 핵심 콘텐츠인 제품의 본질적인 경쟁력으로 승부하는 '지속 가능한 제품' 창출에는 실패한 것이다.

비즈니스 부스팅

성장 가능성이 높은 브랜드를 발굴해 투자 또는 인수해서 콘텐츠 마케팅으로 성공 모델을 만드는 비즈니스 방식. 클럭, 몽제 매트리스, 오호라 젤네일, 안다르 등이 대표 사례다.

반면 저주파 마사지기 클럭Klug 돌풍을 일으킨 데일리앤코는 콘텐츠를 활용해 '비즈니스 부스팅'이라는 새로운 비즈니스 모델을 만들어 냈다. 자체 브랜드를 기획해서 론칭하는 D2C(소비자 직접 판매) 커머스 사업과는 달리, 성장 가능성이 높은 브랜드를 발굴해 투자 또는 인수해서 제품 콘텐츠와 마케팅 콘텐츠를 결합해 성공 모델을 만드는 방식이다. 제품 기획부터 생산, 판매, 유통 등 마케팅의 모든 프로세스를 콘텐츠 중심으로 설계해서 제품의 본질적인 경쟁력을 높이고 이를 마케팅 콘텐츠로 전환해 소비자와 소통한다. 이 같은 전략은 모기업인 에코마케팅이 주도하는 것으로 클럭 외에도 몽제 매트리스, 오호라 젤네일, 안다르의 애슬레저 등에 적용해서 제품과 마케팅 콘텐츠의 결합을 통해 시너지를 극대화하고 있다.

이처럼 오늘날의 기업은 콘텐츠를 지배하지 않고서 제품의 세일즈 파워를 갖는다는 것은 불가능한 상황에 직면해 있다. 콘텐츠는 영역과 경계를 넘나드는 소통과 홍보의 수단으로, 콘텐츠 기업뿐 아니라 인간의 삶과 연관된 모든 분야에서 강력한 영향력을 발휘하고 있다.

'콘텐츠'란
도대체 무엇인가?

삶은 그 자체로 콘텐츠다!

성장 가능성이 높은 브랜드 '콘텐츠의 지배자'들은 우리의 삶이 콘텐츠 그 자체임을 알고 최상의 콘텐츠로 성공적인 미래를 만들어 가고 있다.

우리의 삶은 그 자체로 콘텐츠다. 하루의 일상도 콘텐츠로 시작해서 콘텐츠로 끝난다. 우리는 대부분 내 삶이 콘텐츠 그 자체인 줄 모른 채 살아가고 있지만, 세상 모든 것이 콘텐츠 그 자체임을 아는 순간 내 삶과 미래는 완전히 달라진다.

"인생은 무대 위 한 편의 연극이다."라는 셰익스피어의 말처럼, 우리는 매일 자기 삶의 콘텐츠를 쓰고 있다. 아침에 잠자리에서 일어나면 누구나 핸드폰을 가장 먼저 본다. 카카오톡, 문자, 이메일을 확인하고 날씨를 보고 뉴스를 검색한다. 그리고 필요한 곳에

톡이나 문자를 보낸다. 이처럼 우리는 일상을 온라인 콘텐츠로 시작하고, 회사와 학교에서도 필요한 정보를 온라인을 통해 검색해서 본다. 주말 여가 시간을 어떻게 보낼지도 검색의 결과로 결정하고 온라인으로 예약한다.

우리의 일상생활은 콘텐츠 생산과 전달 그리고 검색의 과정이다. 자신이 갖고 있는 콘텐츠를 다른 사람에게 어필하고 다른 사람의 콘텐츠를 소비하면서 하루하루 생활하고 있다. 콘텐츠가 개인과 기업, 정부, 국가의 미래에 끊임없이 영향을 주고 있고 심지어 운명까지 바꾸는 이유다. 하지만 안타깝게도 이 같은 사실을 제대로 인식하지 못한 채 살아가고 있는 이가 많다.

콘텐츠에 관한 통념을 버려라

그렇다면 콘텐츠란 과연 무엇일까? 하루에도 몇 번씩 '콘텐츠'라는 단어를 사용하지만 정확한 개념은 사용자에 따라 제각각으로 해석된다. 국어사전에는 '인터넷이나 컴퓨터 통신 등을 통해 제공되는 각종 정보나 그 내용물'이라고 정의되어 있다. 지식백과사전은 '문화적 소재가 구체적으로 가공되어 매체에 체화한 무형의 결과물'이라고 규정한다. 문화적 소재란 일상에 존재하는 모든 것을 의미하며, 구체적 가공은 기획자의 창의력과 상상력을 통해 상삭뇌는 일련의 스토리텔링 방법을 뜻한다. 이런 창작 아이디어를 담아 낼 수단으로 어떤 매개체를 활용해 구체화할지가 매체에 체화하는 과정이다. 매체에 체화될 때 비로소 콘텐츠의 전달과 경험이 가능해진다.

여기에서 '문화적 소재'에는 큰 의미를 부여할 필요가 없다. 우리의 일상에서 이루어지는 모든 사회적 활동이 하나의 문화이고 문화적 소재가 될 수 있기 때문이다. 하나의 콘텐츠 소재가 더 의미 있는 콘텐츠로 발전하려면 '구체적 가공' 작업이 뒤따라야 한다. 가공 작업이 창작 활동이고 그 결과로 창작물이 탄생하게 된다. 결국 통념을 넘어선 콘텐츠란 특정 소재를 기반으로 창작자가 창의력과 상상력을 발휘해 재탄생시킨 모든 창작물을 일컫는 것이다. 즉, 콘텐츠 창작물의 범위는 문화 예술에서 탈피해 '사람과 조직, 사물과 제품을 비롯해서 공간을 채우고 있는 특별한 기술과 내용물'로 확장해야 한다.

통념을 넘어선 콘텐츠의 개념

사람과 조직, 사물과 제품을 비롯해 공간을 채우고 있는 특별한 내용물. 아이콘, 놀이 공원, 콘서트, 샤넬 백, 강연 등은 특별한 내용물로 가득 찬 콘텐츠다.

애플의 아이폰, 에버랜드의 놀이시설, 조용필의 콘서트, 샤넬 백, 롤렉스 시계, TED의 강연, 하버드 대학 커리큘럼 등 특별함이 있는 내용물은 분야를 막론하고 무엇이든 그 자체가 콘텐츠라 할 수 있다.

콘텐츠의 역사는 인류의 역사와 같다

세상을 지배하는 힘은 어디에서 나올까? 단언컨대, 지식 콘텐츠에서 나온다. 세상은 지식 콘텐츠의 축적과 공유, 확산으로 빠르게 진화해 왔다. 영국 케임브리지 대학 피터 버크 교수는 저서 《지식의 사회사》와 《지식은 어떻게 탄생하고 진화하는가》What is the History of Knowledge에서, 인류가 문명화 과정을 시작할 때부터 지식 즉 콘텐츠가 인간 사회 발전의 핵심 원동력 역할을 했다고 진단한다.

지식 콘텐츠

인류 문명의 발달을 가져다준 활자의 발명, 르네상스, 산업혁명 등 사회를 진화시킨 콘텐츠 대혁명의 기폭제.

인류의 급속한 발전은 지식 콘텐츠를 축적, 활용, 유통하면서 시작되었다. 그 시초가 활자의 발명이다. 기원전 3,300년경 인류 최초의 문명인 메소포타미아 문명 때 점토판에 글을 새긴 후 구워 만든 인류 최초의 책 덕분에 문명화가 급속도로 빨라졌다. 이집트에서는 갈대의 일종인 파피루스를 이용해 지식 콘텐츠인 책을 만들었다. 이후 독일의 구텐베르크가 1445년 금속활자를 활용해 활판 인쇄술을 발명하면서 지식이 획기적으로 전파되는 계기가 만들어졌다.

지식 콘텐츠는 교육 산업과 상공업을 발전시키는 기폭제가 되었다. 교육과 상공업의 발달은 14~16세기에 사람들의 지적 충족감을 높여 주는 문화 대부흥, 즉 르네상스 시대를 촉발시키면서 이른바 세계 최초의 콘텐츠 혁명기를 견인했다.

르네상스는 중세 교회 중심의 문화를 퇴색시키고 인간을 숭시하는 인본주의 운동을 촉발시켰다. 인간이 스스로 세상을 만들 수 있으며 선하고 아름다운 것을 창조할 수 있다는 믿음을 가져다준 것이다. 《성경》 속 이야기만 그리던 화가들이 인간 육체의 아름다움을 상상력을 동원해 표현하기 시작하는 등 콘텐츠 창작의 대상이 비로소 사람이 되었다.

르네상스 열풍은 급기야 마르틴 루터에 의해 종교개혁으로 이어졌다. 모두 지식 콘텐츠가 일으킨 혁명적인 변화다. 르네상스가 일으킨 콘텐츠 혁명은 문학과 예술에 그치지 않고 철학과 정치, 과학과 법률, 자연과학 등 사회 전반에 걸쳐 콘텐츠의 폭발적인 진화를 일으켰다.

르네상스가 일으킨 콘텐츠 혁명
중세 교회 중심의 문화를 퇴출시키고 인간을 중시하는 인본주의 운동을 촉발시킨 문화 대부흥 콘텐츠

이탈리아에서 시작된 르네상스의 인본주의는 독일과 네덜란드, 영국과 프랑스로 전파되어 발전해 나갔다. 18세기의 몽테스키외와 루소 등에 이어 19세기에는 니체와 톨스토이 등 수많은 철학자와 문학가가 불후의 콘텐츠를 탄생시키는 데 촉매제 역할을 했다. 축적된 지식 콘텐츠는 산업 분야에도 영향을 미쳐, 18세기 중반 영국에서 1차 산업혁명을 촉발시켰다.

1차 산업혁명은 지식이 축적되면서 2차 산업혁명으로 이어졌다. 중화학 공업, 석유와 전기, 내연기관 등의 과학혁명이 일어나면서 지식 콘텐츠가 기계와 산업의 과학화를 견인해 대량생산 시대를 열었다. 지식 콘텐츠의 진화에서 주목할 점은 영화, 라디오, 전화기, 텔레비전의 발명이 지식의 공유를 확산시켰다는 사실이다. 나아가 자동차와 비행기의

등장은 지식 콘텐츠의 이동 속도를 획기적으로 앞당겼다.

20세기 중반 컴퓨터(1946)와 인공위성(1957), 인터넷(1969)의 발명은 3차 산업혁명을 촉발시켰다. 3차 산업혁명은 본격적으로 콘텐츠의 시대가 도래했음을 알리는 선포였다. 정보통신 기술ICT이 획기적으로 발전하면서 콘텐츠의 생산, 유통, 공유 방식을 완전히 바꿔 놓았기 때문이다. 특히 컴퓨터와 인터넷, 스마트폰, SNS의 대중화는 디지털 창작물의 전성시대를 열어 주었다.

그리고 21세기에는 모든 산업이 콘텐츠와 연결되어 있다. 즉, 콘텐츠가 아닌 비즈니스는 없다. 이제 메타버스, 블록체인, NFT, 빅데이터, 인공지능, 증강현실AR · 가상현실VR을 앞세운 4차 산업혁명이 지금까지와는 전혀 다른 콘텐츠 대혁명을 몰고 올 채비를 하고 있다.

4차 산업혁명발 콘텐츠 대혁명

4차 산업혁명 기술이 촉발시킨 콘텐츠 대혁명. 1~3차 산업혁명 시대 지식 콘텐츠를 넘어선 메타버스, 블록체인, NFT, AI, AR, VR 등으로 제작된 차원이 다른 콘텐츠 창작물들.

모든 산업은 콘텐츠를 위해 존재한다

콘텐츠를 창작하려면 구체적인 가공 작업이 필요하다. 이 과정은 콘텐츠의 최종 결과물을 어떤 형태로 보여 줄 것이냐에 따라 달라진다. 그림으로 보여 준다면 캔버스, 물감, 종이, 연필 등이 필요하다. 작품을 그릴 공간과 모델, 전시할 갤러리노 있어야 하고 홍보를 위한 매체도 필요하다.

영화나 드라마 같은 영상 콘텐츠를 만든다고 가정해 보자. 시나리오 작성과 자료 조사를 위해 컴퓨터가 필요하고 촬영을 위해 현장과 소품, 세트장, 스튜디오가 있어야 한다. 카메라를 비롯한 수많은 작업 도구도 필요하다. 게임이나 애플리케이션 같은 디지털 콘텐츠를 만들 때도 마찬가지다. 게임 속 영상을 컴퓨터 그래픽 도구를 활용해서 구현해 내야 하고, 인기 있는 앱을 만들기 위해서는 탄탄한 콘텐츠들을 축적해 놓아야 한다. 그렇다고 무엇이든 올려놓아서는 안 된다. 저작권법이 지식재산의 잘못된 사용을 금지하고 있기 때문이다.

전시회나 박람회, 스포츠 이벤트 같은 공간형 콘텐츠도 다양한 산업의 지원을 받아 구현할 수 있다. 월드컵이나 올림픽 등의 스포츠 이벤트처럼 각본 없는 공간 콘텐츠 비즈니스는 더더욱 관련 산업의 기반 없이는 불가능하다. 초대형 스타디움이나 특수 종목을 위한 전용 경기장, 선수들의 경기력을 향상시키기 위한 첨단 과학기술의 운동기기나 장비 등이 요구된다. 놀이기구나 다양한 볼거리로 꾸며진 테마파크의 공간 콘텐츠 역시 특수 시설과 특별한 콘텐츠의 산물이다. 특별한 주제를 가지고 설계된 조경, 건축물, 공연, 놀이시설, 음식, 기념 상품, 서비스 등이 종합적으로 어우러져 방문객에게 특별한 경험을 제공하는 '체험 콘텐츠'의 종합판이다.

공간 콘텐츠

전시회, 박람회, 스포츠, 테마파크, 건축물, 공연 등 공간 비즈니스의 경쟁력을 좌우하는 구성 요소들.

체험 콘텐츠

놀이시설, 공연, 음식, 축제 등 고객에게 특별한 경험을 제공하는 콘텐츠

여의도 불꽃 축제, 화천 산천어 축제 등의 지역 축제 역시 특별한 문화적 소재를 기반으로 한 이벤트인 만큼 축제를 통해 선보일 콘텐츠가 행사의 핵심적인 역할을 한다. 결국 콘텐츠는 산업이나 문화적 기반을 매개로 해서 빛을 발휘한다.

콘텐츠 플랫폼, 권력이 되다

완성된 콘텐츠는 반드시 내용물을 보여 줄 수단을 필요로 한다. 콘텐츠는 사람들과 소통을 통해 공감을 끌어낼 때 비로소 그 진가를 발휘할 수 있기 때문이다. 콘텐츠의 내용물을 표현해 주는 수단이 바로 매체, 즉 미디어다. 인쇄 미디어, 영상 미디어, 음성 미디어, 뉴미디어 등 수많은 매체가 존재한다. 이들 중 인터넷 연결망 역할을 하는 포털은 수많은 웹 서비스와 연동되어 있어서 콘텐츠의 파워를 좌지우지하는 막강한 권력자가 되었다.

반면 CD, DVD 같은 저장 미디어는 쇠퇴하고 있다. 하드웨어 시대가 가고 클라우드를 기반으로 한 새로운 형태의 플랫폼이 콘텐츠 저장소와 비즈니스 무대로 각광을 받고 있기 때문이다. 현재 가장 강력한 콘텐츠 파워를 가진 매체는 영상 미디어다. 전통 미디어인 공중파와 종편 텔레비전을 비롯해 유튜브와 OTT, 케이블 TV, IPTV, 인터넷 방송, SNS 숏폼이 제공하는 동영상이 막강한 위력을 발휘하고 있다.

OTT

영화, 방송, 드라마, 교육 등 다
양한 콘텐츠를 구독 서비스 형
태로 제공하는 콘텐츠 사업자.

특히 인터넷을 통해 방송 프로그램과 영화, 교육 등 각종 미디어 콘텐츠를 구독형 서비스로 제공하는 OTT가 콘텐츠 시장의 판도를 바꿔 놓고 있다. OTT는 콘텐츠를 경험하는 데 있어서 소비자들이 겪는 불편함을 단숨에 해결해 주었다. 수요는 폭발적으로 늘었고, 다양한 콘텐츠를 제작하거나 송출함으로써 원할 때 골라 볼 수 있도록 구독 서비스를 제공하는 영상 데이터 사업자로 탈바꿈했다. 게임 플랫폼 역시 영상 콘텐츠 산업의 발전과 게임 콘텐츠의 확산에 큰 역할을 하고 있다.

콘텐츠 플랫폼

미디어를 넘어 건축물, 전시
공간, 갤러리, 테마파크, 전시
회나 포럼 등이 열리는 호텔
도 콘텐츠 플랫폼 역할을 하
고 있다.

콘텐츠 플랫폼을 고려할 때 미디어만 생각해서는 안 된다. 건축물과 전시 공간 등 특정한 장소 역시 콘텐츠를 유통하고 전시하는 플랫폼 역할을 한다. 예를 들어, 갤러리는 미술 작품이라는 콘텐츠를 전시하고 판매하는 공간으로서 중요한 콘텐츠 플랫폼 역할을 하고 있다. 작품을 생산하는 작가와 직접 거래할 수 있는 아트페어도 똑같은 역할을 한다. 미술품 옥션 장소 역시 작품 콘텐츠 거래에 중요한 역할을 한다. 박람회나 전시회, 포럼, 심포지엄이 열리는 대형 컨벤션 시설이나 호텔 역시 콘텐츠 플랫폼으로서 핵심적인 매체 역할을 담당한다.

오늘날 막강한 권력을 행사하고 있는 빅테크 플랫폼은 원래 콘텐츠를 기반으로 존재했던 비즈니스인데, 인터넷과 스마트폰을 기반으로 사람을 쉽게 연결할 수 있게 되면서 파워가 더욱 강력해졌을 뿐이다. 누구나 플랫폼이란 공간에 사람들을 몰려들게 할 수 있는 차별화된 콘텐츠만 쌓아 놓으면 돈을 벌 수 있다.

빅테크 플랫폼은 기술을 이용해 사람과 콘텐츠를 연결하는 생태계를 만든 주역으로, 일종의 콘텐츠 거래소이자 저장고라 할 수 있다. 구글, 애플, 페이스북, 틱톡, 인스타그램, 유튜브, 멜론, 네이버, 카톡 등 빅테크 플랫폼들은 저마다 특화된 주제로 지식이나 상품 콘텐츠를 쌓는 방식으로 이용자를 끌어들인다. 아마존, 에어비앤비, 우버, 마이크로소프트, 텐센트 등은 상품을 기반으로 플랫폼 사업을 하고 있다.

이제는 수요와 공급을 이끌어 낼 수 있는 아이템은 무엇이든 플랫폼 비즈니스의 콘텐츠 소재라 할 수 있다. 심지어 월마트, 나이키, GE, 디즈니랜드 등도 각종 상품을 콘텐츠화해서 자신만의 플랫폼 비즈니스를 펼치고 있다. 이처럼 인간의 삶과 연관된 모든 것을 콘텐츠화할 수 있는 시대에 플랫폼의 영향력은 더욱더 막강해질 것이다.

빅테크 플랫폼

기술을 이용해 사람과 콘텐츠를 연결하는 생태계의 창조자. 구글, 애플, 페이스북, 틱톡, 인스타그램, 유튜브, 멜론, 네이버, 카카오톡 등이 빅테크 플랫폼의 지배자들이다.

플랫폼 비즈니스의 대상

수요와 공급을 이끌어 낼 수 있는 아이템이면 무엇이든 플랫폼 비즈니스의 소재가 될 수 있다. 월마트, 나이키, GE, 삼성, 애플, 디즈니랜드는 각종 상품을 콘텐츠화.

세상을 지배해 온
콘텐츠의 파괴력

그리스 로마 신화

고대 그리스에서 발생해 헬레니즘 시대, 로마 제국으로 이어지는 신들의 이야기. 현대까지 예술 작품을 비롯해 수많은 비즈니스의 근간이 되는 콘텐츠 파워를 발휘하고 있다.

인류의 역사는 콘텐츠 지배의 역사라 할 수 있다. 그리스 로마 신화는 고대 그리스에서 발생해 헬레니즘 시대와 로마 제국으로 이어지는 신들의 이야기지만, 수천 년이 지난 지금까지 '살아 있는 이야기'로 세상을 지배하고 있다. 서양은 물론이고 동양까지 전 세계인의 정신세계를 지배해 오면서, 각종 예술 작품으로 재탄생되었고, 오늘날까지 수많은 비즈니스의 근간이 되었다.

르네상스는 14~16세기 이탈리아를 시작으로 서유럽의 문명사를 장식한 문화 창작 운동이었다. 그런데 이 르네상스가 고대 그리스 로마 문화를 부흥시켜 학문과 예술 콘텐츠로 다시 살려 냈다. 5세기 로마 제국의 몰락과 함께 시작된 중세는 인간성이 말살되고 인간의 창조성이 철저히 무시된 암흑시대였다. 그런데 이 같은 세상을 끝낸 무기가 바로 르네상스 콘텐츠였다.

르네상스 콘텐츠

중세 시대 봉건제를 무너뜨리고 종교를 몰락시켜 세상을 인간 중심으로 복원시키는 기폭제 역할을 했다.

콘텐츠는 종교에 억압되어 있던 중세의 어둡고 엄숙한 분위기를 몰아냈다. 봉건제를 무너뜨리고 절대 권력을 가졌던 종교를 몰락시키는 기폭제 역할을 하면서 세상을 인간 중심의 세계로 복원시켰다. 이 과정에서 앞선 생각을 가진 인문주의자들이 콘텐츠의 부흥을 통해 개혁을 이끌어 냄으로써 근대 문화를 태동시킨 것이다. 그들은 콘텐츠로 세상의 변화를 이끌어 낸 지배자였다.

르네상스 시대의 인문주의자들

콘텐츠의 부흥을 통해 개혁을 이끌어 냄으로써 근대 문화를 태동시킨 콘텐츠의 지배자들.

불멸의 콘텐츠 창조자들, 영원히 정신세계를 지배하다

르네상스 시대 인문주의자들은 한마디로 콘텐츠의 창조자들이었다. 옛 그리스와 로마의 문학, 사상, 예술을 본받아 인간 중심의 정신을 되살려야 한다는 믿음과 철학을 작품 곳곳에 불어넣었다. 그 시대

불멸의 콘텐츠 창조자들

다빈치, 미켈란젤로, 라파엘로. 르네상스 시대 3대 콘텐츠 거장은 인간 중심 철학을 탄생시켜 근대 유럽 문화의 기반을 만들어 냈다.

정신은 수많은 사람에게 자극을 주었고 사회 자체를 바꾸는 원동력으로 작용했다. 그리고 오늘날까지 최고의 걸작으로 불리는 콘텐츠의 진수들이 쏟아졌다.

프랑스 루브르 박물관에 소장된 레오나르도 다빈치의 〈모나리자〉의 미소에는 기쁨 83퍼센트, 슬픔 17퍼센트라는 비밀의 법칙이 숨겨져 있어 복합적인 감정을 동시에 느끼게 한다. 그의 또 다른 걸작으로 이탈리아 밀라노의 산타마리아 델레 그라치에 성당 벽에 그린 〈최후의 만찬〉은 예수님이 십자가에 못 박히기 바로 전날 열두 제자와 함께한 만찬 장면을 상상력을 동원해 표현해 냈다.

조각가이자 화가인 미켈란젤로가 23세 때 피라미드 구도로 조각한 〈피에타〉는 성모 마리아의 무릎 위에 죽은 아들 예수가 잠든 듯 안겨 있는 조각상으로 엄숙미를 자아낸다. 그가 로마의 시스티나 성당 천장에 그린 세계 최대의 천장화 〈천지창조〉는 르네상스 시대 최고의 걸작으로 꼽힌다.

미켈란젤로의 라이벌이었던 라파엘로 산치오가 그린 〈아테네 학당〉은 고대 그리스의 철학자들이 학당에 모여 학문과 진리를 추구하는 모습을 실감 나게 묘사하고 있다. 플라톤은 하늘을 가리키며 '이데아'를 이야기하고, 아리스토텔레스는 땅을 가리키며 자연의 진리를 설파한다. 소크라테스는 삼단논법의 추리 방식을 설명하고, 피타고라스는 책과 잉크병을 든 채 학생들에게 둘러싸여 있다.

이처럼 르네상스는 레오나르도 다빈치, 미켈란젤로, 라파엘로라는 3대 콘텐츠의 거장을 탄생시키며 근대 유럽 문화의 기반을 만들어 냈다.

근대 유럽 문화를 바꾼 것은 새로운 콘텐츠 장르의 탄생이었다. 소설과 드라마라는 새로운 형식이 등장해 인간의 삶을 묘사하기 시작했다. 셰익스피어, 대니얼 디포, 존 밀턴, 조너선 스위프트 등이 새로운 형태의 콘텐츠를 통해 사람들의 정신세계를 지배했다. 특히 셰익스피어의 4대 비극은 인간성과 선악의 문제를 근원적인 차원에서 다뤘다.

대니얼 디포의 장편소설 《로빈슨 크루소》는 작가의 상상력이 동원된 탐험 이야기로 만화, 애니메이션, 영화로 재창작되어 세계인의 모험심을 자극해 왔다. 조너선 스위프트는 인간과 사회를 날카롭게 비판하는 풍자소설 《걸리버 여행기》를 남겼다. 콘텐츠 창조자로서 걸리버라는 자신의 페르소나를 통해 악에 물든 인간과 인간 사회를 통렬하게 꼬집었다. 콘텐츠의 힘으로 세상의 아이러니를 풍자함으로써 콘텐츠 소비자들에게 신선한 자극을 준 것이다.

르네상스 시대가 끝날 무렵 음악 콘텐츠가 사람들을 지배하기 시작했다. 새로운 음악 장르인 오페라와 함께 바로크 시대가 열렸다. '음악의 아버지'로 불리는 바흐는 불후의 음악 콘텐츠로 역사상 가장 위대한 작곡가가 되었고, '음악의 어머니' 헨델은 바

유럽 문화를 바꾼 소설과 드라마

소설과 드라마라는 새로운 콘텐츠 장르의 탄생은 셰익스피어, 대니얼 디포, 존 밀턴, 조너선 스위프트 등을 배출하며 사람들의 정신세계를 지배했다.

음악 콘텐츠

헨델과 바흐는 바로크 음악의 양대 산맥이 됐고, 뒤이어 모차르트와 베토벤이 고전파 음악의 양대 거장으로서 세상을 지배했다. 산업혁명과 함께 슈베르트, 멘델스존, 슈만, 쇼팽 등이 낭만주의 음악을 꽃피웠다.

흐와 함께 바로크 음악의 양대 산맥이 되었다. 이들을 이어 고전파 음악의 양대 거장 모차르트와 베토벤이 등장했다.

산업혁명으로 문화생활을 즐기는 시간이 많아지면서는 낭만주의 음악이 출현했다. 금관악기는 밸브가 생겨났고 목관악기는 키 작동법이 알려져 보다 쉽게 연주할 수 있게 되었다. 가곡의 왕 슈베르트, 행복을 노래하는 작곡가 멘델스존, 낭만 음악을 꽃피운 슈만, 피아노의 시인 쇼팽 등이 음악의 대중화에 기여했다.

콘텐츠, 역사를 바꾸며 영향력을 키워 나가다

대중음악 전성시대

첨단 기술이 전자음악 시대를 열었다. TV, 라디오, 축음기, 컴퓨터, 스마트폰은 대중음악 콘텐츠 전성시대를 열었다.

로큰롤 콘텐츠

1950년대 엘비스 프레슬리가 기존의 틀을 깬 자유분방함으로 대중음악의 판도를 바꿨다. 비틀스, 밥 딜런이 뒤를 이었다.

이렇게 수천 년에 걸쳐 사람들의 정신세계를 지배해 온 콘텐츠의 위력은 갈수록 더 커지고 있다. 20세기 이후 첨단 기술의 등장으로 전자음악이 가능해졌고 텔레비전과 라디오, 축음기, 컴퓨터, 인터넷, 스마트폰이 대중음악 전성시대를 열었다. 지구촌이 하나의 거대 시장으로 부상하면서 콘텐츠의 생산과 유통이 전 세계적으로 이루어지고 있다.

1950년대 로큰롤 콘텐츠를 앞세워 혜성처럼 등장한 엘비스 프레슬리는 당시 주류 미디어들이 천박하다고 경멸하던 로큰롤 음악을 수면 위로 끌어

올려 대중음악계의 판도를 바꿔 놓았다. 특히 비틀스, 밥 딜런, 롤링 스톤스 등 '엘비스 키즈'들이 전설적인 록 음악 아티스트로 성장하는 자극제가 되었다.

이후 마이클 잭슨은 팝 콘텐츠를 앞세워 미국의 전설적인 뮤지션이 되었다. 그는 인종차별 이슈를 음악이라는 콘텐츠를 통해 해결한 문화 예술의 선구자였다. 한국의 BTS도 K콘텐츠를 앞세워 '21세기 글로벌 팝 아이콘'이 되었다. 이 과정에서 세계화된 네트워크가 큰 역할을 했다. 전 세계를 연결하는 콘텐츠 플랫폼에 올라탔을 때 경쟁력 있는 콘텐츠라면 파괴적인 효과를 발휘할 수 있다. BTS는 SNS 계정 운영과 인터넷 개인 방송, 유튜브 채널 '방탄TV'를 활용해 슈퍼 팬들을 열광시키고 있다. 놀랍게도 방탄 TV 구독자는 7,700만 명에 육박한다.

앞으로 콘텐츠의 위력은 더 막강해질 것이다. 4차 산업혁명이 탄생시킨 블록체인, 메타버스, NFT, 증강현실·가상현실, AI가 콘텐츠의 파괴력을 배가시키는 무기가 되기 때문이다. 게다가 콘텐츠 제작의 끝판왕이 될 GPT-4 터보, 달리3, 미드저니 같은 생성형 AI가 창작 세계에 새로운 지평을 열고 있다. 각종 SNS를 통해 훈련된 창조자들은 '듣보잡' 콘텐츠를 쏟아 내고, 오프라인 창작 활동에 전념했던 예술가들도 첨단 기기의 도움을 받아 새로운 창조의 시대를 열기 시작했다. 머지않아 디지털 작품이 오프라

팝 콘텐츠

마이클 잭슨, BTS 등 세계적인 스타를 만들어 낸 현대 대중음악의 주류 콘텐츠.

'듣보잡' 콘텐츠

생성형 AI가 4차 산업혁명 기술과 결합해 탄생시키고 있는, 지금까지와는 차원이 다른 새로운 형태의 복합 콘텐츠.

인 작품의 가치를 능가하는 임계점이 올 것이다.

짧게 더 짧게, 숏폼 콘텐츠의 부상

───

영상 콘텐츠의 길이는 갈수록 짧아지고 있다. 수많은 동영상의 홍수 속에 살고 있기 때문에 메시지 중심의 임팩트 있는 짧은 영상, 이른바 숏폼 전성시대는 거스를 수 없다. 숏폼은 MZ세대의 취향과 맞아떨어지면서 폭발적인 인기를 누리고 있다. 2022년 틱톡의 글로벌 이용자는 13억 명, 유튜브 쇼츠의 하루 평균 조회 수는 300억 회에 달할 정도다.

숏폼은 특히 기존의 동영상 광고보다 효과적인 마케팅 방식으로 자리 잡으면서 기업들의 주목을 받고 있다. 숏폼 플랫폼은 영상 촬영과 편집 기능은 물론 다양한 음원을 제공하고 있어, 스마트폰만 있으면 손쉽게 숏폼을 제작할 수 있기 때문에 SNS 사용자를 대거 창작자로 탈바꿈시키고 있다.

중국 기업 틱톡은 1분 내외의 짧은 영상으로 숏폼 열풍의 포문을 열었다. 전문 콘텐츠 제작자, 즉 공급자가 제공하는 일방향 콘텐츠 소비 시대를 끝내고 크리에이터들이 숏폼을 만들어 소통하는 새로운 시대를 연 것이다. 인공지능이 제공하는 틱톡의 피드와 상호작용을 통해 사용자의 취향에 맞는 영상이 노출되도록 함으로써 숏폼의 대명사가 되면서 유튜브의 아성까지 위협하고 있다. 2022년 틱톡은 광고 매출만 120억 달러(약 15조 원)를 넘어섰는데, 이는 트위터와 스냅챗의 매출을 합한 것보다 더 많은 액수다.

틱톡은 더 큰 도약을 위해 크리에이터와의 수익 분배 프로그램인 '크리에이티비티 프로그램'을 내놓았다. 크리에이터에게 더 큰 수익을 안겨 줌으로써 보다 흥미롭고 퀄리티 높은 숏폼 콘텐츠를 확보하기 위해서다. 틱톡이 선보인 증강현실 플랫폼 '이펙트 하우스'는 Z세대를 겨냥한 행보로 주목할 만하다. 앞으로 체험과 소비를 즐기는 메타 커머스 영상 플랫폼 경쟁이 더욱 뜨거워질 전망이다.

유튜브도 틱톡과 경쟁하기 위해 '쇼츠' 탭을 추가해 추격에 나섰고, 인스타그램 역시 '릴스'를 만들었다. 메타도 '페이스북 릴스' 탭을 만들어 숏폼 경쟁에 뛰어들었다. 동영상 스트리밍 플랫폼인 '페이스북 워치'에도 릴스를 추가해 사용자가 더욱 빠르게 액세스할 수 있도록 했다. 카카오와 네이버도 모바일 뉴스 탭 메인 화면에 각각 '오늘의 숏', '1분 숏폼' 섹션을 만들었다. 주요 방송국들도 숏폼을 만들어 뉴스의 하이라이트를 다양한 채널에 서비스하고 있다.

크리에이티비티 프로그램

고품질 숏폼 콘텐츠를 확보하기 위해 틱톡이 내놓은 크리에이터와의 수익 분배 프로그램.

이펙트 하우스

틱톡이 선보인 증강현실 플랫폼. 체험과 소비를 즐기는 메타 커머스 플랫폼으로 자리 잡고 있다.

숏폼 경쟁

숏폼 콘텐츠가 각광을 받으면서 틱톡, 쇼츠(유튜브), 릴스(인스타), 페이스북 릴스(메타), 오늘의 숏(카카오), 1분 숏폼(네이버) 등이 벌이는 숏폼 플랫폼 경쟁.

콘텐츠 시장에서 중요한 변화는, 숏폼이 MZ세대들이 찾는 주류 콘텐츠로 부상하면서 디지털 콘텐츠가 1분 안에 승부를 거는 짧은 영상 중심으로 재편되고 있다는 점이다. 마케터라면 더 짧고 강렬할수록 영향력이 커지는 동영상의 마법에 눈을 떠야 할 것이다.

콘텐츠, 세상의 수평 시대를 열다

콘텐츠는 세상을 수평 시대로 만들고 있다. 영화 〈도가니〉, 〈남한산성〉 등을 만든 황동혁 감독은 2021년 드라마 〈오징어 게임〉으로 OTT 역사상 최고의 흥행작 자리를 차지하면서 단숨에 세계적인 스타 감독 반열에 올랐다. 글로벌 플랫폼에 올라타 지구촌의 보편적인 정서를 읽어 내는 스토리텔링으로 한국 콘텐츠가 세계 무대에서 통할 수 있다는 사실을 입증해 낸 것이다. 세계적인 작품들을 제치고 한국 콘텐츠가 에미상의 역사를 바꾸는 쾌거도 이뤘다.

윤여정 배우는 미국 독립 영화 〈미나리〉로 아카데미상의 역사를 새로 썼다. 이처럼 콘텐츠는 세상을 수평 시대로 만들고 있다. 누구든 완성도 높은 콘텐츠만 있으면 글로벌 스타로 도약할 수 있는 길이 열렸기 때문이다.

〈이상한 변호사 우영우〉는 네이버 웹툰을 드라마로 제작해 히트를 친 케이스다. 이 콘텐츠의 성공은 신생 채널 ENA의 이름과 존재감을 시청자들에게 순식간에 각인시켰다. 유튜브 채널 '삼프로 TV'는 경제 콘텐츠로 구독자 230만 명을 확보하면서 기존 방송국을 위협할 정도의 영향력을 과시하고 있다. 놀라운 것은 국내 신문사보다 더 많은 구독자 수라는 점이다. 20대 대통령선거 때 이재명 민주당 후보를 출연자로 초청해 조회 수 500만 명을 돌파할 정도로 성장했으며, 출연자 중 일부는 스타 강사가 되었다.

우리는 지금 좋은 콘텐츠를 갖고 있다면 누구나 독자적인 영역을 구축할 수 있는 콘텐츠 수평 시대를 살고 있다. 개인과 기업, 정부와 국가 모두 이 기회를 놓치고 있는 것은 아닌지 고민해 볼 필요가 있다. 특히 정부와 공공 기관은 축적한 데이터를 콘텐츠로 전환해 국민 편익이 향상될 수 있도록 데이터 활용의 물꼬를 틔워 줘야 할 때다.

콘텐츠 수평 시대

〈오징어 게임〉(황동혁), 〈미나리〉(윤여정), 〈이상한 변호사 우영우〉, 삼프로 TV의 예에서 볼 수 있듯, 좋은 콘텐츠만 있으면 누구나 독자적인 영역을 구축하고 글로벌 스타가 될 수 있는 세상이다.

기업이 사라지는 세상, 나만의 콘텐츠로 자유롭게 산다

스팀잇

콘텐츠를 올리면 크리에이터와 '업보트'(좋아요)를 누른 사용자에게 수익을 공유해 주는 블록체인 소셜미디어.

블록체인 미디어 플랫폼 스팀잇Steemit은 글을 쓰면 돈을 벌 수 있는 소셜미디어다. 크리에이터가 콘텐츠를 올렸을 때 기존 SNS의 '좋아요'와 유사한 '업보트'upvote, 즉 추천을 받게 되면 보팅 수와 비례해 디지털 자산인 스팀을 받게 된다. 보팅에 참여한 사람에게도 수익의 50퍼센트를 나누어 준다. 콘텐츠의 소유권도 크리에이터가 갖는다.

또한 스팀 파워steem power에 따라 보상 규모가 달라지기 때문에 스팀잇 회원들 사이에서는 암호화폐 거래소에서 스팀을 구입해 자신의 파워를 높이려고 한다. 중국 블록체인 회사 트론 파운데이션Tron Foundation은 스팀잇과 전략적 파트너십을 체결하고 트론의 유저들에게 스팀은 물론 트론의 암호화폐 TRX를 제공함으로써 스팀잇과 트론의 유저들이 서로의 SNS에 동시에 참여해 콘텐츠를 공유할 수 있도록 하고 있다.

스팀잇의 비즈니스 모델은 웹 3.0의 진화된 방식이다. 창작물에 대한 소유권과 통제권이 플랫폼이 아닌 '개인'에게 돌아가고, 콘텐츠는 특정 플랫폼이 아닌 '공간 웹'Spatial Web 속에 존재한다. 이는 엄청난 변화다. 데이터 소유권을 가진 개인이 플랫폼을 통한 중개 모델P2C이 아닌 직거래 모델D2C을 활용해 직접 비즈니스를 할 수 있는 환경이 만들어진 것이다.

웹 3.0 콘텐츠

창작물에 대한 소유권과 통제권을 플랫폼이 아닌 창작자가 갖는 콘텐츠. 창작자는 콘텐츠를 고객과 직거래(D2C)함으로써 수익을 창출할 수 있다. 콘텐츠 소유와 보상이 핵심.

웹 1.0 콘텐츠

생산자(플랫폼 운영자)가 생산해서 제공하는 일방적인 콘텐츠. 사용자는 읽을 수만 있다.

웹 2.0 콘텐츠

사용자가 콘텐츠 생산자가 되어 공유할 수 있는 콘텐츠. 소유권과 콘텐츠는 플랫폼이 갖는다.

플랫폼 독점 시대, 종언을 고하다

웹 1.0 시대는 생산자가 제공하는 콘텐츠를 사용자가 읽기read만 하던 세상이었다면, 웹 2.0 시대는 사용자가 콘텐츠 소비자reader이자 생산자writer가 될 수 있는 '콘텐츠 공유'의 세상이었다. 이 같은 변화가 장작자 경제의 포문을 열어 주었는데, 웹 3.0 시대에는 참여와 공유에서 한 발 더 나가 콘텐츠의 개인 소유와 보상이 핵심 키워드가 될 것이다.

창작자가 직접 자신의 콘텐츠 가격을 책정해 창작물을 판매할 수 있는 직거래 장터도 생긴다. 또한 개별 사용자에게 맞춤형 콘텐츠를 제공하는 '개인화된 앱' 형태가 된다. 시맨틱 웹Semantic Web 기술을 이용해 웹 페이지에 담긴 내용을 이해하고 개인 맞춤형 정보를 제공할 수 있는 지능형 웹 기술이 사용되기 때문이다.

그동안 빅테크 기업들은 독점적 플랫폼을 활용해 크리에이터를 지배하면서 막대한 부를 창출했다. 하지만 웹 3.0 시대에는 콘텐츠 생산자와 공유자도 합리적인 보상을 받게 되면서 크리에이터들이 플랫폼의 지배자가 될 것이다.

웹 2.0 플랫폼의 종언

현재 빅테크 기업들은 사용자들이 생산한 콘텐츠를 활용해 막대한 광고 수입과 데이터 판매 수입을 창출함으로써 수익을 독점하고 있다. 그러나 웹 3.0이 상용화되면 콘텐츠의 탈중앙화로 인해 웹 2.0 플랫폼은 설 자리를 잃게 될 것이다.

웹 2.0 시대 플랫폼은 왜 창작자들에게 불리할까? 크리에이터의 콘텐츠가 플랫폼 기업의 서버에 저장되고 그들이 소유권을 갖기 때문이다. 일례로 포털은 언론사가 만든 뉴스 콘텐츠로 막대한 수익을 창출하지만 보상은 '쥐꼬리'만 한 수준이다. 빅테크 기업들 역시 이용자들이 생산해 낸 콘텐츠를 활용해 막대한 광고 수입과 데이터 판매 수입을 창출하고 있지만, 수익을 공유하지 않고 거의 독점한다. 유튜브만 유일하게 일부 분배하지만 보상 기준은 공개되지 않고 있다.

플랫폼 기업들은 고객의 인터넷 이용 기록을 트래킹하는 방식으로 이용자의 동의 없이 광고를 노출시키고, 개인정보를 유출하거나 남용하는 횡포를 부리고 있다. 하지만 웹 3.0 기술의 상용화로 큰 변화가 일어날 것이다. 우선 플랫폼 중심으로 집중됐던 콘텐츠가 탈중앙화하게 된다. 또한 플랫폼이 소유했던 콘텐츠 소유권이 개인의 소유로 바뀐다. 웹 3.0이라는 용어의 창시자이자 이더리움의 공동 창업자 개빈 우드의 예언은 현실이 될 것이다. 그는 '웹 3.0은 서비스 제공자가 없는 서비스'라고 강조했다. 탈중앙화 웹 3.0 생태계가 구축되면 불투명하고 폐쇄적인 플랫폼은 사라지게 된다는 뜻이다.

콘텐츠의 가치를 높이는 다오의 등장

그렇다면 어떤 방식으로 콘텐츠의 탈중앙화와 개인 소유가 가능해질까? 블록체인을 기반으로 한 메타버스, NFT, 디파이$_{DeFi}$(탈중앙화 금융), 다오$_{DAO}$(탈중앙화 자율 조직), DEX(탈중앙화 거래소) 등의 기술이 웹 3.0의 미래가 될 것이다. 탈중앙화의 핵심은 블

웹 3.0의 미래 기술
블록체인을 기반으로 등장한 메타버스, NFT, 디파이, 다오, DEX 등의 혁신 기술.

록체인 기술을 활용해 분산원장 방식으로 개인의 콘텐츠를 기업의 서버가 아닌 사용자의 기기에 보관할 수 있도록 하는 것이다. 즉, 개인의 데이터 주권을 실현할 수 있고 대규모 해킹 시도가 있더라도 안전하다. 더 중요한 사실은, 내가 만드는 콘텐츠의 가치를 높여서 더 많은 수익을 가져

다오

탈중앙화·분산화된 자율 조직 또는 단체를 일컫는 말. 스마트 콘트랙트로 데이터를 개인 소유 형태로 관리한다. 미래 세대 콘텐츠 창작 조직의 기본 모델이 될 전망이다.

갈 수 있다는 점이다.

하지만 데이터를 개인 소유 형태로 관리하려면 관리 주체가 필요하다. 이 역할을 다오가 한다. 다오는 탈중앙화·분산화된 자율 조직 또는 단체를 일컫는 말로, 소유자는 커뮤니티가 된다. 기업에서의 의사결정은 이사진들이 하지만 다오의 의사결정은 스마트 콘트랙트로 이뤄진다. 스마트 콘트랙트의 규칙은 초기에만 사람이 정하고 이후에는 컴퓨터가 자동으로 정해서 실행한다.

다오의 구성원은 블록체인에서 사용하는 토큰을 소유한 사람으로, 토큰 보유량이 조직 내 지분을 결정한다. 조직의 운영 방향, 수익 배분 등의 정책을 결정할 때 토큰 보유량에 따라 1토큰당 1투표권을 행사한다. 따라서 다오에는 CEO도 임원도 없다. 일반 기업은 자본금을 쌓고 재무제표로 자산을 관리하지만, 다오는 다오 트레저리(회사가 가지고 있는 토큰)를 활용한다. 트레저리에 자금을 쌓고 다오 운영에 활용한다. 거래 내역을 누구나 확인할 수 있기 때문에 특별한 감사가 필요 없다.

물론 다오의 한계를 지적하는 목소리도 있다. 토큰을 많이 보유한 사람이 의사결정에 독점적인 권력을 행사할 수 있기 때문이다. 또 미국 증권거래위원회SEC의 규제도 문제다. 가상자산을 이용한 자금 조달 행위를 증권법으로 규제하기 때문에 자금 조달 목적으로 토큰을 발행하는 다오도 규제를 받게 된다.

다오, 미래 세대의 콘텐츠 창작 조직이 된다

미국에는 사장도 부서도 없는데 기업으로 인정받은 회사가 있다. '아메리칸 크립토페드 다오'American CryptoFed DAO로, 블록체인 기술이 적용된 컴퓨터 암호화 규칙으로 운영되는 다오 기업이다. 미국 와이오밍주 정부는 2021년 7월 5일 미국 최초로 이 기업을 정식 법인으로 승인했다. '미국 최초의 정식 다오'라는 지위를 얻은 이 회사는 달러화 가치 변동에 영향받지 않고 가상화폐로 운영된다.

국내에서도 첫 NFT 다오 '플립플랍다오'FlipFlopDAO가 등장했다. 이 회사는 데이터를 기반으로 체계적인 가치 평가를 통해 NFT에 투자하는 탈중앙화 조직이다. 크로아티아의 음악 축제 '키르쿠스 막시무스'Circus Maximus는 다오를 활용해 디지털 마케팅을 기획하고 있다. 음악 축제 티켓을 구매한 다수의 참여자가 블록체인 상에서 행사 개최 장소, 출연자, 예산 배분 등을 결정하고 운영할 수 있도록 함으로써 '참여하는 축제'를 만들겠다는 구상이다. 이 같은 비즈니스 모델은 이벤트 티켓 외에도 리조트·골프장·헬스클럽 등 기간 회원제 서비스의 회원권에도 적용될 수 있다.

아메리칸 크립토페드 다오

블록체인 기술이 적용된 컴퓨터 암호화 규칙을 통해 암호화폐로 운영되는 미국 최초의 정식 다오 기업.

플립플랍다오

데이터 기반 가치 평가를 통해 NFT에 투자하는 국내 첫 NFT 다오.

키르쿠스 막시무스

크로아티아의 음악 축제. 다오를 활용해 음악 축제 티켓 구매자들이 행사 프로그램을 직접 운영하도록 하는 디지털 마케팅을 기획하고 있다.

NFT를 가진 회원들만 프리미엄 혜택을 제공받고 회원들의 아이디어로 회원권의 가치를 키우면 NFT 가격은 계속 오를 수밖에 없다. 사업자는 회원권의 가치가 올라갈 수 있도록 다오 구성원들의 아이디어를 끌어모으면 된다. 나아가 회원들이 주도적으로 결정한 시설과 직원 관리 등 경영 전반이 자동 집행되는 시스템을 정착시킬 수도 있다.

이제 다오는 미래 세대 콘텐츠 창작 조직의 기본 모델이 될 것이다. 콘텐츠 창작자, 블록체인 개발자, SNS 활동가 등이 한 팀이 되어 다오 조직을 만들어서 NFT 콘텐츠 프로젝트를 추진하는 신흥 비즈니스 모델을 구축할 수 있다. 예를 들어, 저출산 고령화와 환경 파괴 등의 특정 이슈에 대해 생각을 같이하는 사람들이 다오를 구성해서 NFT 콘텐츠를

만들어 공동 비즈니스를 할 수 있다. 독립 영화 제작을 꿈꾸는 사람들은 '영화 다오'를 구성해서 영화 콘텐츠를 만들어 창출된 수익을 공유하면 된다. 감독, 배우, 카메라 감독, 작가, 그래픽 디자이너, 뮤지션 등 다양한 사람들이 콘텐츠 창작자로 다오 조직을 구성할 수 있다.

나만의 콘텐츠가 있다면 얼마든지 다양한 프로젝트의 일원으로 자유롭게 활동하면서 경제적 부가가치를 창출할 수 있는 세상이 열리는 것이다. 다만 나만의 특화된 콘텐츠가 없는 사람은 도태될 수밖에 없는 구조라는 점을 잊지 말아야 할 것이다.

디파이, 콘텐츠 거래의 패러다임을 바꾼다

웹 3.0은 현존하는 은행, 보험사, 증권사 같은 금융
기관을 이용하지 않는다. 대신 디파이라고 하는 블
록체인 기반의 탈중앙화 금융 시스템을 이용한다.
스마트 콘트랙트 코드에 따라 금융 서비스를 받고
실물 화폐가 아니라 암호화폐만 이용한다. 금융 기

디파이

은행, 보험, 증권사를 통하지
않고 금융 거래를 가능하게
해주는 블록체인 기반의 탈
중앙화 금융 시스템.

관에 수수료를 지불하지 않기 때문에 투자 수익률 역시 기존 금융 상품
보다 높다.

은행 없이 금융 업무가 가능한 이유는 블록체인
기술로 설계한 알고리즘인 스마트 콘트랙트 프로그
래밍이 은행을 대신해 주기 때문이다. 계약 당사자
끼리 사전에 합의된 내용을 전자 계약 형태로 프로
그래밍해 놓은 시스템을 이용하는 것이다. 이 시스

스마트 콘트랙트

계약 조건이 충족되면 자동으
로 계약 내용이 실행되도록
설계된 전자 계약 프로그램.

템은 계약 조건이 충족되면 자동으로 계약 내용이 실행되도록 설계돼
있다. 따라서 디파이를 이용하면 금융 기관에서 제공하는 모든 금융 서
비스를 구현할 수 있다. 현재는 블록체인 기술로 프로그래밍한 이더리
움의 애플리케이션DApps(디앱)을 활용해 각종 금융
서비스가 이루어지고 있다.

앞으로는 디파이가 크리에이터와 결합해 콘텐츠
거래의 패러다임을 바꾸는 소셜 파이Social Fi가 부상

소셜 파이

크리에이터들이 디지털 콘텐
츠를 NFT화해서 토큰으로
판매할 수 있는 플랫폼.

할 것이다. 소셜 파이란 커뮤니티를 기반으로 하는 소셜Social과 금융을 뜻하는 파이낸스Finance의 합성어로, 크리에이터들이 디지털 콘텐츠를 NFT화해서 토큰으로 판매할 수 있는 플랫폼 시대를 본격적으로 열어 줄 것이다. 크리에이터는 콘텐츠에 대한 원 저작권을 NFT를 통해 영구적으로 보장받을 수 있으며, 플랫폼 내 NFT화된 콘텐츠는 팬들의 지갑에 보유되거나 NFT 거래소를 통해 거래될 것이다.

더 나아가 디파이와 연계된 소셜 토큰을 지급받아 경제적 이익을 창출할 수도 있다. 개인이 가진 사회적 영향력을 활용해 콘텐츠를 제값을 받고 판매하고, 팔로워는 해당 콘텐츠를 소유해 또 다른 가치를 창출하는 생태계가 탄생하는 것이다.

랠리
셀럽들이 자신의 토큰을 출시해 커뮤니티를 통해서 수익을 창출할 수 있도록 지원하는 팬 토큰 플랫폼.

이 같은 개념을 구현하는 소셜 파이 플랫폼 '랠리'Rally가 2018년 등장해 주목을 받았다. 스포츠 스타나 연예인 등 다양한 분야의 셀럽들이 자신의 토큰을 출시해 커뮤니티를 통해서 수익을 창출할 수 있도록 지원해 주는 팬 토큰 플랫폼이다. 하지만 자금난으로 2023년 2월 서비스를 중단했다. 화폐 가격은 폭락했고 그들의 시도는 실험으로 끝났다. 이는 소셜 파이의 위험성을 시사하는 부분이다.

그럼에도 팬 토큰을 활용한 소셜 파이는 머지않아 슈퍼 크리에이터가 슈퍼 팬을 대상으로 다양하고 독특한 혜택을 제공하는 수단으로 각광을 받게 될 것이다. 예를 들어, 최초의 팬 토큰인 '칠리즈'Chiliz는 맨체

스터 시티 팬 토큰, AC 밀란 팬 토큰, 유벤투스 팬 토큰 등의 형태로 발행돼 폭발적인 인기를 끌며 그 가능성을 검증해 보였다.

동영상 콘텐츠 세상이 열린다

넷플릭스의 설립자 리드 헤이스팅스는 "웹 3.0의 대역은 완전한 동영상으로 이루어진 웹이 될 것이다."라고 전망했다. 웹 1.0은 전화 접속에 5.0K 평균 대역이고 웹 2.0은 평균 1메가비트의 대역이지만, 웹 3.0은

● **1998년 마크 랜돌프와 함께 넷플릭스를 설립한 리드 헤이스팅스.**

출처: 조선비즈

10메가비트 대역의 완전한 비디오 웹이 될 것이라는 예상이다. 그의 말을 종합해 보면 웹 3.0 시대의 콘텐츠는 동영상으로 재편된다. 뉴스·상거래·커뮤니티 등의 서비스 주체였던 네이버와 구글 같은 포털 사이트가 무의미해진다. 이를 메타버스가 대체하기 때문이다.

웹 3.0 시대에는 가상세계인 메타버스에서 일하고 모이는 등 일상의 모든 생활을 영위할 것이다. 지금도 콘텐츠 수요자들은 유튜브, OTT, 틱톡 등에서 제공하는 동영상 콘텐츠로 정보를 얻고 오락 활동을 한다. 이 같은 수요 변화 때문에 신문사조차 텍스트 콘텐츠 외에 부가적으로 동영상 콘텐츠를 만들고 있다. 웹 3.0 시대는 이 같은 변화를 가속화할 것으로 보인다. 쉬운 동영상 제작 및 편집 기술들이 사용자 누구나 동영상을 만드는 창작자로 바꿔 놓기 때문이다. 특히 메타버스와 결합한 디지털 경제는 그 자체가 동영상으로 구현된 동영상 콘텐츠의 세상이다.

이런 점에서 창작자들은 완전한 콘텐츠 혁명을 구현해 줄 웹 3.0 시대의 성공 전략을 텍스트와 음성, 이미지를 넘어 동영상 콘텐츠에서 찾아야 할 것이다.

" 결국, 콘텐츠다! "

CHAPTER 2

콘텐츠의 미래,
어떻게 달라지나?

웹 3.0 플랫폼은 '창작자 전성시대'를 열어 줄 것이다. 메타버스가 본궤도에 오르면서 생성형 AI의 도움을 받아 다양한 아이템을 창작해서 팔 수 있는 NFT 시장이 활성화될 것이기 때문이다. 그렇다면 콘텐츠는 어떻게 진화하고 발전해 나갈까? 그리고 현재 빅테크 플랫폼을 위해 '콘텐츠 노동자' 역할을 하고 있는 유튜버와 틱토커, 인스타그래머 등 창작자들의 미래는 어떻게 달라질까? 웹 3.0 블록체인 플랫폼은 빅테크 플랫폼의 아성을 무너뜨릴 수 있을까?

유튜버, 틱토커,
인스타그래머가 사라진다

플랫폼 미러Mirror는 2010년 기존의 블로그 서비스 방식에 반기를 들며 출범했다. 창업자 데니스 나자로브Denis Nazarov는 플랫폼의 중개 없이 창작자가 텍스트 콘텐츠의 소유와 판매 권리를 갖고, 콘텐츠 수요자와 직접 소통하는 최초의 탈중앙화 글쓰기 웹 3.0 플랫폼을 만들었다. 콘텐츠 제작자가 작성한 글을 NFT화해 마켓에서 거래할 수 있도록 하는 신개념 플랫폼이다. 따라서 플랫폼에 모든 이익이 귀속되는 게 아니라 크리에이터에게 암호화폐로 이익이 돌아간다. 또한 트위터 등의 플랫폼에 콘텐츠를 올리면 '내

> **미러**
> 플랫폼의 중개 없이 창작자가 콘텐츠의 소유와 판매 권리를 갖고 콘텐츠 수요자와 직접 소통하는, 최초의 탈중앙화 글쓰기 웹 3.0 플랫폼

콘텐츠'임을 증명할 수 없지만, 미러에서는 디지털 서명을 갖게 된다.

미러에 올린 글은 발행과 동시에 NFT로 변환되고, 독자는 NFT 콘텐츠를 전부 또는 일부 구매할 수 있다. 완전 구매한 NFT는 다른 독자에게 재판매해서 차익을 남길 수도 있다. 지분을 매입한 경우에는 콘텐츠가 벌어들이는 수익을 나누어 가질 수 있다. 블로그 글이 하나의 디지털 작품이 되어 외부에 판매하거나 경매에 부칠 수 있게 되는 것이다. 독자에게 쉽게 후원을 요청할 수 있고 후원금도 암호화폐로 받을 수 있다. 중개자가 없기 때문에 수수료를 최소화할 수 있고 후원에 대한 대가도 암호화폐나 NFT로 지급할 수 있다. 팬과 창작자가 모두 수익을 공유할 수 있는 시스템이다.

NFT 콘텐츠 거래에는 암호화폐 지갑을 계정으로 사용한다. 일반적인 블로그 플랫폼에서 글을 쓰려면 회원 가입이라는 절차를 통해 이메일 주소 등 각종 개인정보를 블로그 운영 기업에 알려 줘야 한다. 반면 미러에서는 이더리움을 보관하는 지갑 주소만 있으면 되기 때문에 개인 정보가 특정 기업에 넘어가지 않는다. 작성된 글은 특정 기업의 서버가 아니라 블록체인 상에서 저장 및 관리된다. 글을 쓴 사람만 수정하거나 비공개 처리할 수 있기 때문에 한번 배포된 콘텐츠 자체는 블록체인 상에 영원히 남는다.

D2C 구독 시장
창작자가 자신이 만든 콘텐츠를 NFT로 전환해 소비자에게 직접 팔 수 있는 플랫폼.

이렇게 웹 3.0 시대 콘텐츠를 NFT로 전환해 유통하는 체제가 자리 잡게 되면 유튜버, 틱토커, 인스타그래머가 사라지고 개인 창작자와 소비자가 직접 연결되는 D2C(소비자 직거래) 구독 시장이 열릴 것이다. 슈퍼 콘텐츠를 가진 1인 창작자는 누구나 막대한 부를 창출할 수 있게 된다.

콘텐츠 직거래 세상이 펼쳐진다

미국의 패트리온Patreon은 동영상 크리에이터, 팟캐스터, 뮤지션, 작가, 게이머 등 창작자가 자유롭게 창작 및 경제 활동을 할 수 있도록 도와주는 온라인 콘텐츠 구독 플랫폼이다. 2013년 출범한 이래 무려 25만 명 이상의 크리에이터가 활동하고 있다. 슈퍼 팬을 확보한 크리에이터들은 수억 원씩 돈을 벌고 있다. 수익 모델은 광고와 조회 수가 아닌 크라우드 펀딩과 구독료로, 창작자는 자신을 후원하는 구독자를 위해 맞춤형 콘텐츠를 제작해서 제공한다.

패트리온

창작자가 자유롭게 창작 및 경제 활동을 할 수 있도록 도와주는 온라인 콘텐츠 구독 플랫폼.

제스트월드

작가가 중심에 서는 웹 3.0 웹툰 플랫폼. 작가가 웹툰의 공개 주기, 홍보 방식, 수익 구조를 원하는 대로 선택한다.

제스트월드Zestworld는 작가 중심의 웹 3.0 웹툰 플랫폼을 만들었다. 글로벌 만화 기업 마블 코믹스나 DC 코믹스처럼 기업이 수익의 대부분을 독점하는 기형적 구조를 바꾼 것이다. 제스트월드에 소속된 작가는 뉴스레터 형식으로 만화를 공개할 수 있는데, 이때 웹툰의 공개 주기, 홍보 방식, 수익 구조 등을 작가가 원하는 대로 선택한다. 지금처럼 회사가 서작권료를 결정하는 것이 아니라, 작가가 원저작물은 물론이거니와 2차 저작물까지 지식재산권IP의 지분을 유리하게 설계할 수 있다. NFT를 발행하거나 메타버스를 통해 추가 수익을 창출하기도 한다.

이런 콘텐츠 구독 시장이 웹 3.0으로 인해 가속화될 것이다. 웹 3.0 네트워크 세계에서는 콘텐츠를 플랫폼이 아니라 개인이 소유하는, 콘텐츠의 개인 소유 세상이 펼쳐지기 때문이다. 이로 인해 크리에이터가 자신의 창작물을 기반으로 수익을 창출하는 '창작자 경제'가 기본 비즈니스 모델로 자리 잡게 된다. 이를 겨냥해 웹 3.0 플랫폼들은 대형 플랫폼을 무대로 활동하고 있는 크리에이터 영입에 발 벗고 나섰다.

크라우드 펀딩 플랫폼

패트리온, 온리팬스, 서브스택 등 콘텐츠 창작자가 자신의 콘텐츠를 직접 유통하는 플랫폼.

패트리온 외에 온리팬스OnlyFans, 서브스택Sub-stack 역시 크라우드 펀딩 플랫폼이다. 온리팬스는 구독 기간이나 가격을 콘텐츠 창작자가 임의로 정하는데, 수수료 20퍼센트만 플랫폼에 제공하고 나머지는 창작자의 몫이다. 서브스택은 유료 구독 뉴스레터 플랫폼으로, 글 쓰는 사람이나 팟캐스터 등 창작자들이 자신이 생산한 콘텐츠로 구독료를 받아 경제 활동을 할 수 있다.

이들 플랫폼은 중앙 집중적이고 일방적인 빅테크 플랫폼과는 달리, 창작자가 다양한 선택권을 갖는 웹 3.0의 서비스 방식을 택하고 있다. 이 같은 웹 3.0 플랫폼 중심으로 창작자들이 모여들면, 현재의 빅테크 플랫폼 독점 시대가 종언을 고하고 유튜브, 틱톡, 인스타그램마저 거대한 변화에 직면할 것이다.

인스타그램과 페이스북을 위협하는 블록체인 SNS

NFT 전용 소셜미디어 플랫폼 쇼타임Showtime은 인
스타그램을 대체할 비전을 갖고 태어났다. 최초의
개인 토큰 발행자 알렉스 마스메즈Alex Masmej와 알
렉스 킬카Alex Kilkka가 공동 창업한 이 회사는 760만
달러 규모의 투자를 유치했다. NFT를 위한 인스타

쇼타임

NFT를 위한 인스타그램을
추구하는 아트 갤러리로, 디
지털 아트 제품을 거래할 수
있는 소셜미디어 플랫폼.

그램을 추구하는 디지털 아트 갤러리로, 전자 지갑만 있으면 누구나 디
지털 아트 제품들을 사고팔 수 있다.

렌스터Lenster는 렌즈 프로토콜을 활용해 만든 소
셜미디어로, 트위터와 유사한 기능을 갖고 있다. 사
용자는 게시 글을 올리고 다른 사용자의 게시 글을
미러하거나 코멘트를 달 수 있다. 모든 정보를 본인
소유로 설정함으로써 자신만의 수익 창출이 가능하
다. 웹 3.0 플랫폼인 렌즈 프로토콜은 나만의 콘텐
츠를 만들 수 있게 해주는 도구로, 새로운 소셜미

렌즈 프로토콜

나만의 콘텐츠를 만들 수 있
게 해주는 도구로, 새로운 소
셜미디어를 개발할 수 있는
기반 인프라. 렌스터, 렌즈 부
스터, 스팸다오, 골든서클 등
50개 이상의 앱이 렌즈 프로
토콜을 기반으로 탄생했다.

디어를 개발할 수 있는 기반 인프라에 가깝다. 렌스터 외에도 렌즈 부스
터Lens Booster, 스팸나오SpamDAO, 골는서클GoldenCircle 등 50개 이상의

애플리케이션이 렌즈 프로토콜을 기반으로 탄생했다. 이들 웹 3.0 소셜미디어가 오늘날의 소셜미디어를 대체할 수 있을지 관심이 쏠리고 있다.

마인즈

페이스북의 대안으로 출범한 이더리움 기반의 웹 3.0 플랫폼.

블록체인 소셜 네트워크인 마인즈Minds는 페이스북의 대안으로 출범한 이더리움 기반의 웹 3.0 플랫폼이다. 창작자는 포스트를 올리고 암호화폐로 보상을 받는다. 이 토큰을 활용해서 홍보를 할 수도 있고, 자신의 콘텐츠 구독자들을 위해 토큰을 지불할 수도 있다. 마인즈가 성공할 경우 메타의 페이스북과 인스타그램도 NFT를 발행하는 웹 3.0으로 전환할 가능성도 있다.

오디시

동영상 공유 플랫폼으로, 웹 3.0 기반의 유튜브라고 할 수 있다.

오디시Odysee는 동영상 공유 플랫폼으로 웹 3.0 기반의 유튜브라고 할 수 있다. LBRY라는 블록체인 상에 영상 데이터가 저장된다. 크리에이터들은 조회 수와 시청자의 후원을 통해 수익을 얻는다. 영상 소유자는 직접 영상을 삭제할 수 있으나, 이는 오디시에서만 사라지는 것이지 LBRY에서는 삭제되지 않는다.

디지털 마케팅과 소셜미디어의 개척자로 손꼽히는 게리 바이너척 Gary Vaynerchuk 바이너엑스VaynerX CEO는 '넥스트 소셜미디어는 NFT가 될 것'이라고 전망했다. 그의 말처럼 '20년 내로 NFT가 우리 사회의 새로운 지식재산권'이 된다면, 크리에이터의 콘텐츠는 실물 경제와 다양하게 연계될 것이다. 변화하지 않는 소셜미디어의 도태는 예견된 결말이다.

웹 3.0 철학을 비즈니스에 접목하는 기업도 늘고 있다. 스타벅스는 '스타벅스 오디세이'라는 새로운 멤버십 서비스를 선보였다. 미니 게임이나 퀴즈에 참여하면 스탬프를 제공하고, 가치 있는 스탬프를 많이 모은 고객에게는 바리스타 특강이나 코스타리

스타벅스 오디세이

고객에게 보상으로 NFT 여정 스탬프를 제공하는 새로운 멤버십 서비스. 스탬프 소유권을 고객이 갖고 자유롭게 사고팔 수 있다.

카 커피 농장 여행 같은 상품을 보상으로 제공한다. 특기할 만한 점은 여정 스탬프가 NFT라는 것이다. 스탬프 소유권은 고객이 갖고 자유롭게 사고팔 수도 있다. 웹 3.0으로 바뀌는 세상에서 여정 스탬프라는 독점 콘텐츠로 찐팬 커뮤니티를 만들어 지속적으로 성장하겠다는 스타벅

● **스타벅스 NFT 멤버십 프로그램 오디세이의 '퍼스트 스토어 컬렉션'.**

출처: 스타벅스

스의 의도가 엿보인다. 이처럼 NFT를 활용해서 고객의 참여와 충성을 이끌어 내는 다양한 실험은 더욱 확대될 것이다.

웹 3.0 시대로 가는 기술적 기반이 갖춰지면서 기업들이 웹 3.0의 가능성을 타진하기 위해 여러 가지 시도를 하고 있다. 대부분 지적재산권을 갖고 있거나 충성도 높은 고객을 확보해 시장을 확대할 필요성이 있는 기업들로, NFT를 통해 고객과 지속적으로 관계를 이어 갈 수 있기 때문이다. 그런데 이보다 더 중요한 것은 크리에이터가 직접 콘텐츠 비즈니스를 펼치는 기업이 될 수 있다는 점이다. 자체 콘텐츠로 브랜드를 만들고 상품을 개발해 이커머스 활동을 하는 본격적인 '창작자 NFT 비즈니스' 시대에 기업들은 이들을 어떻게 붙잡을지 고민해야 할 것이다.

창작자 NFT 비즈니스
크리에이터가 자신의 콘텐츠를 NFT 형태로 발행해 일부 또는 전체를 팔아 수익 사업을 하는 미래 비즈니스 모델.

〈재벌집 막내아들〉의 IP는
왜 게임 회사의 것일까?

2022년 JTBC가 방송한 드라마 〈재벌집 막내아들〉은 그야말로 빅히트를 쳤다. 그렇다면 돈은 누가 벌었을까? 당연히 방송사와 제작사에 투자한 VC들이 큰 수익을 올렸다. 그런데 흥미롭게도 게임 회사 컴투스 Com2uS가 그 리스트에 올랐다. IP의 공동 소유권을 가지고 있기 때문이다. 컴투스는 〈재벌집 막내아들〉의 제작사인 래몽래인을 보유한 위지윅 스튜디오를 인수해 콘텐츠 IP를 갖게 되었다. 반면 JTBC는 방영과 관련된 광고 수익, 기업 이미지 상승 효과에 만족해야 했다. 즉, 수익 창출이라는 내실은 IP를

콘텐츠 IP

저작권법상 보호받는 콘텐츠 창작물로, 저작권을 활용해 2차 창작 등 다양한 부가 사업(캐릭터, 굿즈, 의류 등)이 가능하다.

가진 제작사의 몫이었다.

앞으로 부를 창조하는 핵심 키워드는 기술과 IP다. 저작권이 있는 콘텐츠 IP가 막대한 부가가치를 창출하는 화수분 역할을 하기 때문이다. 남의 저작권을 활용한 콘텐츠 제작은 수고비를 받는 수준에 그친다. IP Intellectual Property Rights란 법에 따라 보호되는 지식재산에 대한 권리, 즉 지식재산권을 말한다. 지식재산이란 인간의 창조적 활동 또는 경험 등에 의해 창출된 무형의 가치다.

콘텐츠 IP는 저작권법상 보호받는 콘텐츠 창작물로, 저작권을 활용해 2차 창작 등 다양한 부가 사업이 가능하다. 특히 캐릭터, 타이틀 등을 상표로 등록해 상표법의 보호를 받을 수 있다. 이 경우 굿즈, 의류, 완구, 문구, 식음료 등으로 사업 영역을 확장할 수 있다. 이처럼 법으로 보호받게 되는 콘텐츠 IP는 돈을 부르는 마법이다. 당연히 기업의 경쟁력은 콘텐츠 IP 유무에 따라 달라질 것이다.

콘텐츠 프랜차이즈 시대, 황금알을 낳는 IP

《반지의 제왕》은 영국의 언어학자 J. R. R. 톨킨이 1954년에 내놓은 판타지 소설이다. 판타지의 시조 격인 이 콘텐츠 IP는 70년이 지난 지금까지도 돈을 부르는 마법을 발휘하고 있다. 워너 브라더스 산하의 제작사 뉴라인 시네마는 피터 잭슨 감독을 영입해 이 전설적인 소설을 영화화했다.

결과는 초대박 성공이었다. 2억 8,100만 달러(약 3,600억 원)의 예산으로 만든 영화가 벌어들인 돈은 29억 9,100만 달러(약 4조 원)에 달했다.

콘텐츠 IP의 위력을 실감한 스웨덴의 미디어 기업 엠브레이서Embracer 그룹은 2022년 8월 '반지의 제왕'과 '호빗' 시리즈 판권을 가지고 있는 미들어스 엔터프라이즈를 전격 인수했다. 그리고 아마존과 '반지의 제왕' 다중 접속 역할 수행 게임MMORPG 개발을 시작했다.

디즈니도 콘텐츠 IP를 앞세워 세계적인 경쟁력을 발휘하고 있다. 〈인어공주〉와 〈백설공주〉를 비롯해 〈라이온 킹〉, 〈피터팬〉 등 슈퍼 콘텐츠를 쏟아 내며 저작권 괴물이 되었다. 넷플릭스에 제공하는 콘텐츠로만 연간 1억 5,000만 달러(약 2,000억 원)를 벌 정도다. 급기야 2019년에는 자체 IP를 활용해 OTT 플랫폼 디즈니 플러스를 출범시켜 무려 1억 6,000만 명의 구독자를 확보했다. 월트 디즈니 픽처스를 비롯해 픽사, 마블, 스타워즈, 내셔널 지오그래픽 등 계열사를 통해 생산해 낸 콘텐츠를 앞세워 저작권 왕국 디즈니를 완성해 낸 것이다.

원래 저작권 보호 기간은 저작자 사후 50년이었다. 그러나 월트 디즈니가 국회 로비를 통해 1998년 이른바 '미키 마우스 법'을 통과시키면서

《반지의 제왕》

1954년 출간된 톨킨의 판타지 소설을 원작으로 한 영화. 이 콘텐츠 IP 소유자는 초대박 신화를 썼다.

디즈니 콘텐츠 IP

〈인어공주〉, 〈백설공주〉, 〈라이온 킹〉, 〈피터팬〉 등 슈퍼 콘텐츠 IP 파워를 활용해 막대한 수익을 창출하는 저작권 제왕을 상징.

미키 마우스 법

저작권자 사후 50년이었던 저작권 보호 기간을 70년으로 연장시킨 법. 디즈니의 로비로 통과돼 '미키 마우스 법'이라고 부른다.

70년으로 연장되었다. 이제 IP는 명실상부 콘텐츠 권력이 된 것이다. 원작 콘텐츠 IP를 활용해 다양한 장르의 창작물을 만들거나 다수의 플랫폼에 유통하는 전략을 '콘텐츠 프랜차이즈'라고 하는데, 여기에서도 디즈니는 발군의 실력을 자랑한다. 게임로프트는 디즈니의 캐릭터 IP를 활용해 생활 시뮬레이션 게임 '디즈니 드림라이트 밸리'를 내놓았다. 만화 영화를 통해 친숙해진 각종 캐릭터가 등장한다.

〈재벌집 막내아들〉은 검증된 웹소설을 원작으로 드라마를 만든 게 주효했다. 콘텐츠에 대한 IP는 SLL중앙과 래몽래인이 공동으로 갖고, 방영권을 구매한 JTBC는 방송만 내보냈다. 시청률이 고공행진하면서 래몽래인은 주가가 급등했고 IP를 앞세워 TV 방송권, OTT 플랫폼 수익, 해외 판매 등을 통해 지속적으로 저작권과 방영 수익을 창출해 내고 있다. 이처럼 IP가 있으면 게임, 굿즈, 웹툰, 웹소설, NFT 등 모든 콘텐츠 영역으로 비즈니스를 확장할 수 있다. 다양한 IP를 갖고 있을 경우 서로 결합할 수 있기 때문에 IP 파워는 더 커진다.

재주는 〈오징어 게임〉이 부리고 돈은 넷플릭스로

한국 콘텐츠로 글로벌 1등을 한 〈오징어 게임〉을 만든 제작사와 넷플릭스 가운데 누가 큰돈을 벌었을까? 안타깝게도 돈방석에 앉은 기업은 넷플릭스다. 제작비에 투자하면서 IP와 판권을 모두 가져갔기 때문이다. 제작사에게는 추가 인센티브 권리조차 주지 않았다. 보존받은 것은 제작비와 수익 일부에 불과했다. 즉, 대박이 나더라도 추가 수익을 기대하기 어려운 구조였다.

> **〈오징어 게임〉 IP와 판권**
>
> 넷플릭스는 〈오징어 게임〉에 250억 원을 투자하면서 IP와 판권을 모두 가져가는 계약으로 1조 2,000억 원이 넘는 초대박 성공 신화를 썼다.

　〈오징어 게임〉 8부작을 만드는 데 넷플릭스가 투입한 제작비는 총 250억 원(회당 31억 원) 수준이었다. 블룸버그 통신에 따르면, 넷플릭스는 〈오징어 게임〉으로 9억 달러(약 1조 2,000억 원) 이상의 수익을 올렸다. 제작비의 50배에 가까운 액수다. 재주는 한국 제작사가 부리고 돈은 미국 플랫폼이 챙겼다는 언론 보도가 쏟아졌다. 〈오징어 게임〉의 황동혁 감독 입장에서는 모두가 투자를 외면할 때 상품성을 알아보고 손을 잡아 준 넷플릭스가 분명히 고마운 존재다. 하지만 IP의 일부라도 소유했더라면 하는 아쉬움은 남는다.

　앞으로 이런 불상사를 막기 위해서는 한국의 투자자들이 우리의 문화 예술계가 외국 플랫폼들의 '저가 OEM 생산 기지'로 전락하지 않도록 글로벌 콘텐츠에 대한 안목을 키워야 한다. 제작사들이 기꺼이 창작물에 대한 IP까지 포기하면서 OTT에 오리지널 콘텐츠를 만들어 제공하는 일은 막아야 한다. OTT 기업들은 현재 10~20퍼센트가량의 이윤을 더한 비용을 지불하고 오리지널 콘텐츠의 IP를 통째로 가져가는 '계약 횡포'를 부리고 있나.

황동혁 감독조차 "창작자가 IP를 공유할 수 있는 법안을 만드는 것은 국가 차원에서 할 수 있는 일이다."라고 솔직한 마음을 털어놓았다. 음원의 경우 외부에서 투자를 받아 앨범을 제작하더라도 저작권은 작사가와 작곡가에게도 돌아가는 것처럼 영화도 IP를 투자자와 제작사가 나눌 수 있어야 할 것이다.

창작자 IP 공유 법안

음원의 저작권이 작사가와 작곡가에게도 돌아가는 것처럼. 영화 콘텐츠 창작자가 IP를 공유할 수 있게 법안을 만들어야 한다는 목소리가 커지고 있다.

웹툰 IP, 무한 파워를 발휘하다

애플의 전자책 플랫폼 애플 북스는 2023년 4월 일본 이용자를 대상으로 스크롤을 내리듯 위에서 아래로 읽는 '세로로 읽는 만화'(다테요미만가) 웹툰 페이지를 신설했다. 애플은 이 웹툰 콘텐츠를 북앱 애플 북스에 담아 51개국에 서비스한다. 아마존 역시 전자책 리더 킨들에 웹툰 섹션을 만들었다. 일본에서 '아마존 플립툰'이라는 이름으로 내놓은 웹툰 작품 100여 편을 일본어로 볼 수 있다.

왜 애플과 아마존까지 웹툰 시장에 뛰어드는 걸까? 그간 주류였던 영화와 드라마, 음악에 이어 웹툰, 웹소설이 콘텐츠 IP로 진가를 발휘하고 있기 때문이다. 특히 웹툰 IP는 여러 미디어에 탑재되는 '미디어 믹스' 형태로 2차 콘텐츠가 만들어져 부가가치

웹툰·웹소설 콘텐츠 IP

영화, 드라마, 음악에 이어 흥행수표가 되고 있는 IP. 한국은 웹툰 종주국이 됐고, 애플과 아마존까지 웹툰 시장에 뛰어들었다.

● 글로벌 웹툰 시장점유율 1위를 기록하고 있는 네이버 웹툰.

출처: 네이버 웹툰

를 창출하는 흥행수표가 되었다. 한국에서 방영된 웹소설 또는 웹툰 원작 드라마는 2023년 현재 30여 편에 달한다. 특히 웹툰은 만화와 달리 모바일 스크롤에 최적화된 50~60컷의 디지털 만화인 데다가 이미지와 사운드, 텍스트를 동시에 활용하는 등의 방식으로 단시간에 재미를 제공한다. 핸드폰 이용자에게 최적화되어 있는 것이다.

한국은 네이버 웹툰 플랫폼에서 만들어 낸 IP가 슈퍼 파워를 발휘하면서 웹툰 종주국이 되었다. 이 때문에 최근 웹소설을 활용해 원천 IP를 확보하기 위한 네이버와 카카오의 경쟁이 뜨겁다. 네이버는 웹소설 플랫폼 문피아와 북미 웹소설 플랫폼 욋패드를 인수했고, 카카오는 웹소설 자유 연재 플랫폼 '카카오 페이지 스테이지'를 오픈했다. 네이버는 글로벌 영상 사업 확대를 위해 미국에 왓패드 웹툰 스튜디오까지 설립했다. 자체 웹소설 IP로 영화를 제작할 계획이다.

웹툰·웹소설 전문 플랫폼 기업도 웹소설 IP 확보에 집중하고 있다. 리디는 웹소설 자유 연재 플랫폼 디리토diritto를 내놓았고, 미투젠은 웹소설·웹툰 전문 콘텐츠 제작 기업인 블루픽의 경영권을 인수했다. JTBC 드라마 〈재벌집 막내아들〉을 히트시킨 문피아는 '웹소설-웹툰-드라마' 흥행 공식을 만드

는 원천 IP의 위력을 보여 줬다. 동시에 누구나 원하는 콘텐츠를 연재할 수 있어 국내 판타지·무협 웹소설 작가 지망생들의 등용문이 되고 있다. 과거 작가들의 등용문이었던 신춘문예 시대가 저물고 웹소설 플랫폼을 통한 작가 데뷔 시대가 열린 것이다.

웹툰 콘텐츠는 IP로 각광받으면서 미래 콘텐츠 권력의 핵심으로 등장할 조짐을 보이고 있다. 영화, 드라마, 애니메이션, 게임 등 문화 콘텐츠 분야를 넘나들며 끊임없이 재생산되어 콘텐츠 프랜차이즈화하기에 가장 적합하기 때문이다.

요리 레시피도 IP가 되는 세상

유명 갈빗집 삼원 가든의 2세 경영인 박영식 대표는
2020년 셰프 IP 거래소에 해당하는 미식 플랫폼 캐
비아Kaviar를 창업했다. 권숙수, 정식당 등 158개의
셰프 IP를 확보해서 간편식RMR으로 만들었다. 프랜
차이즈 가맹점을 확대하는 대신 로열티를 지불한

셰프 IP

셰프의 요리 레시피 지식재
산권을 말한다. 간편식(RMR)
상품을 만드는 콘텐츠가 되
고 있다.

셰프 IP를 활용해 점포 없는 프랜차이즈 사업을 시작한 것이다.

국내 밀키트 1위 업체인 프레시지도 셰프 IP로 메뉴 개발에 나섰다.
개업한 지 30년이 넘는 노포老鋪를 찾아 식당에서만 먹을 수 있는 음식
을 간편식 제품으로 재탄생시키고 있다.

대형 마트, 편의점, 식품 업체까지 셰프 IP를 활용해 신상품을 내놓
는다. GS25가 출시한 몽탄의 돼지온밥과 양파고기 볶음밥은 단숨에 '냉
장 밥' 부문 판매 1위를 기록했다. CU는 미슐랭 빕구르망 대표 맛집들과
손잡고 간편식을 선보였고, 신세계 푸드도 서울 유명 맛집 봉밀가와 협
업해 '올반 봉밀가 프리미엄 RMR'을 내놓았다.

유명 맛집의 레시피와 브랜드를 한 묶음으로 IP만 집중적으로 구입하
는 기업도 등장했다. 셰프의 레시피가 IP로 각광받으면서 하나의 '콘텐
츠 IP'화되고 있다. 이제 창작의 영역은 문화 콘텐츠에만 국한되지 않는
다. 일상의 무엇이든 창작의 영역이 될 수 있고, 그것이 지식재산권으로
인정받으면 돈이 될 수 있다. 그 어느 때보다 상상력이 중요한 이유다.

플랫폼 비즈니스의 종말,
진정한 '플랫폼 생태계'가 구현된다

브레이브

광고 없이 인터넷 서핑을 할
수 있도록 광고 차단 기능이
기본값으로 설정된 웹 브라우
저. 사용자가 광고를 보거나
창작자가 콘텐츠 생산 활동
에 참여하면 보상을 해준다.

광고 수입으로 운영되는 유튜브에서 광고를 모두 차단시켜 구글을 당황하게 만든 웹 브라우저가 있다. 웹 3.0 철학을 구현하는 블록체인 웹 브라우저 브레이브Brave다. 2016년 시험 서비스를 시작하면서 구글 크롬과 마이크로소프트 엣지 등 빅테크 기업의 브라우저에 도전장을 냈다.

브레이브의 첫 번째 특징은 광고 없이 인터넷 서핑을 할 수 있다는 것이다. 기존 브라우저와 달리 광고 차단 기능이 기본값으로 설정되어 있어서 사용자가 콘텐츠를 더 빠르고 편리하게 이용할 수 있다. 또 다른 특징은 사용자와 콘텐츠 창작자에 대한 보상이 완벽하다는 점이다. 사용자가 스스로 설정을 통해 광고를 볼 경우 브레이브의 암호화폐인 BAT Basic Attention Token로 보상해 준다.

브레이브의 기본 원칙은 광고 수익의 70퍼센트를 광고 시청자에게 제공한다는 것이다. 사용자는 토큰을 암호화폐 거래소에서 현금화할 수 있고 콘텐츠 생산자에게 기부할 수도 있다. 크리에이터로 등록해서 콘텐츠 생산 활동에 참여하면 기여 수준에 따라 자동으로 토큰을 기부받을 수 있고 사용자로부터 팁으로 토큰을 후원받을 수도 있다. 빅테크 플랫폼과 달리 사용자의 데이터를 공유하지 않아서 개인 프라이버시가 완벽하게 지켜진다. 브레이브는 '낡은 방법을 바꿀 때'라고 말한다. 월간 활성 이용자 수가 6,000만 명에 육박한다. 이제 빅테크 플랫폼의 변화는 선택이 아니라 필수다.

플랫폼의 변화는 이미 시작되었다

나이키는 웹 3.0 NFT 플랫폼이자 버추얼 스튜디오 닷스우시.SWOOSH를 자체 개발했다. 이 플랫폼을 통해 사용자들을 대상으로 디지털 스니커즈 디자인 콘테스트(#YourForce1) 등 고객 참여 이벤트를 진행한다. 즉, 가상 운동화 디자인 콘테스트를 열어

닷스우시

아바타용 티셔츠나 스니커즈 등을 디자인해 수익을 창출할 수 있는 웹 3.0 NFT 플랫폼이자 버추얼 스튜디오.

회원들에게 가상 운동화를 판매하는 것이다. 이를 통해 인스타그램에 자체 신발 디자인을 보여 주는 비주얼 스토리보드를 만들어 가고 있다. 수상자 네 명에게는 각각 현금 5,000달러와 나이키 디자이너들과 협력해 자신만의 디지털 스니커즈를 제작할 수 있는 기회도 제공한다.

닷스우시는 디지털 커뮤니티로서 소비자가 크리에이터로 참여해 수익을 창출할 수 있도록 도와주는 플랫폼이다. 웹 3.0 게임에서 사용할 수 있는 아바타용 티셔츠나 스니커즈 같은 가상 의류들을 선보이는 허브 역할도 한다. 동시에 크리에이터들이 신발, 옷 등을 디자인해 수익화할 수도 있다. 이처럼 나이키는 웹 3.0이 바꿀 미래 플랫폼에 벌써 뛰어들어 다양한 실험을 하고 있는 것이다.

메타팩토리

패션 브랜드로, 디자이너들이 시안을 올리면 다오 구성원들이 생산할 디자인을 결정하고 실물로 제작해 수익이 생기면 참여자들에게 배분하는 웹 3.0 크라우드 펀딩 플랫폼을 구축했다.

패션 브랜드 메타팩토리MetaFactory는 웹 3.0 크라우드 펀딩 플랫폼을 구축했다. 공동의 목표를 가진 사람들이 다오를 구성해서 수평적 의사결정으로 조직을 운영한다. 가령 디자이너들이 여러 디자인 시안(콘텐츠)을 올리면 '로봇'이라 불리는, 거버넌스 토큰을 가진 구성원(커뮤니티 멤버)들이 투표를 통해 생산할 디자인을 결정한다. 이렇게 결정된 디자인은 독일 베를린과 미국 뉴욕에 있는 소규모 공장에 전달돼 실물로 제작된 다음 온라인으로 판매된다. 옷이 팔리면 스마트 콘트랙트에 기록된 인센티브 구조에 따라 디자이너 등 다오 참여자들에게 자동으로 배분된다.

사용자가 제작한 콘텐츠, 즉 UCC를 앞세워 막강한 영향력을 행사하던 빅테크 플랫폼의 위기를 내다본 기업들은 웹 3.0 플랫폼으로 새로운 미래를 설계하고 있다. 사용자가 웹 2.0 플랫폼을 떠난다면 빅테크 기업들에게 위기가 닥칠 것은 명약관화한 일이다. 그렇다면 과연 현재의 거대 플랫폼들은 힘을 잃게 될 것인가? 최소한 대선환기를 맞을 것은 분명하다. 사용자들이 더 합리적인 수익을 제공하는, 사용자가 중심이 되는 '블록체인 플랫폼'으로 대이동할 가능성이 높기 때문이다.

빅테크 플랫폼은 과연 사라질까?

현재의 플랫폼 경제에서 주목할 만한 사실은 산업 간, 기업 간 경계가 빠른 속도로 파괴되고 있다는 점이다. 은행이 배달업을 하고 빅테크 기업이 금융 결제 업무를 대행한다. 신한은행은 배달 앱 '땡겨요' 와 '신한 쏠sol' 앱을 통해 프로야구 중계까지 하고

슈퍼 앱

다양한 기능을 갖고 있는 앱. 예를 들어, 은행 앱이 배달과 야구 중계 등 복합 기능을 수행한다.

있다. 여기에는 다양한 콘텐츠를 제공함으로써 은행 앱의 경쟁력을 높여 슈퍼 앱이 되겠다는 전략이 숨어 있다. 우리은행도 편의점 배달 서비스를, NH 농협은행은 꽃 배달 서비스를 한다. 반면 네이버나 카카오 같은 비금융 빅테크 기업들은 자체 앱을 통해 은행 비즈니스를 하고 있다.

이 같은 플랫폼의 변화 물결에 힘입어 블록체인과 웹 3.0 기술이 빅테그 기업들의 이익 독점 구소에 세놓을 설고 있다. 사용자 편익 중심,

보상 원칙, 프라이버시 보장, 콘텐츠 소유 등의 기본 원칙에 충실한 '웹 3.0 플랫폼 생태계'가 속속 만들어지고 있다.

오늘날에는 이미 플랫폼에 의존해서 생활하는 플랫폼 노동자층이 형성되어 있다. 플랫폼 노동자들은 디지털 플랫폼을 통해 일감을 제공받고 수요자에게 서비스를 제공해 수익을 창출한다. '타다'의 드라이버, '배달의 민족'의 라이더와 커넥터, '카카오'의 대리기사와 가사도우미 등 산업의 상당 부분을 플랫폼 노동자가 장악한 상태다. 이 같은 플랫폼 경제가 웹 3.0의 도전에 무너질지, 아니면 웹 3.0 기술을 받아들여 '사용자가 주인인 플랫폼'으로 거듭날지는 좀 더 지켜볼 일이다.

블록체인과 가장 궁합이 좋은 콘텐츠는 무엇일까?

한때 전 세계를 들썩이게 했던 싸이의 노래 〈강남 스타일〉의 저작권료
는 얼마나 됐을까? 놀랍게도 국내 음원 판매 저작권 수입은 3,600만 원
에 불과했다. 빌보드 메인 차트에서 2주 연속 2위를 기록하며 1천억 원
대의 수입을 올린 것과 비교하면 매우 실망스러운 수준인데, 이는 유통
사와 제작사의 콘텐츠 수익 독점 구조 때문이었다. 현재 문화체육관광
부가 정한 음원의 저작권료 분배 비율을 보면 유통사가 40퍼센트, 제
작사 44퍼센트, 저작권자 10퍼센트, 실연자 6퍼센트 정도다. 유통사와
제작사가 음악 생산자인 크리에이터들보다 훨씬 많은 수익을 가져가는
구조나.

블록체인은 이 같은 기형적인 구조의 해결사 역할을 한다. 유통사와 제작사 같은 보증 기관 역할을 블록체인이 함으로써 콘텐츠 크리에이터인 가수와 음원 구매자인 소비자를 직접 연결해 높은 수수료 거품을 제거한다. 음원 저작권자가 블록체인 안에 음원 파일을 업로드하고 소비자가 저작권자 계좌로 정해진 돈을 입금하면 음원 파일에 대한 접근 코드를 소비자에게 주는 것이다. 음원 파일, 금액, 음원을 들을 수 있는 방법 모두 블록체인에 기록된다.

가수 등 콘텐츠 창작자가 블록체인에 콘텐츠를 저장하고 스마트 콘트랙트를 이용해 거래하면, 해당 플랫폼에서는 암호화폐와 코인으로 보상한다. 플랫폼에 콘텐츠를 널리 퍼뜨리면 공유자도 보상을 받는다. 콘텐츠 생산자와 공유자가 동시에 보상을 받는 것이다. 블록체인 동영상 플랫폼 디튜브Dtube는 이 같은 개념을 구현해 주고 있다. 콘텐츠 제작자들이 양질의 동영상을 올려 '좋아요'에 해당하는 업보트를 많이 받으면 인센티브를 더 많이 제공한다. 반면 부적절한 콘텐츠는 다운보트를 통해 스스로 자정하도록 설계되었다.

디튜브

콘텐츠 제작자들이 양질의 동영상을 올리면 보상을 받을 수 있도록 설계된 블록체인 동영상 플랫폼.

블록체인, 콘텐츠 위조 막는다

필름 업체인 코닥은 블록체인 저작권 플랫폼 코닥원KodakOne을 서비스하고 있다. 사진작가가 코닥원에 사진을 올리면 블록체인에 작가와 사진에 대한 정보가 저장되며, 거래한 후에는 거래 내역도 함께 저장되는데, 이를 통해 불법 복제 및 위조, 불법 유통이 크게 감소했다.

명품 패션 브랜드 루이비통은 까르띠에, 프라다와 함께 블록체인 플랫폼 아우라AURA를 도입했다. 블록체인의 핵심 기능인 위·변조 및 '짝퉁' 방지를 위해서다. 블록체인 기술을 활용해 상품의 이력을 관리하고 추적할 수 있다. 출시되는 모든 제품에 무선주파수 식별칩RFID를 내장하고 제품의 고유 식별 번호를 통해 NFT 인증서를 발급한다. 이 인증서에는 제조국, 유통 과정, 소유권, 소유자 등에 대한 정보가 담겨 있다.

샤넬은 가방 안쪽에 칩을 삽입해 모조품을 식별해 내고 있다. 블록체인 기술로 일련번호를 등록해서 고객에게 진품임을 보증하는 서비스를 통해 제품의 신뢰도를 높이고 있는 것이다. 이전에는 각인의 위치나 홀로그램을 통한 위조 방지 기술을 도입해도 모조품이 이를 거의 완벽하게 모방해 구별이 매우 어려웠다. 하지만 블록체인 기술은 모조품을 완벽하게 구분해 낸다.

람보르기니는 블록체인을 통해 자동차에 사용한 부품의 정품 여부를 확인해 준다. 이를 위해 알루미늄 세공 업체 세일스포스의 블록체인 플랫

코닥원

사진작가가 사진을 올려 거래할 수 있는 블록체인 저작권 플랫폼.

아우라

루이비통이 까르띠에, 프라다와 함께 위·변조 및 짝퉁 방지를 위해 도입한 NFT 인증서 발행 블록체인 플랫폼.

샤넬·람보르기니의 진품 보증

샤넬과 람보르기니는 블록체인 기술로 진품을 보증하고, 부품의 정품 여부를 확인하고 있다. 증서 발행 블록체인 플랫폼.

폼을 도입했다. 중고차 시장에서 매매되는 람보르기니 차량이 순정 부품 100퍼센트로만 이뤄진 정품 차량임을 소비자가 믿고 구매할 수 있도록 차량의 자세한 이력을 제공하고 있다. 이처럼 블록체인은 디지털 콘텐츠 산업을 활성화하는 데 있어 중요한 요소인 불법 거래 차단의 첨병 역할을 할 것이다.

게임 콘텐츠, 블록체인과 찰떡궁합이 되다

블록체인과 가장 궁합이 맞는 콘텐츠는 단연 게임이다. 크리에이터가 게임을 하면서 돈을 벌 수 있고 게임 아이템을 NFT로 만들어 수익을 창출할 수 있기 때문이다. 그래서 엔씨소프트, 넥슨, 크래프톤, 넷마블, 카카오 게임즈 등 게임 회사들이 일제히 메타버스와 블록체인을 앞세워 새로운 비즈니스를 실험하고 있다.

엔씨소프트는 메타버스 플랫폼 미니버스Miniverse를 공개했다. 커뮤니티 모임, 스터디 그룹, 원격수업, 재택근무 등의 온라인 모임을 3D 공간에서 즐길 수 있는 유저 창작 기반의 블록체인 플랫폼이다. 넥슨은 모바일 버추얼 월드 커뮤니티 플랫폼 넥슨타운NEXONTOWN을 선보였다. 넥슨의 게임 IP

미니버스

3D 공간에서 온라인 모임을 할 수 있는 블록체인 기반의 메타버스 플랫폼.

넥슨타운

자신의 아바타를 생성해 게임 속 콘텐츠를 즐길 수 있는 가상 커뮤니티.

를 활용해 구현된 가상세계로, 이용자들이 해당 공간에서 자유롭게 소통하고 게임 속 콘텐츠를 즐길 수 있다. 특이 사항은 자신만의 아바타를 생성해 '메이플 스토리', '마비노기' 등의 게임 캐릭터로 변신할 수 있다는 점이다. 넷마블은 손자 회사 메타버스월드가 개발한 메타버스 플랫폼 '그랜드크로스: 메타월드'를 상용화했다. 이용자들은 현실처럼 제작된 여러 도시를 탐험하면서 전 세계 이용자들과 소통할 수 있다.

네오위즈는 30여 개의 파트너사와 웹 3.0 블록체인 게임 플랫폼 인텔라 X를 통해 글로벌 웹 3.0 게임 생태계를 구축하고 있다. 인기 게임을 인텔라 X에 온보딩하고 누구나 쉽게 웹 3.0 게임을 즐길 수 있도록 하겠다는 구상이다. 웹 3.0 게임의 기본은 보상이 철저하다는 점이다. 게임 개발자와 사용자의 인텔라 X 기여도에 따라 토큰(IX)을 보상으로 제공한다. 개발자는 인기 있는 게임을 개발해 탑재할수록, 사용자는 게임을 많이 할수록 더 많은 보상을 받게 된다. 플랫폼이 창출하는 수익도 생태계 완성에 참여한 기업들과 공유한다.

웹 3.0 게임의 등장은 게임 콘텐츠의 생태계에 대변혁을 몰고 올 전망이다. 이 시스템이 플레이어가 게임을 잘 하면 토큰이나 코인으로 보상을 받는 P2E Play to Earn 구현을 원칙으로 하고 있으며, 자신이 만들거나 게임을 통해 확보한 아이템을 손쉽게 거래할 수 있기 때문이다. 자신의 시간을 들여 현금

인텔라X

개발자가 게임을 개발해 올리거나 사용자가 게임을 많이 함으로써 수익을 창출할 수 있는 블록체인 게임 플랫폼.

P2E

Play to Earn. 웹 3.0 게임에서는 게임을 많이 하거나 잘할수록 많은 보상이 주어진다.

블록체인 게임

이용자들이 만든 아이템, 게임, 캐릭터 등의 콘텐츠를 토큰화해 국내외 NFT 거래소에서 거래할 수 있는 게임.

화할 수 있는 하나의 가상자산 거래 시장이 만들어지는 것이다. 게다가 블록체인 기술이 게임 회사가 망하더라도 금전에 대한 소유권과 사용권을 안전하게 보장해 주기 때문에 자산을 보호받을 수도 있다.

게임은 한마디로 콘텐츠의 보고다. 블록체인 게임은 이용자들이 만든 아이템, 게임 캐릭터 등의 콘텐츠를 토큰화해서 국내외 NFT 거래소에서 가상화폐로 사고팔 수 있는 서비스를 제공한다. 이 같은 서비스가 비非 NFT 게임과의 차별화를 가속화해서 결국 웹 3.0 게임이 승리할 것이다. 게임 시장에 대혁신이 일어날 조짐이 시작되었다고 볼 수 있다.

더 큰 변화의 조짐은 챗GPT 같은 생성형 AI의 등장이다. 게임 설정이나 시나리오 초고 작성, 게임 원화 그리기, 아이템 설계, 캐릭터 디자인 등 거의 모든 작업을 생성형 AI가 대신 해주고 있다. 게임 사용자의 데이터를 수집해 게임의 레벨, 캐릭터, 아이템 등을 학습시키면 고유한 맞춤형 콘텐츠까지 생성해 준다. 이는 메타버스를 장식할 수많은 아이템과 캐릭터의 제작을 생성형 AI가 대신 해주는 세상이 열릴 것을 예고하는 것이다. 나아가 사용자가 생성형 AI를 활용해 자신의 개성과 취향을 담은 콘텐츠를 만들어 수익화하는 시대를 예고하고 있다. 웹 3.0과 메타버스가 웹 2.0 시대의 불합리성을 제거하고 게임의 새로운 전성시대를 열 시점이 다가오고 있다는 시그널이기도 하다.

쇼핑 콘텐츠의 진화,
쇼핑몰을 사라지게 하다

쇼핑 콘텐츠도 미래형으로 급변하고 있다. 변화의 양상은 크게 세 가지다. 첫째, PC나 TV 홈쇼핑에서 모바일 쇼핑에 최적화하는 방식으로 진화하고 있다. 둘째, 단순히 제품을 홍보해서 파는 게 아니라

미래형 쇼핑 콘텐츠

모바일 쇼핑, 셀럽 호스트, AR 쇼핑, 라이브 커머스 등으로 진화하는 쇼핑 콘텐츠.

스토리텔링 방식으로 셀럽이나 인플루언서 호스트가 활약하고 있다. 셋째, 증강현실AR 기술이 결합되어 직접 매장에 가지 않아도 제품을 사용하는 경험을 해볼 수 있도록 '소비자 친화형'으로 바뀌고 있다.

일례로 스냅챗·유튜브·틱톡 같은 소셜미디어는 기존 온라인 쇼핑몰과 차별화된 라이브 커머스와 AR 쇼핑을 선보이고 있으며, 아마존·월

마트·이베이는 라이브 쇼핑으로 소비자에게 다가가고 있다. 판매자가 일방적으로 상품을 소개하고 판매하는 기존의 홈쇼핑과 달리 판매자와 시청자가 실시간 소통하는 양방향 콘텐츠 교환이 더욱 효과적이기 때문이다.

소셜미디어, 쇼핑몰이 되다

사진과 동영상 공유에 특화된 소셜미디어 스냅챗은 AR 쇼핑 콘텐츠를 앞세워 차세대 이커머스 시장에 도전장을 던졌다. 스냅챗의 지오필터Geofilter는 사용자가 사진이나 동영상을 촬영할 때 태그를 건 위치에 어울리는 필터를 수십 개 제공한다. 이 필터가 콘텐츠를 양산하는 폭발력을 만들어 냈다. 10~20대들이 이 필터 기능을 활용해 자신만의 개성 있는 사진과 동영상을 만들어 상대방에게 전달하면서, MZ세대들의 전용 메신저가 됐다. 하루 평균 활성 이용자가 2억 9,300만 명에 달한다.

스냅챗은 이 같은 인기를 앞세워 AR 필터 스냅 렌즈Snap Lens를 자체 제작했다. 스냅챗 이용자들이 브랜드에서 제작한 의류, 액세서리, 메이크업 제품 등을 AR 필터로 직접 시연해 볼 수 있도록 한 것이

지오필터
사용자가 사진이나 동영상을 촬영할 때 태그를 건 위치에 어울리는 필터를 제공하는 스냅챗의 기능.

스냅 렌즈
명품 브랜드를 체험하고 구매할 수 있는 AR 필터.

다. 현재 프라다, 구찌, 티파니앤코 등 다양한 명품 브랜드를 AR 필터를 활용해 체험하고 구매까지 할 수 있다. 메신저를 콘텐츠 플랫폼으로 진화시킨 데 이어 쇼핑몰로 탈바꿈한 것이다.

AR 필터는 다양한 용도로 활용되고 있다. 세계 최대의 크리에이티비티 축제 '칸 라이언즈 2022'에서는 특별한 AR 패션쇼가 열렸다. AR 필터 기능을 통해 스마트폰만 있으면 누구나 구찌와 베르사체 등 세계적인 명품 브랜드의 의류를 마음껏 입어 보고 사진도 찍을 수 있었는데, 이는 폭발적인 인기를 끌었다. AR 필터가 이처럼 자신만의 독특한 콘텐츠를 만드는 도구가 되고, 상품 판매와 광고 수단이 되고 있는 것이다.

아마존도 '쇼핑 렌즈'를 활용해 쇼핑몰에 있는 유명 브랜드의 안경과 선글라스를 미리 써 볼 수 있는 서비스를 제공하고 있다. 스냅챗 카메라로 자신을 비추면 특정 브랜드의 화장품이나 의류를 가상 착용해 볼 수 있고, 구매도 할 수 있다.

쇼핑 렌즈

쇼핑몰에 있는 유명 브랜드의 안경과 선글라스를 미리 써 볼 수 있는 서비스.

유튜브도 틱톡도 '쇼핑해야 산다'

스냅챗이 쇼핑 분야로 영역을 확대하자 틱톡과 유튜브 등도 쇼핑 사업에 뛰어들었다. 유튜버와 틱토커가 쇼핑 호스트로 변신할 수 있는 서비스를 내놓은 것이다. 이들이 선택한 방식은 라이브 커머스로, 홈쇼핑처럼 이용자가 판매 방송을 해서 물건을 파는 형식이다. 하지만 홈쇼핑과는 큰 차이가 있다. 바로 생방송이 진행되는 동안 채팅을 통해 진행자 또는 다른 구매자, 제품 생산자와 실시간 소통할 수 있는 '소통형 커머스'라는 점이다.

틱톡 역시 이용자가 동영상을 보면서 물건을 살 수 있는 틱톡 숍으로 쇼핑몰 기능을 강화하고 있다. 중국판 틱톡 더우인은 숏폼 콘텐츠로 시작해서 지금은 라이브 커머스, 오픈 마켓, 영상 내 링크 연결 등의 기능을 추가해 종합 전자상거래 플랫폼으로 진화했다.

샤오홍슈는 사진을 첨부한 짧은 포스팅이나 영상으로 일상을 공유하는 대표적인 소셜미디어 플랫폼이다. 중국판 인스타그램이라고 할 수 있는 이 플랫폼이 바이럴 마케팅의 도구로 활용되고 있다. 이용자들이 올려놓은 제품에 대한 진정성 있는 후기나 자세한 설명이 콘텐츠로서 진가를 발휘해, 소비자들이 제품에 대한

평판이 궁금할 때 가장 먼저 찾아 보기 때문이다. 이에 따라 샤오홍슈도 라이브 커머스와 오픈 마켓 기능을 추가해 종합 전자상거래 플랫폼으로의 도약을 서두르고 있다.

패션, 뷰티, 여행 관련 상품은 물론 가전제품까지, 젊은 세대들의 다양한 쇼핑 공간이 되고 있는 이 플랫폼들의 주 사용자는 충성도가 높은 10~30대이며, 앞으로 더 많은 젊은 세대가 꾸준히 유입될 것으로 예측

된다. 그만큼 향후 몇 년간 지속적으로 성장할 전망이다.

아마존은 왜 영화 배급사를 인수했을까?

소셜미디어의 전자상거래 플랫폼화에는 어떤 의미가 있을까? 이는 콘텐츠와 커머스의 경계가 붕괴되었음을 상징한다. 여기에서 우리는 세계 최대 전자상거래 플랫폼인 아마존이 영화 배급사 MGM을 인수한 사실에 주목할 필요가 있다. 쇼핑몰과 영화 배급사는 밀접한 연관성이 없어 인수에 따른 시너지

효과를 기대하기 힘들어 보이지만, 이 인수의 배경에는 MGM이 보유한 막강한 콘텐츠 파워가 있다. MGM은 '007' 시리즈, '록키' 시리즈, 〈양들의 침묵〉 등 메가 히트를 기록한 양질의 콘텐츠를 다수 확보하고 있다.

아마존은 MGM을 인수함으로써 이들 콘텐츠의 IP를 확보했고, 미국 1위 OTT 아마존 프라임의 콘텐츠 경쟁력을 강화시켰다. 동시에 아마존 프라임 고객을 늘려 매출을 확대하겠다는 전략이 숨어 있다. 아마존 프라임 회원을 대상으로 홀푸드 식료품을 2시간 안에 배달하는 '프라임 나우' 서비스가 인기를 끌면서 매출 증가에 효자 역할을 하고 있기 때문이다. 콘텐츠를 강화함으로써 전자상거래의 프라임 회원을 증가시키고 지속적으로 매출을 확대하겠다는 콘텐츠와 쇼핑몰 연계 전략이다.

● 한정판 의류와 생활용품 등을 판매하는 넷플릭스의 온라인 스토어 넷플릭스닷숍.

넷플릭스닷숍

인기 영상 콘텐츠를 굿즈 개발과 연결해 슈퍼 팬들의 팬심을 수익으로 연결시키고 있다.

넷플릭스는 오리지널 콘텐츠로 굿즈를 제작해 판매하기 위해서 온라인 쇼핑몰 넷플릭스닷숍 Netflix.shop을 운영 중이다. 자사의 인기 콘텐츠를 굿즈 개발과 연결해 슈퍼 팬들의 팬심을 수익으로 연결시키고 있다. '오징어 게임' 피규어, '서울 대작전' 신발 등을 제작해 드라마나 영화 속 콘텐츠를 직접 경험해 볼 수 있도록 함으로써 팬들과 MZ세대 고객의 마음을 사로잡고 있다.

오늘날 콘텐츠와 커머스는 떼려야 뗄 수 없는 콘텐츠 커머스 시대다. 사람들은 스마트폰으로 콘텐츠를 즐기고 광고를 보며 제품 정보를 얻고 쇼핑까지 즐긴다. 특히 라이브 커머스는 제품과 관련된 스토리를 통해서 소비자의 마음을 움직이는 콘텐츠 방송인 만큼 라이브 방송 사체가 콘텐츠 커머스다. 사람들은 제품에 대한 이야기가 풍부한 콘텐츠형 방송에 더 열광할 것이다.

메타버스 세상이 만들어 낼
빈부 격차 속 승자가 되는 법

기술의 진화는 산업과 비즈니스의 끝없는 혁신을 견인한다. 1차 산업혁명 이후 글로벌 경제 체제는 100년을 주기로 거대한 변화의 물결에 휩싸였다. 1769년 증기기관이 발명되면서 영국에서 1차 산업혁명이 일어났고, 이로부터 100년이 지나 1870년 상업용 발전기가 발명되면서 2차 산업혁명으로 '전기의 시대'가 열렸다. 에디슨이 백열등을 개발했고 인류는 전기 에너지의 도움으로 화학, 전기, 석유, 철강 등 중화학공업의 토대를 만드는 혁신을 일으켰다.

또다시 100년이 흘러 1969년 반도체가 발명되었다. 그로 인해 텔레비전, 냉장고, 세탁기 등 백색가전 전성시대에 이어 컴퓨터와 인터넷의 등장으로 3차 산업혁명인 지식정보 시대를 맞이했다. 이후 50여 년이 흐른 오늘날 인류는 인공지능 혁명과 온·오프라인의 붕괴를 몰고 올 4차 산업혁명 시대를 앞두고 있다. 웹 3.0, 블록체인, NFT, 메타버스, 가상화폐, 인공지능(챗GPT), 빅데이터 등

메타버스 콘텐츠

웹 3.0, 블록체인, NFT, 가상화폐, AI 등 4차 산업혁명 기술과 결합해 향후 50년을 지배할 가상현실 콘텐츠.

새로운 용어들이 등장했다. 이제 앞으로 50년은 메타버스 세상이 펼쳐질 것이다. 얼마나 빨리 전환될지는 확언할 수 없지만, 현재 온라인 형태의 콘텐츠는 모두 메타버스 콘텐츠로 대전환하게 될 것이다.

메타버스 콘텐츠 세상이 펼쳐진다

메타버스는 왜 디지털 신대륙으로 일컬어질까? 웹 3.0 시대의 결정판이 되기 때문이다. 가상공간을 현실세계보다 더 실감 나게 구현할 수 있는 IT 기술들이 상용화 수준에 이르렀다. 특히 소셜미디어에 익숙한 디지털 네이티브들이 가상공간을 새롭게 디자인하는 '메타버스 네이티브'로 진화하고 있다. 여

메타버스 네이티브

소셜미디어에 익숙한 디지털 네이티브들이 가상공간을 새롭게 디자인하는 주축이 될 것이고, 알파 세대가 메타버스 네이티브로 진화하게 된다.

기에 생성형 AI가 메타버스 세상에 필요한 수많은 아이템에 대한 창작 활동을 돕는 지원군 역할을 하게 될 것이다.

기성세대가 오프라인 수노형 인간이었다면, 디지털 네이티브는 가상

세계 의존형 인간이다. 그들은 모든 해법을 온라인에서 찾는다. 스마트폰이 삶의 주된 공간인 10대 알파 세대는 온라인 의존도가 더 높다. 세계 최고의 메타버스 플랫폼 로블록스ROBLOX와 네이버 제페토ZEPETO의 이용자는 대부분 10대다. 로블록스의 경우 주 이용자층이 9~16세로 하루 4,200만 명이 평균 2시간 30분 동안 머문다. 이들 알파 세대가 성장해 우리 사회의 주도 세력이 될 것이라는 점에서, 메타버스의 미래는 이미 거부할 수 없는 현실이 되었다고 할 수 있다.

메타버스가 각광받는 주된 요인은 웹 3.0 플랫폼이 구축해 줄 '창작자 기반 경제'에 있다. 크리에이터들이 창작 활동을 통해서 독립적으로 경제 활동을 할 수 있는 메타버스 경제가 완성되기 때문이다. 오프라인 직장에 취업하지 않아도 인기 유튜버들처럼 누구나 메타버스 세상에서 경제 활동을 함으로써 부를 창출할 수 있다. 가령 구찌는 로블록스 안에 '구찌 가든'을 개설해 한정판 가방을 세일하는데, 이때 판매된 제품이 이용자들 사이에서 더 비싼 값에 거래된다. 또 아바타용 옷과 장식품을 제작해서 팔 수도 있고, 다양한 작품을 NFT로 발행해 유통할 수도 있다. 공간을 구매해 자신만의 건물을 만들 수 있고, 실내 공간도 자기 마음대로 설계하고 인테리어할 수 있다. 현실세계에서처럼 강의를 할 수 있고 토론회를 열 수도 있다. 메타버스 몰을 만들어 전자상거래를 할 수도 있다.

메타버스 경제
웹 3.0 플랫폼에 구축된 메타버스를 통해 자신의 창작물을 NFT로 발행해 부를 창출할 수 있는 '창작자 기반 경제'. 작품을 거래하는 등 전자상거래를 할 수 있고, 강의와 토론 등의 다양한 활동도 가능하다.

다만 현재 시점에서는 가상공간과 현실공간을 자유롭게 오가는 생활이 불가능하다는 한계는 있다. 가상화폐가 현실세계에서 자유롭게 사용될 수 없는 것처럼, 가상공간과 현실세계의 부도 상호 호환되지 않는다. 하지만 이런 문제에 대한 합리적인 개선책이 곧 등장할 것이다.

메타버스는 경제적·사회적·문화적 활동의 공간으로, 업무뿐 아니라 일상생활의 상당 부분을 처리할 수 있는 공간으로 확장성을 넓혀 갈 것이고, 새로운 고객 경험을 위해 메타버스를 선택하는 기업들의 시도도 다양해질 것이다.

메타버스 리터러시가 빈부 격차를 만든다

미국 템플 대학의 캐시 허시-파섹 교수는 〈교육과 메타버스에 관한 보고서〉에서 "메타버스를 통해 우리는 교육 문제를 해결하고 이전에 한 번도 가 본 적이 없는 곳을 방문할 수 있을 뿐만 아니라, 구글 맵을 이용해 장소를 이동하고 미래와 과거를 다녀올 수 있는 미래가 다가오고 있다."라고 말했다.

앞으로 개인이나 기업, 조직의 경쟁력은 이 메타버스라는 가상공간을 어떻게 활용하느냐에 달려 있다. 이런 변화의 물결을 외면한다면 도태되고 말 것이다. 과거 디지털 세상이 펼쳐지면서 '디지털 리터러시'(이해도)가 큰 화두였다. 디지털에 대한 개인과 기업의 이해도에 따라 경쟁력이 달라졌던 것처럼, 앞으로는 '메타버스 리터러시' 즉 메타버스를 어떻게 이해하고 활용할 것인지에 대한 통찰력이 개인과 기업의 미래 운명을 바꾸게 될 것이다.

특히 Z세대와 이후 태어날 세대들은 가상세계에서의 활동이 현실세계에서보다 더 편리하고 익숙한 신인류다. 일상 활동의 대부분을 현실공간이 아닌 가상공간에서 해결하게 된다. 이들 신인류의 삶은 국가 경쟁력과도 직결된다. 정부 차원에서 이들 세대의 메타버스 리터러시를 높이고 관련 산업 인력으로 육성할 수 있는 방안을 마련해야 할 것이다. 또한 웹 3.0 관련 기술의 발전으로 메타버스 기반 생태계가 확립되기 전에 다양한 메타버스 서비스를 개발해서 직접 체험할 수 있는 기회를 제공해야 한다.

문화체육관광부는 한국어를 배우고 K컬처를 체험할 수 있는 '메타버스 세종학당'을 운영하는데, 한 해 15만 명이 이곳에서 한국어를 배우고 있다. 수강 대기자가 1만 명에 육박한다. 서울시는 세계 최초로 메타버스 플랫폼 '메타버스 서울'을 출범시켰다. 아바타를 생성해 입장한 후 10개의 서비스 게이트(서울광장, 서울시청, 핀테크 랩, 기업 지원 센터, 민원 서비스 등)를 통해 행정 서비스를 받을 수 있다.

중요한 것은, 아무리 좋은 서비스를 제공해도 이용자가 메타버스에 대한 이해력이 부족하면 무용지물이라는 점이다. 주민등록 등본 등을 발급받기 위해서는 '서울 지갑'이라는 앱을 추가로 설치해야 하는데, 홈페이지를 이용하는 것보다 훨씬 까다롭다. 메타버스 플랫폼을 이용하려면 아바타를 만들고 암호화폐로 거래하고 NFT를 발행하기도 한다. 음식점에서 키오스크로 주문하는 것도 어려워하는 노인층이나 메타버스 리터러시가 부족한 이들에게 메타버스는 더 높은 장벽이 될 수 있다.

앞으로 메타버스 서비스의 완성도가 높아지면 이용자는 분명 늘어날 것이다. 또한 메타버스의 근간인 암호화폐와 NFT를 비롯한 디지털 화폐에 대한 적응력이 높은 사람은 분명 경제적 기회를 선점하게 될 것이다. 그 와중에서 심화되는 빈부 격차의 속도는 과거와는 비교도 할 수 없을 정도로 빠르고, 격차의 폭도 커질 가능성이 크다. 그러므로 대다수 일반인이 시대의 흐름에 뒤처지지 않도록 메타버스 디바이드 문제의 해법을 동시에 고민해야 한다.

메타버스 디바이드

가상현실 세계를 이용하는 지식의 격차. 메타버스 이해력과 활용 능력이 경제적·사회적 격차를 낳는다.

CHAPTER 3

기업을 이기는
크리에이터들

크리에이터 경제가 창출하는 가치는 날로 높아지고 있다. 인플루언서를 비롯한 슈퍼 크리에이터들은 미디어 커머스의 주역이자 기업가로 진화하면서 전통 미디어의 영향력을 위협하고 있다. 유튜버들은 유튜브 수익과 기업 프로모션 외에도 자신만의 브랜드를 구축해 소비자들과 직접 소통하면서 사업을 영위하고, 전문가 집단은 자신의 지식 콘텐츠로 다양한 부가가치를 만들어 낸다. 기업이 수십 년간의 업력을 바탕으로 일궈 낸 성과를 단 몇 년 만에 뛰어넘는, 기업을 이기는 크리에이터들의 활약은 끊임없이 새로운 신화를 만들어 낼 것이다.

슈퍼 크리에이터는
어떻게 기업이 되나?

전 세계 1위 크리에이터는 누구일까? 무려 1억 5,500만 명의 구독자를 보유한 1998년생 유튜버 미스터비스트MrBeast다. 미국 경제 잡지 《포브스》에 따르면, 미스터비스트로 알려진 유튜버 지미 도널드슨은 2021년 유튜브로 5,400만 달러(약 650억 원)

전 세계 1위 크리에이터

1억 5,500만 명의 구독자를 보유한 1998년생 유튜버 미스터비스트. 2022년 한 해 1,400억 원을 벌었다.

를 벌어 세계 최고의 수입을 올렸다. 2022년 수입은 그 두 배인 1억 1,000만 달러(약 1,400억 원)로 추정된다.

어지간한 기업의 매출보다 많다. 크리에이터 한 사람이 몇 명의 크루와 함께 만든 콘텐츠로 기업을 능가하는 매출을 창출할 수 있는 세상이다. 부의 상징 중 하나인 월가 CEO의 연봉도 유명 크리에이터의 수입에 이미 따라잡혔다. 2022년 투자 업계 연봉 1위는 호주계 투자 은행 맥쿼리의 원자재 및 글로벌 시장 총괄 임원 닉 오케인으로, 그는 월가의 황제인 JP 모건 체이스 회장 제이미 다이먼의 연봉을 앞질러서 큰 화제가 되었다. 그런데 그의 연봉은 5,760만 호주 달러(약 500억 원)로 미스터비스트에 못 미친다.

앞으로 크리에이터가 창출하는 부가가치는 예측 불가능한 영역이 될 것이다. 웹 3.0 플랫폼의 보상 시스템이 적용되고 창작자와 소비자가 직거래하는 비즈니스 시스템이 안착되면, 슈퍼 팬을 확보한 슈퍼 크리에이터는 '1인 기업'으로서 기업형 비즈니스를 하게 될 것이다. 과연 크리에이터들에게는 어떤 미래가 다가오고 있을까?

수백억 원을 벌어들이는 유튜브 콘텐츠의 비밀

체험형 콘텐츠

미스트비스트가 성공한 비결인 '독특한 콘텐츠'의 한 가지 기획이다. 예를 들어 실제 456명의 참여자를 대상으로 '오징어 게임'을 실시해 이를 영상으로 촬영해서 구독자들을 열광하게 만들었다.

미스터비스트의 성공 비결은 독특한 콘텐츠 기획력에 있다. 기발한 도전과 모험 과제를 수행하는 영상 콘텐츠에 구독자들이 열광한다는 점을 이용해 방송국의 PD처럼 콘텐츠 기획으로 승부를 걸었다. 수많은 사람을 참여시키는 체험형 콘텐츠를 제작해 바이럴 효과를 활용하기도 한다. 한 해 동안 그가 만

든 동영상의 조회 수만 총 1천억 회가 넘는다.

드라마 〈오징어 게임〉이 흥행에 성공하자 그는 총상금 17억 원을 걸고 456명이 참여하는 진짜 '오징어 게임'을 만들어 전 세계 언론의 주목을 받았다. 팀 버턴 감독의 영화 〈찰리와 초콜릿 공장〉이 인기를 끌 때는 '윌리 윙카의 초콜릿 공장을 직접 만들어 봤다!'라는 이벤트를 실시해 유튜브에 영상을 공개했는데, 조회 수가 11일 만에 무려 6,460만 회를 넘어섰다.

세계적으로 유명해진 미스터비스트는 자신의 브랜드를 앞세워 쇼핑몰뿐 아니라 과자, 햄버거 등의 요식업 시장까지 진출했다. 미스터비스트 초콜릿은 한국에서도 해외 직구를 할 수 있다. 크리에이터로서 쌓아 올린 그의 브랜드 파워는 자신이 창업한 스타트업을 중견기업으로 끌어

브랜드 기업

유튜브 채널에서 확보한 구
독자를 대상으로 자신의 브
랜드 상품을 만들어 커뮤니
티를 통해 판매하는 기업형
유튜버.

퓨디파이

최초로 유튜브 구독자 1억
명을 기록한 스웨덴 출신 비
디오 게임 유튜버.

올려 주었고, 그는 크리에이터를 넘어 사업가가 되었다. 콘텐츠 창작자로서 수억 명의 구독자를 커뮤니티에 불러 모았고, 그 구독자들을 상대로 이제 자신의 브랜드를 붙인 상품을 만들어 '브랜드 기업'을 일구고 있는 것이다. 콘텐츠의 놀라운 위력이라고 할 수 있다.

퓨디파이PewDiePie는 전 세계에서 처음으로 유튜브 구독자 1억 명을 기록한 스웨덴 출신 비디오 게임 유튜버다. 그는 "나의 수입은 4,000만 달러(약 500억 원)보다 많고 12억 달러(1조 5,000억 원)보다 적다."라는 말로 자신의 소득 규모를 공개했다. 2021년 4월의 일이니, 이때 이미 개인 소득이 최소 500억 원 이상이었다는 사실을 알 수 있다.

게임 중계 내내 쉴 새 없이 떠들며 재미있는 상황극과 입담으로 팬들과 적절하게 소통하는 콘텐츠가 인기의 비결이다. 특히 웹캠을 활용해 비디오 게임을 하면서 깜짝 놀라거나 통쾌해하는 자신의 반응을 함께 보여 주는 방식으로 콘텐츠를 차별화했다.

미국 코미디언 로만 애트우드Roman Atwood는 사람들에게 짓궂은 장난을 치는 유튜브 영상을 제작해 1,540만 명의 구독자를 확보했다. 이를 토대로 매년 100억 원이 넘는 수익을 창출한다. 캐나다의 여성 코미디언 릴리 싱, 미국의 2인조 희극 그룹 스

애트우드

사람들에게 짓궂은 장난을
치고 이에 대한 반응을 영상
으로 올리는 유튜버.

모쉬 역시 100억 원대의 매출을 올리는 부자 유튜버다. 미국 제빵 방송 진행자 로재나 판시노와 유명 게이 유튜버 타일러 오클리도 100억 원에 육박하는 소득을 창출하고 있는 것으로 알려졌다. 이들 대박 유튜버들의 비결은 한결같이 자신만의 특화된 슈퍼 콘텐츠로 승부했냐는 점이다.

한국인 유튜버들도 막강한 수익 창출 능력을 자랑한다. 《포브스》의 '2022년 대한민국 파워 유튜버' 1위에 선정된 계향쓰GH'S는 개설 3년 만에 770만 명의 구독자를 확보했으며, 현재는 1,500만 명에 육박한다. 인기 비결은 게임 캐릭터를 주인공으로 만든 창작 애니메이션 콘텐츠라는 독특한 콘셉트에 있다.

예를 들어, 전 세계적으로 5억 건의 다운로드 기록을 세우며 마피아 게임 붐을 일으켰던 '어몽 어스'Among Us의 캐릭터를 주인공으로 2차 창작물인 '어몽 어스 컵송' 시리즈를 만들어 빅히트를 쳤다. 2분 내외의 짧은 영상으로 알파 세대와 MZ세대를 겨냥한 숏폼 전략도 성공 포인트였다. 또한 2차 창작이 가능한 게임만 콘텐츠로 이용함으로써 저작권 문제를 피해 새로운 창작 애니메이션을 선보일 수 있었다. 이 같은 콘텐츠 전략으로 계향쓰는 2022년 한 해에만 52억 1,404만 원을 벌어들인 것으로 알려졌다.

또 먹방 유튜버 제인(Jane ASMR 제인)은 구독자

계향쓰

게임 캐릭터를 주인공으로 만든 창작 애니메이션 콘텐츠로 연 50억 원 넘게 버는 한국 1위 유튜버.

Jane ASMR 제인

빨간 입술만 보여 주면서 오감, 특히 청각과 시각 같은 자율 감각 쾌락 반응을 끌어내는 유튜버.

가 1,780만 명에 달한다. 얼굴은 공개하지 않고 빨간 입술만 보여 주면서 오감, 특히 청각과 시각을 자극하는 차별화된 콘텐츠로 구독자를 매료시킨다. ASMR을 전략적으로 이용한 것인데, ASMR은 자율 감각 쾌락 반응을 뜻한다. 이 같은 콘텐츠 전략은 언어의 장벽을 허물어 한국 구독자보다 해외 구독자가 더 많은 글로벌 채널로 자리매김하는 데 결정적인 역할을 했다. 소셜미디어 분석 사이트 녹스 인플루언서에 따르면, 제인의 하루 수익은 약 3,415만 원으로, 연 단위로는 124억 6,700만 원에 이른다.

2022년 대한민국 파워 유튜버 최상위 30개 채널의 평균 추정 연 소득은 22억 6,618만 원(2022년 7월 말 기준)에 달한다. 1년 전 평균 추정 연 소득 15억 3,548만 원에 비해 47.5퍼센트나 증가한 수치다. 앞으로 이들의 소득 증가세는 더욱 가속화될 것이다.

장난감 콘텐츠로 가족 기업을 만들다

라이언 카지

2~6세 아이들을 대상으로 장난감 리뷰, 과학 실험 등의 콘텐츠를 제작해 매년 300억 원의 수입을 올리는 10대 백만장자.

장난감을 갖고 놀기만 하는데 몇 년째 연간 수백억 원을 벌어들이는 10대 유튜버도 있다. 2011년생인 라이언 카지Ryan Kaji는 자신의 유튜브 채널 '라이언스 월드'를 통해 2018~2020년 가장 수입이 많은 유튜버로 기록됐다. 《포브스》 집계에 따르면, 연간 유튜브 수익은 2,600만 달러(약 300억 원)가 넘는다. 라이언은 부모님 그리고 쌍둥이 여동생과 함께 2~6세 아이들을 대상으로 장난감 리뷰, 과학 실험 등의 콘텐츠를 제작하는데 구독자가 3,500만 명에 달한다. 이런 인기를 앞세워 자신의 이름을 딴 상난감 브랜드와 10개의 별도 채널을 가진 유튜브 제국을 건설해 10대 백만장자가 된 것이다.

유튜브 콘텐츠 제작은 라이언의 엄마가 세 살짜리 라이언이 장난감을 유달리 좋아한다는 사실을 알면서 시작됐다. 특히 부모님에게 라이언이 장난감을 갖고 노는 모습을 보여 주기 위해 언박싱 영상을 찍던 중, 장난감 자동차들을 큰 달걀 모형인 '자이언트 에그'에 담아 선물했는데, 라이언이 깜짝 놀라 장난감 망치로 달걀을 깨서 장난감을 꺼낸 후 갖고 노는 영상을 유튜브에 올리면서 콘텐츠의 위력에 눈을 뜨게 됐다. 누적 조회 수가 무려 11억 회가 넘을 정도로 인기 영상이 된 것이다.

재미 삼아 만든 장난감 리뷰 영상이 폭발적인 인기를 끌자 부부는 유튜브 활용 방법을 고민하기 시작했고, 엄마는 직장을 그만두고 유튜브 제작사 '선라이트 엔터테인먼트'를 창업했다. 장난감 유튜브 채널 '라이언스 월드'는 순식간에 수많은 구독자를 보유하게 되었다. 구독자가 늘자 아빠도 직장을 그만두고 라이언의 슈퍼 팬을 대상으로 하는 장난감 브랜드 '라이언스 월드'를 창업했다. 이들 부부가 만든 제품은 미국 전역의 월마트와 아마존 등을 통해 팔려 나갔다.

라이언스 월드

2011년생 유튜버 라이언 카지의 가족이 창업한 장난감 브랜드 기업. 라이언의 인기를 앞세워 연 매출 3,000억 원대로 성장했다

재미로 시작한 유튜브 콘텐츠 제작이 이제 수백억 원대 매출의 가족 기업 '라이언스 월드'를 탄생시켰다. 유튜브 수입과 브랜드 사업 수입을 합하면 2021년 기준 연간 수입이 2억 5,000만 달러(약 3,000억 원) 정도로 추정된다.

크리에이터의 정체성은 콘텐츠를 만들고 사람들을 연결시키는 데 있다. 기업과 브랜드 역시 그 어느 때보다 사람들과의 연결에 집중하고 있는데, 그 역할의 적임자는 다름 아닌 크리에이터였다. 하지만 이제는 크리에이터가 직접 사람들과 소통하고 그들을 연결하는 커뮤니티를 만들어 또 하나의 브랜드이자 기업이 되는 세상이다. 앞으로 이들을 지원할 웹 3.0 기술까지 적용되면 백만장자 크리에이터의 신화는 계속 탄생할 것이다.

전통 미디어의 영향력을
뛰어넘는 크리에이터

한 명의 크리에이터가 기업의 매출을 능가하는 데
서 더 나아가 전통 미디어의 영향력까지 뛰어넘고
있다. 현재 세계에서 가장 많은 구독자를 확보하고
있는 미스터비스트의 유튜브 채널보다 구독자가 많
은 언론사는 전 세계에 단 한 곳도 없다. 세계에서

외면받는
전통 언론 콘텐츠

세계 1등 유튜버의 구독자
수를 능가하는 전통 미디어
(언론사)는 단 한 곳도 없다.

유일하게 디지털 신문 유료화에 성공한 전통 미디어 〈뉴욕 타임스〉조차
구독자는 1,000만 명에 불과하다. 그것도 구독자 120만 명을 보유한 스
포츠 매체 '디 애슬레틱'The Athletic을 인수하면서 이뤄 낸 성과다.

　이린이 유튜버들의 영향력도 내단하나. 유튜브 선략가인 에이얼 비

우멀은 "어린이 유튜버가 미키 마우스보다 더 영향력이 커졌다."라고 진단했다. 가장 인기 있는 어린이 유튜버 3대 채널 가입자 수를 모두 합하면 3억 명에 달한다. '키즈 다이애나 쇼'Kids Diana Show와 '나스티아처럼'Like Nastya, '블라드와 니키'Vlad and Niki 모두 구독자가 1억 명이 넘는다. 장난감 회사는 물론 아동 용품 기업들에게 이들의 유튜브 콘텐츠는 기존 매체의 보도보다 훨씬 영향력이 크다.

국내에서는 정치 유튜버들이 보수와 진보의 입장을 대변하며 정치권과 유권자들에게 막강한 영향력을 행사하고 있다. 특히 대통령 선거와 지방 선거, 총선 때는 더더욱 논쟁을 유발하며 유권자들을 현혹시키기도 한다. 영향력이 커지면서 국회의원과 단체장은 물론 대선 후보들까지 출연하는 일도 비일비재하다.

제품에 대한 냉정한 후기로 수십만 명의 팔로워를 확보한 크리에이터들 가운데 "이 제품 별로입니다, 사지 마세요."라는 부정적인 리뷰로 막대한 영향력을 행사하는 경우도 있다. 과대평가된 제품에 대해 솔직한 리뷰를 쏟아 내는 이른바 디인플루언서deinfluencer가 전통 미디어보다 소비자들에게 더 큰 영향을 미치고 있는 것이다.

디인플루언서

과대평가된 제품에 대해 솔직한 리뷰를 쏟아 내는 인플루언서. 전통 미디어보다 영향력이 크다.

크리에이터의 영향력은 끝없이 창조된다

분야를 막론하고 슈퍼 콘텐츠는 막강한 영향력을 발휘한다. 소셜미디어의 인플루언서들이 쏟아 내는 콘텐츠가 방송과 신문의 영향력을 능가하는 일이 속출하고 있다. 심지어 디지털 미디어와 소셜미디어에 올라온 콘텐츠를 전통 미디어가 받아서 보도하는 일까지 발생하고 있다. 크리에이터들이 전통 미디어보다 더 강력한 콘텐츠 영향력을 행사하기 시작한 것이다.

미스터비스트는 기부 채널 '비스트 필랜스러피'Beast Philanthropy를 만들어 사회에 선한 영향을 끼치고 있다. 그는 비영리단체 '시 인터내셔널'SEE International과 협업해 전 세계 시각장애인 1,000명에게 새로운 세상을 선물해 주었다. 미국뿐 아니라 멕시코, 온두라스 등에서 선정된 시각장애인들이 세계 1등 유튜버의 '시력을 선물합니다' 프로젝트로 새로운 세상을 살 수 있게 된 것이다. 아프리카에 가서 매일 1만 리터의 물이 나오는 우물을 파 준 일화도 유명하다.

전 세계에서 영향력이 큰 사람들만 초청하는 스위스 세계 경제 포럼(다보스 포럼)은 2023년 브라질, 멕시코, 나이지리아 등 각 지역을 대표하는 6명의 유튜버를 초청했다. 이들의 구독자 수 합은 2억 3,000만 명에 달한다. 다보스 포럼이 이들을 초청한 이유는 기후 행동, 사회 정의, 신상 능의 문야에

다보스 초청 유튜버

정계와 재계 등의 유명인만 초대하는 다보스 포럼이 2023년 6명의 유튜버를 연사로 초대해 전문성을 인정했다.

서 그들의 통찰력을 글로벌 리더들에게 전하기 위해서였다. 해당 분야 유튜버의 전문성을 세계를 대표하는 포럼 사무국에서도 인정했다는 뜻이다.

루이시토 코무니카
전 세계를 돌며 각국의 관광지와 문화를 스페인어로 전달하는 멕시코 유튜버.

4,100만 명의 구독자를 보유한 멕시코 유튜버 루이시토 코무니카Luisito Comunica는 관광 분야에서 세계적인 영향력을 발휘하고 있다. 전 세계를 돌며 각국의 문화에 대한 통찰을 스페인어로 전하는데, 영상이 올라오면 수천만 명이 클릭한다. 스페인어권 시청자들에게 관광 홍보를 하는 데 있어 이 유튜버보다 큰 영향력을 갖고 있는 개인이나 미디어는 없다. 전 세계 어떤 방송국도 한 편의 관광 콘텐츠 조회 수를 1억 회 이상으로 올릴 수는 없을 것이다.

누세이르 야신
'1분 세계여행' 동영상을 제작해 세계 관광 정보를 전달하는 유튜버.

이스라엘 국적의 팔레스타인인 누세이르 야신Nuseir Yassin은 '나스 데일리'Nas Daily라는 이름으로 페이스북과 유튜브 채널을 운영하고 있다. 하버드대 졸업 후 모바일 결제 시스템 벤모Venmo에서 근무하다가 20개월 만에 퇴사한 후 크리에이터가 되었다. 이후 세계 여행을 시작해 자신이 경험한 세상을 페이스북 나스 데일리에 60초짜리 '1분 세계 여행' 동영상으로 매일 만들어 올리기 시작했다. 이후 조회 수 45억 회라는 놀라운 기록을 세우며 여행 크리에이터로서 영향력을 발휘하고 있다. 나스 데일리는 그렇게 최고의 스토리텔링 플랫폼이자 세계 관광 정보를 전달하는 소셜미디어가 되었다.

위에서 언급한 크리에이터들의 무기는 단 하나 콘텐츠였고, 그들이 사용한 인프라는 이미 존재하는 소셜미디어 플랫폼이었다. 이제 언론사나 잡지사 기자 또는 칼럼니스트가 되어야만 콘텐츠 창작자로서의 꿈을 펼칠 수 있는 세상이 아니다. 나만의 콘텐츠만 있으면 누구나 그들 이상의 영향력을 가질 수 있다.

무기는 단 하나, 콘텐츠

크리에이터는 이미 존재하는 소셜미디어 플랫폼에 자신의 계정을 만들어 자기만의 콘텐츠로 승부한다.

중국 경제를 쥐락펴락하는 1인 미디어 왕훙

'중국판 블랙 프라이데이'로 불리는 광군제(11월 11일)는 중국 최대의 쇼핑 축제다. 2021년 LG 생활건강은 중국을 대표하는 왕훙 웨이야 薇娅에게 브랜드 '후'의 라이브 방송을 부탁했다. 웨이야는 화려한 말솜씨와 애티튜드로 후의 대표 상품 '천기단 화현'

왕훙

왕뤄훙런의 줄임말로, 인터넷(왕뤄) 유명인(훙런), 즉 인터넷 스타이자 인플루언서를 뜻한다.

을 직접 사용하면서 자세히 설명했다. 이날 하루 후의 예약 판매 매출은 5억 7,600만 위안(약 1,060억 원)에 달했다. 한국의 메이저 홈쇼핑도 팔기 어려운 물량을 단 한 명의 왕훙이 판매한 것이다. 왕훙은 온라인 상의 유명 인사를 뜻하는 왕뤄훙런網絡紅人의 줄임말로, 이들은 주로 제품 판매 및 마케팅 활동을 한다.

웨이야는 디오미오와 덴마오 등 중국의 주요 온라인 쇼핑몰에서 라

왕훙 경제

바링허우, 지우링허우가 소
비 주체로 등장하면서 왕훙
이 제품 판매와 홍보의 중심
이 된 중국의 경제 현상.

이브 커머스를 주도하면서 연 225억 위안(약 4조 원)의 매출을 올리는 판매 1위 왕훙이다. 유니콘 기업을 능가하는 중국 대표 왕훙으로 성장했지만, 2021년 탈세 혐의로 2,500억 원대의 벌금 폭탄을 맞으면서 계정이 폐쇄되었다. 그만큼 왕훙이 대기업을 위협할 정도로 중국 내 '왕훙 경제'가 급팽창했고 영향력이 커졌다는 방증이다.

모델 출신의 왕훙 장다이는 중국 1인 미디어 기업의 원조로 불린다. 연 매출 수십억 위안으로 '움직이는 기업'이라는 평가를 받고 있는 그녀는 1인 미디어 기업 '장다이 공작실'을 창업한 뒤 2014년 중국 최대 온라인 쇼핑몰 타오바오에 자신의 온라인 쇼핑몰 '우환시더이추'吾歡喜的衣櫥를 차려서 이른바 초대박을 쳤다. 또 다른 대형 온라인 쇼핑몰 톈마오를 통해 호주의 정부 광고를 수주하기도 했다.

이런 승승장구를 토대로 장다이는 중국 최대 MCN 기업 루한 홀딩스에 주주로 참여했다. 루한 홀딩스는 2019년 4월 초 나스닥에 상장되면서 곧바로 시가총액 7억 달러의 기업으로 도약했다. 장다이는 이 회사 마케팅 책임자로 변신했고, 동시에 돈방석에 올랐다. 미디어 커머스를 하던 인플루언서가 1인 미디어 기업 CEO에서 미국 나스닥 상장사 마케터로 탈바꿈한 것이다.

중국에서 왕훙이 본격적으로 소비 시장과 연결되기 시작한 것은 모바일 시대의 도래와 웨이보微博로 대표되는 SNS가 인기를 끌면서부터다. 인플루언서들은 자신의 라이프와 특기 등 자신만의 콘텐츠를 소개하는 방식으로 팔로워를 모아 팬덤을 형성했다. 팬덤은 인플루언서에게 막대한 영향력을 가져다주었다. 동시에 바링허우-80后(1980년대 이후 출생한 세대), 지우링허우-90后가 소비의 주체로 떠오르면서 온라인 매출이 기하급수적으로 폭발했다.

기업들이 왕홍의 영향력과 팬덤에 주목하면서 왕홍은 제품을 홍보 및 판매하는 광고형 커머스의 중심이 되었다. 1인 방송과 라이브 방송이 커머스의 핵심으로 부각되면서 '왕홍 경제'가 중국의 경제 동력이 된 것이다. 이후 왕홍은 단순히 브랜드의 제품 홍보와 판매를 넘어 스스로 브랜드가 되기 시작했다. 급기야 타오바오뿐 아니라 텐마오에서 전통 브랜드들을 위협하고 있다. 이들은 이제 단순한 유명인이 아닌 매력적인 브랜딩 요소를 갖춘 하나의 기업이 되었다. 왕홍들의 이름을 딴 왕홍 브랜드가 속출하고 있다. 반면 허위 광고, 품질 불량, 데이터 조작 등의 논란이 잇따르고 있어 신뢰 확보 문제가 수면 위로 떠올랐다.

한국 기업들도 전통적인 방식으로 중국의 물류 채널을 확보하기 위해 애쓸 것이 아니라 이들 왕홍을 확보하기 위한 특단의 대책을 강구해야 한다. 문제는 아직은 왕홍의 라이브 방송으로 판매한 경험이 적고 이들 방송에 적합한 판매 가격이나 마케팅 및 공급 방식에 대한 이해도가 높지 않다는 점이다. 일회성 마케팅에 그치지 않고 장기적인 안목으로 접근하는 방안을 찾아야 할 것이다.

셀피노믹스, 돈 버는 방식의 대전환이 시작되었다

스마트폰의 등장은 인류의 삶을 송두리째 바꿔 놓았다. 가장 큰 변화는 소통 혁명과 콘텐츠 크리에이터의 출현이다. 모바일이 일으킨 이런 혁명은 비즈니스 생태계까지 변화시키면서 기업과 제품의 평판을 좌우하는 등 구매에 막강한 영향력을 행사하고 있다. 사람들이 스마트폰에 종속되는 동안 세상의 변화에 뒤처졌던 아이리버 MP3, 전자사전, 코닥, 토이저러스는 사라졌다. 대신 모바일 혁명에 올라탄 새로운 세력, 즉 크리에이터들이 콘텐츠 혁명을 일으키는 창조자이자 세상의 지배자로 영향력을 키워 나가고 있다. 크리에이터

셀피노믹스

SNS 계정을 운영하는 크리에이터들이 자신만의 콘텐츠를 제작해 부를 창출하는 개인 경제.

들이 콘텐츠를 만들어 수익을 창출하는 셀피노믹스selfinomics의 규모는 점점 더 커질 것이다.

크리에이터, 셀피노믹스를 탄생시키다

데이터 분석 업체 앱애니가 발표한 〈모바일 현황 2022 보고서〉에 따르면, 전 세계 모바일 10대 시장의 사용자들은 하루 평균 4시간 48분 동안 모바일 기기를 사용했다. 한국은 5시간으로 세계 3위를 기록했다. 전화 통화, 인터넷 검색, 카톡, 소셜미디어 보기, 각종 오락 활동, 금융 관련 업무, 내비게이션 등 우리 삶의 활동 대부분이 스마트폰 내에서 이루어진다. 스마트폰은 한마디로 종합 콘텐츠 플랫폼이 되었고, 이 콘텐츠 시장은 메타버스가 일상화되면 제2의 콘텐츠 혁명을 맞게 될 것이다.

전직 프로게이머 고인규 씨는 현역 시절 각종 서바이벌 경기에서 우승을 휩쓸며 서바이벌 황제, 일명 '서황'이라 불렸다. 은퇴 후 그는 1인 게임 방송을 진행하는 콘텐츠 크리에이터가 되었다. 이처럼 스마트폰이 촉발시킨 콘텐츠 혁명은 콘텐츠를 즐기던 사용자들을 크리에이터로 변신시켰다. 크리에이터는 부업을 넘어 본업으로 자리 잡았고, 개인 채널은 기업형으로 발전을 거듭하고 있다. 나아가 전문 콘텐츠 제작자 및 제작사들은 글로벌 플랫폼을 타고 콘텐츠의 국경을 넘나들고 있다.

콘텐츠 크리에이터의 등장은 개인self과 경제economics 두 단어를 합성한 신조어 '셀피노믹스'를 탄생시켰다. 자신만의 강점을 살린 콘텐츠를 제작해서 돈을 버는 '개인 경제' 시대가 다가오고 있다. 과학기술정보통신부와 한국 전파진흥협회는 2021년 1인 미디어 산업의 총 매출을 2조 5,056억 원으로 집계했고, 사단법인 미디어미래연구소는 2023년 8조 원 시장으로 성장할 것이라고 전망했다. 《하버드 비즈니스 리뷰》는 2022년 인플루언서 산업의 규모가 164억 달러(약 20조 원)를 기록했다고 밝혔다.

클래스101

다양한 강좌를 제공해 수익을 창출할 수 있는 플랫폼.

엔픽플

배우, 가수 등 재능을 가진 사람들의 오디션 플랫폼.

제페토 스튜디오

아바타와 다양한 아이템을 만들어 팔 수 있는 메타버스 플랫폼.

크몽

재능을 파는 프리랜서 마켓 플랫폼.

전업 크리에이터가 늘면서 셀피노믹스를 겨냥한 플랫폼 클래스101, 엔픽플, 제페토 스튜디오, 크몽 머니플러스 등도 인기다. 클래스101은 온라인을 통해 다양한 강좌를 유료로 제공하고 있다. 크리에이터로 성공할 수 있는 노하우를 비롯해 취미 활동 수업, 부업과 재테크 지식, 직무 교육 등 콘텐츠를 가진 사람들이 다양한 강좌를 통해 수익을 창출할 수 있도록 도와주는 플랫폼이다.

엔픽플은 전 국민 일상 오디션 플랫폼이다. 매력적인 영상을 올려 픽을 받고 캐시를 모아 수익을 창출할 수 있다. 배우, 가수, 작가 등 끼와 재능이 있는 사람들의 오디션 플랫폼으로, 매주 순위에 오르면 상금을 받게 된다. 창작자가 영상을 올리면 사용자들의 추천을 통해 매주 톱100이 선정되고, 그 순위에 따라 상금이 차등 지급된다.

네이버의 메타버스 플랫폼 제페토는 제페토 스튜디오를 통해 크리에이터들이 아이템 템플릿을 활용해서 자신만의 아바타와 다양한 아이템을 만들어 판매할 수 있도록 서비스하고 있다. 크몽은 창작 능력을 갖춘 사람들이 재능을 파는 프리랜서 마켓 플랫폼이다. 로고 디자인, 영상 제작 등 700여 개의 카테고리를 통해 전문가들이 전문 지식을 제공해 수익을 창출할 수 있다.

크리에이터, 콘텐츠 구독 서비스로 돈을 벌다

뉴스레터 서비스가 각광을 받자 뉴스레터 발행 유료 플랫폼까지 등장했다. 스티비와 메일러는 뉴스레터를 발행해 수익을 창출하고자 하는 개인과 기업을 대상으로 유료 이메일 뉴스레터 전송 서비스를 한다. 누구든지 쉽고 빠르게 깔끔한 형태의 뉴스레터를 만들 수 있도록 콘텐츠 제작과 편집 툴을 제공한다.

뉴스레터 발행 플랫폼

스티비와 메일러 등 뉴스레터를 발행해 수익을 창출할 수 있도록 도와주는 뉴스레터 전송 서비스.

미국 실리콘밸리의 혁신 트렌드를 알려 주는 미라클 레터MIRACLE LETTER, 시사 뉴스레터 뉴닉NEWNEEK, 2030세대를 겨냥한 생활 경제 뉴스레터 어피티UPPITY, 데이터로 뉴스를 분석해 주는 마부뉴스 등 가히 뉴스레터 전성시대다.

매경 미디어 그룹의 실리콘밸리 특파원들과 미라클 랩 기자들이 만드는 미라클 레터는 글로벌 트렌드, 테크놀로지 소식, 빅테크 주식, HR·리더십, 혁신 문화 스토리 등을 담아 '미라클 모닝'을 꿈꾸는 사람들의 교과서가 되고 있다.

작가 이슬아는 한 달 1만 원에 주 5회 글을 받아 보는 뉴스레터 '일간 이슬아'의 운영자다. '아무도 청탁하지 않았지만 쓴다!'라는 내용의 글을 시작으로, 학자금을 마련하기 위해 자신만의 에세이를 써서 구독자에게 매일 보냈다. 이후 크리에이터에서 출판인이자 작가가 되었다. '문장 줍기'는 월요일 출근길에 받아보는 뉴스레터이고, '엘리스 모먼트'는 최신 트렌드와 재미있는 정보들을 모아 전하는 취향 뉴스레터다.

네이버는 창작자들이 콘텐츠를 유료로 판매할 수 있는 유료 콘텐츠 플랫폼 '프리미엄 콘텐츠'를 운영하고 있다. 창작자는 누구든지 이 플랫폼을 통해 쉽게 콘텐츠를 판매할 수 있고, 사용자는 필요한 콘텐츠를 찾아 구독할 수 있다. 2022년 2월 시작된 이 플랫폼에는 1년 만에 1,100개 이상의 채널이 만들어져 유료로 콘텐츠를 팔고 있는데, 월 매출액이 수억 원인 창작자까지 등장했다.

2022년 로이터 저널리즘 연구소는 '중요 디지털 수익원으로 관심 둘 분야'를 조사했는데, 압도적인 응답을 받은 분야는 구독(79%)이었다. 이는 앞으로 크리에이터들의 콘텐츠 구독 서비스가 확대될 것임을 방증하고 있다. 이처럼 콘텐츠로 돈 버는 방식의 대전환은 이미 시작되었다. 다만 정기 구독은 지속적인 거래로 신뢰가 중요하기 때문에 독자가 만족할 만한 수준의 콘텐츠 질을 유지하는 것이 관건이다.

미디어 커머스가 된 크리에이터

수많은 팔로워를 확보한 1인 셀럽 미디어는 이제 그 권력을 제품을 판매하는 커머스로 옮겨 기업형으로 발전하고 있다. 팔로워 850만 명의 중국 왕훙 쉬샨 초청 행사 '2023년 브랜드 위크 인 코리아' 결과를 보고 깜짝 놀랐다. 셀럽 한 명이 단 1회 라이브 방송으로 200억 원 이상의 매출을 올렸기 때문이다. 이런 현상은 표면적으로는 미디어 커머스로의 전환이지만, 필자에게는 제품 콘텐츠 전달 방식 대전환의 사례로 보였다.

미디어 커머스는 SNS 등의 매체를 뜻하는 미디어media와 상업을 의미하는 커머스commerce의 합성어로, 제품 홍보와 설명이 담긴 다양한 미디어 콘텐츠를 제작해 자신의 팔로워를 대상으로 제품을 판매하는 전자상거래를 일컫는다. 이는 주요 소비층으로 등장한 MZ세대들의 콘텐츠 선호도를 반영한 변화라고 볼 수 있다.

MZ세대는 TV보다 모바일을, 글보다 영상이나 이미지를, 긴 영상보다 숏폼을 선호하면서 모든 상거래를 스마트폰으로 해결하는 M커머스를 지향하고 있다. 앞으로 제품 마케팅 콘텐츠들 미디어 커머

미디어 커머스
수많은 팔로워를 확보한 셀럽들이 팔로워를 대상으로 제품을 홍보, 마케팅, 판매하는 전자상거래.

M커머스
컴퓨터를 이용한 상품 판매가 아니라 휴대폰 라이브 방송을 통한 제품 판매.

스 용으로 바꿔야 하는 이유다. 이는 TV 광고 대비 가성비가 좋은 데다 마케팅 효과도 뛰어나며 공동 구매 방식으로 직접 판매까지 가능하다. SNS나 온라인의 커뮤니티 게시 글에 달린 '좋아요'Like나 '하트' 기능을 활용해 구매를 유도하는 '라이크 커머스'까지 뜨고 있다. 고객들은 좋은 평가나 후기를 남기는 소비자와 슈퍼 팬을 확보한 인플루언서의 제품 리뷰를 더 신뢰하기 때문이다.

발 빠른 B2C 기업들은 크리에이터의 콘텐츠 창작 능력과 팔로워와의 네트워크를 활용해 SNS 플랫폼을 통한 소셜 커머스 시장을 만들어내고 있다. 이 과정에서 다수의 인플루언서가 자신의 SNS 채널을 브랜드와 상품을 마케팅하고 판매까지 연결해 주는 미디어 커머스 플랫폼으로 전환해 '1인 사업자'로 변신 중이다. 특히 유튜브보다 타깃 적중률이 높은 인스타그램이 1인 홈쇼핑 채널로 각광받으면서 '인플루언서 경제'의 기반이 공고해지고 있다.

인플루언서 한 명이 막강한 부를 창출하는 콘텐츠 크리에이터로 부상하면서, 유명한 인플루언서를 양산하고 관리하는 소속사 MCN Multi Channel Network(다중 채널 네트워크)도 성업 중이다. MCN은 온라인 콘텐츠 크리에이터들을 위한 기획사라 할 수 있다. 중국에서는 왕홍들이 막강한 경제적 영향력을 행사하면서, MCN이 왕홍 경제의 '보이지 않는 손' 역할을 하고 있다. 왕홍과 전략적으로 제휴해 교

인플루언서 경제

인플루언서가 막강한 영향력을 활용해 제품 광고, 판매 등 다양한 비즈니스를 통해 부를 창출하는 콘텐츠 경제.

MCN

인플루언서를 육성하고 온라인 콘텐츠 기획자를 관리하는 소속사.

육부터 콘텐츠 기획·제작, 프로모션, 수익 관리까지 전 과정을 체계적으로 지원한다.

한국에서는 CJ ENM 산하의 크리에이터 그룹인 DIA TV를 시작으로 비디오 빌리지, 샌드박스 네트워크, 트레져 헌터 등이 대표적인 MCN이다. 흥미로운 것은 최근 국내 MCN들이 경영난을 겪는 와중에 이른바 소규모 '콘텐츠 IP 커머스' 기업들이 눈에 띄는 성과를 올리고 있다는 점이다. 2018년 창업한 스튜디오 에피소드는 매출이 4억 원에서 2021년에는 215억 원으로 껑충 뛰었다. 브랜드 홍보업을 하면서 스타 강사 조승연, 반려견 훈련사 강형욱, 모델 주우재 등과 콘텐츠 파트너가 된 결과다.

크리에이터, 금융 상품도 만든다

브랜드 파워를 확보한 유명 크리에이터들은 다양한 서비스 상품까지 탄생시키고 있다. 유명 유튜버이자 증시 전문가인 케빈 파프라스Kevin Paffrath는 자신의 이름을 따서 세계 최초 유튜버 상장지수 펀드ETF '더 미트 케빈 프라이싱 파워PP'를 출시했다. 최대

유튜버 상장지수 펀드
증시 전문가인 유튜버가 자신의 이름을 따서 출시한 상장지수 펀드(ETF).

60개의 혁신적인 미국 기업에 투자하는 펀드인데, 투자금이 1,115만 달러(약 140억 원)를 넘었다. PP ETF 투자자 대부분이 케빈 파프라스의 유

튜브 구독자로, 그가 제시한 지식 콘텐츠가 구독자들의 금융 상품 투자에 대한 신뢰를 가져다준 것이다. 부동산 중개인으로도 활동했던 케빈 파프라스는 향후 부동산 관련 ETF도 출시할 계획이다.

단순 콘텐츠 플랫폼이었던 인스타그램과 블로그가 이제 기업을 홍보하고 제품을 판매하는 바이럴 마케팅의 주요 플랫폼이 되었다. 특히 인스타그램은 브랜드를 체험한 고객이 다른 고객에게 알리고, 그 고객이 또 다른 고객에게 알리는 바이럴 루프Viral Loop 효과가 뛰어나다. 꼬리에 꼬리를 물듯이 특정 제품이나 식당 메뉴, 특정 장소의 사진 한 장이 인스타그램을 통해 놀라운 바이럴 효과를 발휘한다.

이 때문에 '인스타워시'instawhorthy라는 신조어까지 탄생했다. 인스타는 인스타그램을 뜻하고 워시whorthy는 '~할 가치가 있는'이라는 의미다. 어떤 상품이든 인테리어든 장소든, 사람들이 사진을 찍어 인스타그램에 올리고 싶은 마음이 들도록 아름답고 눈길을 끌게 만들어야 한다는 뜻이다. 이는 고객을 영업사원으로 활용하는 전략으로, 고객들이 자발적으로 인증샷을 찍어 인스타그램에 올리도록 만들 때 자연스러운 홍보 효과가 발생한다.

국내 유명 인스타그래머 중 일부는 아예 공동 구매 쇼호스트가 되어 막대한 매출을 올리고 있다. 공동 구매는 인플루언서가 SNS를 통해 특

바이럴 루프

한 명의 소비자가 또 다른 소비자를 불러들여 스스로 네트워크를 만들고 확장해 가는 소셜 네트워크. 트위터, 페이스북, 인스타그램의 방식이다.

인스타워시

사람들이 사진을 찍어 인스타그램에 올리고 싶을 정도로 마음을 움직이는 콘텐츠.

정 제품을 마케팅하고, 주문이 오면 제조 업체가 배송을 해주는 협업 판매 방식이다.

크리에이터의 영향력은 산업 전반에 걸쳐 확대되고 있다. 그 기세는 웹 3.0 기반의 경제 환경이 안착되면 예측조차 어려울 수 있다. 특히 태생부터 크리에이터인 세대가 경제의 주체가 되는 시점에는 개인이 돈을 버는 방식의 혁신이 새로운 국면에 접어들 것이다.

5,500억 원의 기업으로 성장한
은행원의 요리 콘텐츠

데이데이쿡

중국과 홍콩에 기반을 둔 요
리 동영상 플랫폼으로, 기업
가치가 5,500억 원을 넘어
섰다.

동영상 요리 콘텐츠 하나가 슈퍼 파워를 과시하는
세상이 되었다. 중국과 홍콩에 기반을 둔 요리 동영
상 플랫폼 데이데이쿡DayDayCook 이야기다. 미국 유
학에서 돌아와 홍콩 HSBC 은행원으로 일하던 인플
루언서 노마 추가 2012년에 창업했는데, 2020년
기업가치가 이미 4억 5,000만 달러(약 5,500억 원)를 넘어섰다. 중견기업
에 버금가는 수치다.

노마 추는 요리를 만들어 블로그에 올리는 게 취미였는데 반응이 뜨
거웠다. 시장조사를 한 결과, 기존의 중국 요리책과 정보들이 너무 어렵

고 젊은 세대들이 따라 하기 힘들다는 사실을 알게 되었다. 그는 용기를 내서 페이스북에 요리 과정을 사진으로 찍어 올렸다. 이어 동영상이 인기를 끌자 유튜브에 데이데이쿡 채널을 만들어 다양한 요리를 선보이기 시작했다.

구독자는 30만 명으로 늘었고 기업들은 자기 제품을 사용해 달라고 요청하기 시작했다. 콘텐츠가 돈이 되기 시작한 것이다. 조리 도구와 재료 구매에 대한 문의가 들어오자 데이데이쿡 숍을 열어 커머스 사업을 시작했고, 동영상 요리를 PB 제품으로 만들어 팔았다. 코로나 팬데믹 때는 디지털 요리 교실을 열어 구독 서비스도 시작했다.

요리 콘텐츠가 식품 업계를 평정하다

한 은행원이 취미로 시작한 요리 콘텐츠가 데이데이쿡을 탄생시켰고, 기업 기반의 슈퍼 크리에이터로 바꿔 놓았다. 지금은 유튜브처럼 이용자들이 본인의 레시피를 공유하면 수익을 거둘 수 있도록 도와주는 디지털 플랫폼으로 발전했다. 콘텐츠와 커머스가 유기적으로 연결된 커뮤니티를 완성해 낸 것이다. 데이데이쿡은 자체 웹사이트, 앱, 유튜브, 중국의 OTT 플랫폼 아이치이iQIYI, 인스타그램, 틱톡 등 멀티 플랫폼을 통해 팬들과의 유대 관계를 이어 가고 있다.

누마 추익 성공 사례 이에도 요리 콘텐츠가 슈퍼 팬을 획보해 기업형

● 그저 재미있는 일을 해보자는 생각으로 푸드52를 창업한 어맨다 헤서와 메릴 스텁스.

출처: food52.com

푸드52
요리 콘텐츠로 슈퍼 팬을 확보해 탄생시킨 요리 콘텐츠 전문 미디어 회사.

서비스로 성공한 사례는 많다. 요리 레시피를 공유하는 커뮤니티 '푸드52'Food52와 유튜브 채널 '푸드52'도 요리와 글쓰기를 좋아하는 두 여성이 만나 그저 재미있는 일을 해보자는 생각에 벌인 일이었다.

바로 〈뉴욕 타임스〉 요리 칼럼니스트 어맨다 헤서와 출판사 편집자 메릴 스텁스다. 메릴이 요리를 하고 어맨다가 리뷰와 칼럼을 쓰는 방식의 콘텐츠에 요리 애호가인 푸디foodie들이 반응하기 시작했다. 이들은 댓글을 달고 자신들의 레시피를 올렸다.

푸드52는 슈퍼 팬들이 찾는 커뮤니티로 발전해서 푸드 포털 웹사이트(www.food52.com)로 성장했다. 푸디들이 찐팬이 되자 두 여성 창업자는 포털을 커머스로 발전시켰고, 여러 셰프와 함께 TV 쇼와 팟캐스트를 만들어 커뮤니티와 콘텐츠가 결합한 요리 콘텐츠 전문 미디어 회사로 도약했다. 커뮤니티와 콘텐츠, 커머스가 선순환한 것이다.

상품 파는 콘텐츠

소셜미디어와 웹드라마, 웹예능 등 '콘텐츠를 보는 곳'이 '상품을 파는 곳'으로 콘텐츠가 변하고 있다.

이들의 성공 사례는 전문성과 실용적인 지식을 전달하는 콘텐츠는 얼마든지 슈퍼 팬을 확보할 수 있고, 관련 제품 판매를 넘어 자신의 브랜드 제품을 만드는 기업으로 발전할 수 있는 파워를 제공한다는 사실을 증명하고 있다.

콘텐츠, 미디어 커머스와 공동 구매 시대를 열다

두 아이의 엄마인 황지원 씨는 인스타그램 공동 구매로 1년 9개월 만에 연 매출 6억 원, 그리고 3년 만에 월 매출 1억 원을 올렸다. 그녀는 자신의 성공담을 《나는 매일 인스타그램으로 돈 번다》로 펴냈다. 오은환 씨는 출산 후 독한 마음으로 시작한 다이어트 과정을 블로그에 7년간 꾸준히 올렸다. 그녀의 경험담에 공감하는 팬들이 늘면서 팬덤 커뮤니티가 형성되자 다이어트 제품 공동 구매를 시작했다. 매출이 늘자 내친김에 창업한 건강 뷰티 큐레이션 커머스 회사 레어케어RareCare는 연 매출 14억 원의 기업으로 성장했다. 그녀는 자신의 경험을 '콘텐츠로 돈 버는 성공법'이라는 온라인 강의록으로 만들어 전파하고 있다.

이렇게 SNS의 크리에이터와 인플루언서들은 자신들의 마케팅 콘텐츠를 매개로 미디어 커머스 영토를 확장하고 있다. 당연히 기업들의 제품 판매와 마케팅 방식도 변할 수밖에 없다. 인플루언서를 통한 공동 구매와 모바일로 판매 방송을 하는 라이브 커머스가 각광받고 있다. 제품을 알리고 판매하는 방식도 소셜미디어와 웹드라마, 웹예능 등 다양한 영상 콘텐츠로 확장되었다. 이들 채널은 이제 '콘텐츠를 보는 곳'에서 '상품을 사는 곳'으로 바뀌고 있다.

크리에이터 차원을 넘어 페이스북, 유튜브, 인스타그램 등 다양한 소셜미디어를 통해 제품을 홍보하는 것을 주요 사업 모델로 하는 전문 회사들까지 생겨나 활동 중이다. 다만 인플루언서들의 미디어 커머스화는 제품의 품질 논란이나 과장 광고 등의 문제 소지가 있어 주의가 필요하다.

지식 크리에이터, 에듀 시장을 위협하다

지식 크리에이터
의사, 변호사, 교사, 골프 선수, 셰프 등 전문적 지식을 콘텐츠로 제작해 수익을 창출하는 1인 기업.

코로나19와 바쁜 일상이 교육 시장의 풍속도도 바꿔 놓았다. 온라인 강좌가 인기를 끌면서 전문가들이 지식 크리에이터가 되었다. 요리, 골프, 외국어, 재테크, 정치 등 모든 분야를 망라해 해당 전문가들이 '1인 기업가'로 변신하는 사례가 급증하고 있다.

펀드매니저였던 전석재 씨는 어려운 경제·시사 용어를 쉽게 풀어 설명해 주는 유튜브 채널 '슈카월드'syukaworld로 구독자 280만 명을 확보했다. 한국 거래소로부터 '2022년 자본시장 올해의 인물'로 선정될 만큼 전문성도 인정받았다.

의사, 변호사, 교사, 골프 선수, 가수, 기자, 셰프 등도 지식 콘텐츠 크리에이터로 변신하고 있다. 서울대 재활의학과 정선근 교수의 정선근 TV는 '백년 허리'를 만드는 실천법이 담긴 동영상을 제공하면서 이미 구독자 100만 명을 넘어섰다. 교통사고 전문 한문철 변호사는 교통사고 사례별 과실 비율을 명쾌하게 판단해 주는 한문철 TV로 구독자 177만 명을 불러 모았다. 콘텐츠가 파워를 발휘하면서 이 채널로 수많은 교통사고 제보 영상이 모여들어, 방송국에서 이 콘텐츠를 제공받아 방송할 정도다. '한문철'이라는 브랜드의 파워가 커지면서 DB 손해보험과 함께 '한문철 운전자 보험'까지 만들었다. 영국의 골프 교습가 릭 실즈의 유튜브 채널 '릭 실즈 골프'Rick Shiels Golf는 구독자가 270만 명에 육박한다.

중국의 왕홍 뤄전위羅振宇는 지식을 팔아 연 500억 원 넘게 번다. '뤄팡', 우리말로 돼지, 뚱보라는 뜻의 별명을 가진 그는 1973년생 아저씨 왕홍이다. 유튜브에서 대중에게 친숙한 이미지와 화려한 말솜씨로 60분 분량의 유료 동영상 강연을 서비스한다. CCTV의 교양 프로 PD였던 그는 미디어 환경 변화를 직감하고 2012년 회사를 나와 1시간짜리 지식 강연 동영상을 중국판 유튜브 유쿠優酷와 위챗에 올리기 시작했다. 중국이 경제, 역사, 시사 등을 주제로 자신만의 독창적인 견해를 담은 콘텐츠들이 10억 회 넘게 조회되면서 선풍적인 인기를 끌자, 2015년 10월 13억 위안(약 2,200억 원) 규모의 시리즈 B 투자를 유치해 모바일 유료 지식 콘텐츠 플랫폼 '더따오'得到를 설립했다. 그의 목표는 젊은 세대를 위한 '최고의 평생학습 종합 대학교'다.

이처럼 지식 콘텐츠도 돈이 된다. 이용자들은 꼭 필요한 깊이 있는 프리미엄 콘텐츠, 구독자를 위로하는 힐링 콘텐츠, 인문학적 소양을 길러 주는 교양 콘텐츠 등에는 기꺼이 돈을 지불한다. 지금 이 책을 읽고 있는 독자 중 이런 콘텐츠를 갖고 있다면, 당장 실행에 나설 것을 권고한다. 메타버스 세상에서는 지식 콘텐츠 크리에이터 산업이 더욱 활성화될 수밖에 없다. 대중에게 자신을 알리기를 꺼리는 유명 인사들도 온라인 세상의 아바타 또는 부캐(부캐릭터)로 다양한 활동을 할 수 있기 때문이다.

그들은 왜 월급 대신
구독료를 선택했을까?

최근 미국 기자들의 움직임에 주목할 필요가 있다. 〈뉴욕 타임스〉, 〈워싱턴 포스트〉, 〈USA 투데이〉, 〈더 버지〉The Verge, 〈버즈피드〉BuzzFeed, 〈롤링 스톤〉 등 미국의 유명 언론사 간부급 에디터와 기자들이 잇따라 퇴사해서 뉴스레터 플랫폼 서브스택Substack에 둥

서브스택

뉴스레터 콘텐츠 창작자 플랫폼. 콘텐츠 창작자의 뉴스레터 서비스를 지원한다.

지를 틀었다. 이들이 선택한 직업은 '뉴스레터 콘텐츠 창작자'다. 월급을 포기하는 대신 자신만의 콘텐츠를 제공하는 채널을 만들어 구독 서비스를 제공하겠다는 것이다.

이 같은 크리에이터 이코노미에 불을 지핀 것은 서브스택, 레뷰, 더

스킴The Skimm, 메일침프Mailchimp, 미디엄 같은 뉴스레터 플랫폼들이다. 국내에서도 스티비Stibee, 메일리Maily, 글리버리Glivery, 블루닷Bluedot 등이 지식 콘텐츠 크리에이터들의 뉴스레터 서비스를 종합적으로 지원해주고 있다.

콘텐츠 크리에이터로 직업을 바꾸는 기자와 작가들

서브스택은 작가, 언론인, 예술가 등 콘텐츠 창작자의 뉴스레터 발행과 발송, 고객 관리 등을 대행해 줌으로써 수익을 창출할 수 있도록 도와주는 플랫폼이다. 창작자가 구독료를 설정하면, 독자는 매달 평균 5~10달러를 지불하고, 서브스택은 구독 수익의 10퍼센트에 해당하는 수수료를 창작자에게 받는다. 이메일과 앱, 각종 소셜미디어를 통해 독자들에게 기사와 콘텐츠를 전달하는데 콘텐츠의 형태도 기사와 칼럼, 팟캐스트, 동영상, 음성 서비스 등 다양하다. 창작자는 콘텐츠만 만들면 된다.

〈뉴욕 타임스〉의 스타 기자 마크 스테인Marc Stein과 케이시 뉴턴Casey Newton을 비롯해 〈롤링 스톤〉의 탐사 보도 전문 기자 매트 타이비Matt Taibbbi 등 트위터에서 10만 명 이상의 팔로워를 거느린 기자들이 언론사를 떠나 서브스택에 둥지를 틀자 커다란 뉴스거리가 되었다. 〈인터셉트〉 Intercept를 창간했던 글렌 그린월드Glenn Greenwald, 〈복스〉Vox의 디지털 미디어 전문 기자 매트 이글레시아스Matt Yglesias, 〈뉴욕 매거진〉의 유명

● 유료 뉴스레터 구독 플랫폼의 대명사 서브스택.

칼럼니스트 앤드루 설리번Andrew Sullivan도 콘텐츠 크리에이터의 대열에
합류했다.

영국 〈파이낸셜 타임스〉의 보도에 따르면, 현재 서브스택 내 유료 구
독자 기준 상위 10위의 연간 수입은 2,000만 달러(약 260억 원)에 달한
다. 서브스택은 "만약 당신이 1만 명의 유료 구독자
를 확보하고 그들이 연간 100달러의 구독료를 내면
당신은 연간 100만 달러(약 13억 원)를 벌 수 있다."
라고 밝혔다. 서브스택이 2017년 출범 이래 4년 만
에 유료 구독자 100만 명을 돌파하면서, 유료 뉴스
레터가 미국에서 새로운 대안 미디어로 급부상하고 있다.

인터넷 서점 알라딘은 콘텐츠 창작 플랫폼 부비컨티뉴드(이하 투비)를

투비컨티뉴드

알라딘이 론칭한. 창작자가
자신의 창작물을 올려 수익
을 창출할 수 있는 플랫폼.

론칭했다. 동시에 음반과 DVD 판매를 중단했다. 콘텐츠의 소비 방식에 대전환이 일어났기 때문이다. 투비는 누구나 손쉽게 다양한 포맷의 창작물을 게시해 수익을 창출할 수 있는 플랫폼이다. 기성 작가, 웹툰 작가, 일러스트레이터는 물론 자신만의 창작물이 있는 사람이라면 누구나 이용할 수 있으며, 콘텐츠 판매와 팬들의 후원으로 발생한 수익의 90퍼센트를 정산받을 수 있다.

이런 플랫폼을 활용하면 유튜버와 인플루언서가 아닌 작가와 예술가들도 자신의 창작물을 기반으로 온라인 플랫폼에서 수익을 창출할 수 있다. 한국 콘텐츠진흥원의 보고서 〈인터넷 시대 제3의 물결, 크리에이터 이코노미〉에 따르면, 2022년 상반기 동안 크리에이터 이코노미 관련 스타트업이 유치한 투자금은 13억 달러로, 전년 같은 기간 대비 무려 300퍼센트나 증가했다.

'아라카르트 저널리즘'이 뜬다

아라카르트 저널리즘

수많은 콘텐츠를 제공하고, 독자가 원하는 콘텐츠 제공자의 글만 선택해서 구독할 수 있도록 한 뉴스 콘텐츠 비즈니스 모델.

〈파이낸셜 타임스〉는 서브스택과 같은 비즈니스 모델을 '아라카르트 저널리즘'a la carte journalism이라고 명명했다. 아라카르트는 '식단에 따라서'라는 뜻의 프랑스어로, 메뉴로부터 자유롭게 주문하라는 뜻으로 통한다. 메뉴 순서가 미리 정해져 있지 않고 고객이 먹고 싶은 음식을 조합해서 주문할 수 있다는 뜻이다.

서브스택은 독자가 원하는 필자들을 선택해 자신이 관심 있는 콘텐츠만 소비할 수 있도록 해주는 뉴스 비즈니스 모델이다. 〈뉴욕 타임스〉는 서브스택이 기존 매체를 위협할 수 있을 것으로 보고 민감하게 반응하고 있다. 자사의 스타 기자들이 하나둘 서브스택을 선택하고 있기 때문이다. 〈뉴욕 타임스〉를 떠난 배리 와이스Bari Weiss 오피니언 담당 기자는 "〈뉴욕 타임스〉에 게재할 수 없는 도발적인 기사와 칼럼을 자유롭게 내보내고 싶어 퇴사했다."라고 말한다. 그는 '자신만의 미디어 왕국'을 만들어 연간 80만 달러(약 10억 원)를 벌고 있다.

반면 페이스북은 구독 전용 뉴스레터 플랫폼 불러틴Bulletin을 론칭했는데 시행 6개월 만에 서비스 종료 결정을 내렸다. 뉴스레터 서비스를 위해 플랫폼 레뷰Reveu를 전격 인수했던 트위터도 서비스를 중단했다. 이들은 서비스 중단 이유를 밝히지 않고 있다. 분명한 것은 고품질과 신뢰를 겸비한 뉴스 콘텐츠와 슈퍼 팬을 확보할 정도로 역량 있는 콘텐츠 생산자 없이 콘텐츠 비즈니스는 성공하기 힘들다는 사실이다. 그리고 서브스택의 '불간섭주의'가 각종 음모론과 혐오론, 가짜뉴스의 온상이 될 수 있다는 우려의 목소리도 나오고 있다.

그럼에도 불구하고 '아라카르트 저널리즘'에 자극을 받은 거의 모든 국내 언론사들은 뉴스레터 서비스를 시작했다. 다만 아직 국내 언론사의 유료 뉴스레터 중에서는 눈에 띄는 성공 모델을 찾기 어렵다. 필자 생각에는 구독자를 매료시킬 만큼 차별성 있는 콘텐츠들 생산해 내지 못하고 있기 때문이다. 소비자가 가장 필요로 하는 콘텐츠, 가독성 있는 지식 콘텐츠, 권위 있는 필진의 통찰력과 전문성이 돋보이는 유익한 콘텐츠라면 유료 뉴스레터로서 가치를 발휘할 것이다.

프리미엄 콘텐츠 전쟁이 치열하다

프리미엄 콘텐츠

일반 무료 콘텐츠와는 달리 차별화된 고품질의 유료 콘텐츠.

**슈퍼 팔로우와
트위터 블루**

팔로워와 파워 유저들을 위한 유료 구독 서비스.

크리에이터 이코노미의 핵심은 유료화할 수 있는 프리미엄 콘텐츠다. 2021년 프리미엄 콘텐츠를 시작해 안정적인 성장세를 이어 가고 있는 네이버는 미국의 유료 콘텐츠 플랫폼 패트리온에 약 118억 원을 투자했다. 이는 네이버의 창작자 경제 시장을 확대하기 위한 포석이라고 볼 수 있다. 카카오도 구독형 콘텐츠 큐레이션 서비스 '카카오 뷰'를 제공하고 있는데, 이는 다양한 주제로 편집된 콘텐츠를 이용자가 직접 자신의 취향과 관점에 맞게 구독할 수 있도록 하는 서비스다.

트위터는 애플 이용자를 대상으로 유료 구독 서비스 '슈퍼 팔로우'와 '트위터 블루'를 제공하고 있다. 슈퍼 팔로우는 크리에이터가 팔로워들로부터 구독료를 받아 수익을 창출할 수 있는 서비스다. 한 달 동안 1만 명 이상 팔로워를 확보하고 매달 최소 25개 이상 트윗을 올리는 창작자는 구독료를 책정할 수 있다. 트위터 블루는 유튜브 프리미엄과 같이 파워 유저들을 위한 구독 서비스로, 편집 기능이 주어지고 고화질 동영상 업로드도 가능하다.

2017년에 등장한 미국의 유료 영상 편지 플랫폼 카메오는 맞춤형 영상 편지를 제작해 판매하고 있다. 75만 원 정도를 결제하면 고객이 주문한 대로 생일 축하나 응원 메시지를 담은 1분 안팎의 영상 편지를 보내 준다. 이용료가 다소 비싼 이유는 운동선수나 코미디언, 뮤지션, 탤런트 등 셀럽이 콘텐츠 제작자이기 때문이다. 유명하지만 부유하지는 않은 조연급 인사들을 콘텐츠 제작자로 끌어들여 새로운 플랫폼을 만든 카메오는 기업가치 10억 달러가 넘는 유니콘이 되었고, 2021년에만 1억 달러의 수익을 올렸다.

카메오

셀럽의 생일 축하나 응원 메시지를 만들어 제공하는 유료 영상 플랫폼.

아웃스쿨은 미국과 캐나다 현지의 전·현직 교사와 각 분야 석·박사 출신 전문가들이 3~18세 아이를 대상으로 원격 교육 콘텐츠를 제공한다. 1만 명의 교사가 영어와 과학, 기술, 공학, 수학 등의 일반

아웃스쿨

1만 명의 전·현직 교사가 3~18세 아이를 대상으로 제공하는 유료 원격 강의 플랫폼.

교과목을 비롯해 14만 개가 넘는 다양한 주제를 화상으로 가르쳐 준다.

말 그대로 돈 되는 콘텐츠를 확보하기 위한 플랫폼들의 경쟁이 뜨겁다. 특히 구독 서비스를 통한 콘텐츠 플랫폼 유료화 경쟁은 매우 치열하다. 틈새시장을 공략하기 위한 강소 플랫폼들까지 대거 등장하면서 크리에이터 이코노미의 생태계는 더욱 확대되고 다양해질 전망이다.

크리에이터,
긱 이코노미의 주류가 되다

긱 이코노미

정규직 노동자가 아니라 다양
한 직업을 가진 비정규직 단
기 근로자가 만들어 낸 경제.

콘텐츠로 무장한 자유 직업인들이 부가가치를 창출
해 내는 '긱 이코노미'gig economy가 확장되고 있다.
특정 기업의 정규직 노동자가 아니라 일시적으로
일을 하는 계약 업무 방식을 선호하는 긱 워커gig
worker가 늘어나면서, '직장인'은 사라지고 '직업인'
만 남는다는 말이 생길 정도다. '긱'이라는 단어는 1920년대 단기 공연
에 참여하는 연주자를 일컫던 말로, 공연이 끝나면 팀이 해체되기 때문
에 비정규직 단기 근로자를 뜻하는 용어가 되었다.

긱 이코노미의 확산에는 플랫폼이 큰 역할을 했다. 일자리를 매개로

수요자와 공급자를 연결시키는 플랫폼의 '온 디맨드 경제'on demand economy 시스템이 플랫폼 노동자를 대거 탄생시켰다. 에어비앤비, 우버, 카카오 택시, 배달의 민족 등 다양한 플랫폼이 긱 경제를 확산시켰다. 그중에서도 소셜미디어가 긱 워커를 위한 주류 플랫폼이 되고 있다.

온 디맨드 경제

일자리를 매개로 수요자와 공급자를 연결시키는 플랫폼 경제.

긱 워커 플랫폼으로 몰리는 크리에이터

〈뉴욕 타임스〉는 긱 이코노미가 확산되면서 미국에서도 전통적 개념의 임금 체계 대신 근로자가 벌어들인 소득을 바로 현금으로 지급하는 '인스턴트 급여' 방식이 확산되고 있다고 분석했다. 미국의 차량 공유 서비스 업체 리프트는 운전자들에게 월급을 주지 않고 그날그날 현금으로 지급한다. 경쟁 회사 우버는 직불카드를 주고 수시로 급여를 인출해 갈 수 있도록 하고 있다. 대니얼 핑크는 이미 2000년대 초에 저서 《프리 에이전트의 시대》Free Agent Nation에서, "21세기에는 자영업자, 독립 계약자, 임시직 종사자 등이 세상을 이끄는 프리 에이전트의 시대가 된다."라고 단언했다.

국내에서는 프리랜서 미켓 플랫폼 크몽이 대표적인 긱 워크 플랫폼

인스턴트 급여

전통적 개념의 월급 대신, 발생한 소득을 그날그날 현금으로 주는 긱 경제 급여 지급 방식.

긱 워크 플랫폼

크몽 엔터프라이즈, 크몽 프라임, 사람인 긱, 쿠팡 플렉스, 쑨, 배민 커넥트 등 프리랜서 마켓 플랫폼.

이다. 디자인, 영상 편집, 통·번역, 마케팅, 프로그래밍 등 전문 지식을 갖춘 이들이 원하는 시간에 원하는 만큼만 일하고 보수를 받는다. 한발 더 나아가 기업 고객이 원하는 전문가를 찾아 주는 '크몽 엔터프라이즈'와 크몽에서 검증한 상위 2퍼센트 전문가들만 매칭해 주는 '크몽 프라임', 단기 아르바이트 매칭 플랫폼 '쑨'까지 서비스한다.

사람인 긱Saramin Gig, 쿠팡 플렉스, 배민 커넥트 등도 개인 역량을 제공하는 긱 워커들을 겨냥한 긱 워크 플랫폼이다. 긱 워커들의 프로젝트 제안부터 계약까지 전체 과정을 플랫폼을 통해 해결하는데, 초단기 일거리를 선호하는 경향이 강한 MZ세대들에게 각광받고 있다. 특히 지식과 재능을 기반으로 콘텐츠를 제공하는 크리에이터들의 활동이 돋보인다.

크리에이터들은 온라인을 통해 돈을 벌 수 있는 환경과 이점을 활용해 시간과 장소에 구애받지 않고 자신들의 창의성을 최대한 발휘하고 있다. 일의 개념이 일자리job에서 일거리work로 변하고 있다. 단순히 돈을 좇는 것이 아니라 자신의 재능을 발휘하고 취미 활동처럼 즐기면서 스스로의 가치를 높이는 수단으로 긱 워커를 선택하고 있다.

전 세계에서 N잡러 크리에이터가 뛴다

───

'N잡러'란 두 개 이상의 복수를 뜻하는 N과 직업을 뜻하는 잡job, 사람을 뜻하는 접미사 er이 결합된 신조어다. 낮은 임금, 고소득에 대한 갈망, 일자리의 불안, 재능의 재활용 등 다양한 요인이 합쳐져 N잡러 현상을 촉발시켰다. 최근에는 특정 분야의 전문가들이 지식 콘텐츠를 앞세워 N잡러의 대열에 합류하고 있다. 그들이 가진 콘텐츠는 신뢰성을 기반으로 순식간에 슈퍼 팬들을 확보하는 등 경쟁력을 발휘하고 있다.

N잡러

1개 이상의 직업, 즉 여러 개의 일자리를 가진 사람.

유튜브 '닥터 마이크'Doctor Mike는 러시아계 가정의학과 척추 전문의 미하일 바샤브스키Mikhail Varshavski가 운영하는 채널이다. 어릴 때 꿈이 복서였던 그는 의대를 다니며 복싱을 배웠고 의사가 되자 프로 복서로 데뷔했다. 수려한 외모와 완벽한 몸으로 2015년에는 《피플》이 선정한 '세계에서 가장 섹시한 의사'가 되기도 했다. 코로나19에 대한 잘못된 정보가 사람들을 혼란스럽게 하자 그는 유튜버로 변신해 N잡러의 길을 선택했다. 훈남 의사가 제공하는 친절하고 정확한 의학 및 건강 콘텐츠는 글로벌 팬심을 자극했고, 유튜브 '닥터 마이크'는 구독자 1,100만 명이 넘는 유명 채널이 되었다.

닥터 마이크

의사, 복서, 유튜버로 활동하는 N잡러 유튜버.

한국에는 콘텐츠 IP를 소유한 의사들도 있다. 이비인후과 전문의 이

낙준 씨는 의사이자 필명 '한산이가'를 쓰는 웹소설 작가면서 유튜브 채널 '닥터 프렌즈'의 운영자인 N잡러다. 어릴 때부터 만화책과 소설을 좋아했던 그는 웹소설 작가에 도전했고, 서울 예술실용 전문학교 겸임교수로 임용됐다. 이후 오디오북 스트리밍 서비스 '스토리텔'Storytel을 활용해 웹소설 〈중증외상센터: 골든 아워〉를 오디오북으로 펴냈다. 이 작품은 드라마화가 확정되었다. 여기서 한발 더 나아가 의사 친구 두 명과 의학 상담 유튜버로도 변신했다. 닥터 프렌즈의 구독자는 110만 명이 넘는다.

웹툰 〈내과 박 원장〉의 작가 장봉수 씨도 전직 의사였다. 병원 운영을 중단하고 봉직의(월급 받는 의사)로 근무하다가, 네이버 정식 연재를 맡으면서 전업 작가의 길로 들어섰다.

최재천 이화여대 석좌교수도 대표적인 N잡러다. 생물학자인 그는 2020년 유튜브 채널 '최재천의 아마존'을 개설해 자연과 인간 생태계에 대한 콘텐츠로 60만 명 이상의 구독자와 소통하고 있다. 뿐만 아니라 환경운동연합 대표, 국립생태원 원장 등을 역임했고, 저술가와 강연자로서 N잡러의 선구자 역할을 하고 있다.

N잡러는 유명인이 아니더라도 대중 앞에 내놓을 전문 콘텐츠가 있다면 누구나 가능하다. 자신만의 채널을 통해서도 N잡러로 활동할 수 있지만 다양한 긱 워커 플랫폼을 활용할 수도 있다.

콘텐츠 소득자, NFT 이력서로 평가받는다

긱 워커에게는 개인 커리어가 곧 자산이다. 이에 따라 개인의 이력을 관리해 주는 블록체인 네트워크 기반의 NFT 이력서가 각광을 받고 있다. 긱 워커는 NFT CV_{Curriculum Vitae}를 통해 재능, 평판, 경력, 소득 데이터를 투명하게 거래하고 흩어진 이력을 관

NFT CV

긱 워커가 자신의 재능, 평판, 경력, 소득 데이터를 특별하게 관리할 수 있는 블록체인 기반의 NFT 이력서.

리할 수 있다. 특히 크리에이터는 온라인 창작물, 커뮤니티 활동, 예술품, 레시피 등을 자산화할 수 있어서 NFT CV를 통해 능력을 무한대로 확장할 수 있다.

강사, 작가, 저자, 크리에이터 등 콘텐츠 창작자들은 자신이 만들어 낸 창작물이 여러 곳에 흩어져 있어 그 기록물을 활용하기 어렵다는 단점이 있다. 그런데 NFT CV를 활용하면 내가 어떤 콘텐츠를 만들었고, 어떤 역량을 갖고 있으며, 어떤 평판을 받았는지 등을 한군데 모아서 포트폴리오화해 지속적으로 업데이트할 수 있다.

이제 크리에이터는 자신의 재능을 객관적으로 증명해 보임으로써 더 많은 소득을 창출할 수 있고, 나아가 자신의 포트폴리오를 NFT 자산으로 전환할 수도 있다. 한국에서는 한화 그룹의 블록체인 계열사 엔터프라이즈 블록체인이 NFT CV를 통해 NFT 기반 프리랜서나 크리에이터 등 다양한 형태의 일자리 매칭 플랫폼을 구축했다.

온라인 세상을 소셜미디어가 지배하고 크리에이터가 긱 이코노미의

주류로 활동하는 세상에서 크리에이터는 당당한 직업인이자 1인 사업자로 경제의 주축이 되고 있다. NFT CV는 이런 긱 워커와 N잡러의 경력을 가장 효율적으로 관리해 주는 이력서다. 웹 3.0 시대 크리에이터를 위한 각종 인프라가 확대되고 있는 것은 누구에게나 기회가 열려 있음을 의미한다. 스마트폰 하나만 있으면 누구나 쉽게 콘텐츠를 만들어 전 세계를 대상으로 유통할 수 있는 시대에 N잡러와 긱 워커가 마음껏 역량을 펼칠 수 있는 새로운 경제 환경이 만들어질 것이다.

“ 　결국, 콘텐츠다! ”

CHAPTER 4

대체불가
'미래 콘텐츠'가 온다

블록체인 기술과 웹3.0은 창작물을 더 가치 있고 더 폭넓게 인정하는 쪽으로 진화·발전해 가고 있다. 그 핵심에 메타버스의 부상과 콘텐츠의 NFT화가 있다. 메타버스에 올려진 수많은 아이템과 디지털 예술품은 물론 오프라인 세계의 작품까지 디지털 작품으로 전환돼 NFT 형태로 거래된다. 그야말로 디지털 콘텐츠의 전성시대가 눈앞에 펼쳐지고 있는 것이다. 이제 기자와 PD, 작가, 예술가, SNS 크리에이터 등 콘텐츠 창작자는 어떻게 미래를 준비해야 할까? 메타버스 시대 비즈니스의 통찰력은 어디에서 찾아야 할까? 앞으로 어떤 콘텐츠 시장이 열리게 될까?

콘텐츠의 개념을 바꿀
빅 체인지 4가지

트위터 창업자 잭 도시Jack Dorsey는 창업 후 최초로 올린 트윗 '이제 막 내 트위터 세팅을 마쳤다'just setting up my twttr를 NFT로 발행해 290만 달러(약 36억 원)에 팔았다. 하지만 1년 만에 최고 입찰가가 2.2이더리움(약 840만 원)으로 대폭락했다.

　천문학적인 금액으로 거래되던 NFT의 버블이 꺼지기 시작하자 NFT에 대한 회의론이 확산되었다. 하지만 NFT 프로젝트는 갈수록 다양해지고 있다. NFT 발행으로 수익을 얻는 단기적인 관점이 아니라 창의적인 마케팅과 지속 가능한 NFT 프로젝트 비전을 중시하는 시상으로 서서히 변모하고 있다.

콘텐츠가 막강한 경제적 가치를 갖게 되면서 그 개념도 바뀌고 있다. 영상, 사진, 그래픽, 그림, 슈퍼스타 캐릭터 등 디지털 창작물은 물론 마이클 조던의 운동화, 유명인의 이력서와 트윗 등도 NFT로 발행돼 온라인에서 소유할 수 있고 창작물 또는 디지털 자산으로 교환이 가능해졌다. 주목할 만한 사실은 고유성(원본)과 희소성, 이 두 가지 특성을 가진 콘텐츠들이 디지털 자산으로 평가받고 있다는 점이다. 이처럼 콘텐츠의 범주가 확장되면서 그 개념까지 달라졌다.

빅 체인지 1
소유할 수 없는 것을 소유하는 시대

1년간의 방귀 소리를 녹음한 파일이 49만 원에 팔린 것처럼 앞으로는 소리와 시간, 역사적 장면과 정치적 성향, 대가의 아이디어와 예술가의 창의성 등 소유할 수 없는 것을 콘텐츠로 전환해 판매할 수 있는 세상이 열릴 것이다. 거의 모든 창작물이 NFT 형태로 다시 태어나 사고팔 수 있는 거래의 대상이 되기 때문이다.

이는 블록체인, 가상화폐, NFT의 결합이 콘텐츠 창작물 시장에 대변혁을 일으킨 데 따른 현상이다. 그동안 오프라인 시장과 전통적인 온라인 시장에서는 손에 잡히는 재화만 거래가 가능했다. 하지만 이제는 손에 잡히지 않는 것들, 무형의 디지털 콘텐츠도 사고팔 수 있게 되었다. 현실세계에 존재하는 유형의 창작물보다 무형의 디지털 콘텐츠가 더 가치 있는 세상이 된 것이다. 현실세계의 창작물은 시간과 공간의 제약을 받지만, 디지털 창작물은 언제 어디서든, 전 세계 누구든 볼 수 있다는 특별함이 있기 때문이다.

무형의 디지털 콘텐츠
방귀 소리와 같은 무형의 콘텐츠가 디지털 창작물이 되어 NFT로 거래된다.

이 같은 변화는 저작권의 대상까지 바꿔 놓을 전망이다. 현재 저작권은 창작물에 대해 저작자나 그 권리를 승계한 사람이 행사하는 배타적·독점적 권리로, 창작자의 생존 기간 및 사후 70년간 유지된다. 권리를 인정받는 대상도 그림, 책, 음악, 영상 등으로 제한적이다. 하지만 이 같은 막강한 권리가 앞으로는 거의 모든 콘텐츠 창작물에 부여된다. 이른바 대체 불가능 토큰이라고 하는 NFT 형태로 누구나 디지털 창작물에 대한 소유권을 합법적으로 보장받을 수 있게 되기 때문이다. 즉, NFT가 콘텐츠의 개념과 미래를 바꿔 놓은 것이다.

빅 체인지 2
가상 콘텐츠, 창작의 한계를 초월하다

페이스북의 창업자 마크 저커버그는 회사 이름을 '메타'Meta로 바꾸고 가상현실 플랫폼 '호리이즌 월드'Horizon Worlds를 신보였다. 이곳은 그리

호라이즌 월드

크리에이터들이 만든 가상자산과 경험을 콘텐츠로 제작해 팔 수 있는 마켓.

에이터들이 자신이 만든 가상자산과 경험을 콘텐츠로 제작해 팔 수 있는 특별한 마켓이다. 이용자는 VR 기기인 오큘러스 퀘스트를 착용하고 상반신만 있는 아바타를 만든 뒤 다른 이용자와 교류하거나 게임을 할 수 있다. 창작자들은 아바타의 몸에 부착할 수 있는 액세서리 등 수많은 가상 콘텐츠, 즉 아이템을 만들어 경제활동을 하게 된다. 가상자산은 진품을 증명하는 NFT로 거래된다.

이처럼 새로운 디지털 자산으로 부상한 가상 콘텐츠는 현실세계의 아이템과는 차원이 다른 상상력이 가미된 하이퍼 콘텐츠hyper contents가 될 전망이다. 이로 인해 현실세계에서는 구현할 수 없는 상상 초월의 콘텐츠, 생각의 차원을 넘어선 콘텐츠가 디지털 세계를 장식하게 될 것이다.

하이퍼 콘텐츠

현실세계에서는 구현할 수 없는 상상 초월의 디지털 가상 콘텐츠.

특히 메타버스 세상이 활성화되면 가상 콘텐츠 시장은 급속도로 커지고, 태어나자마자 스마트폰 등 디지털 기기를 손에 쥐고 성장한 디지털 세대들이 메타버스 시민이 되어 상상을 초월하는 가상 콘텐츠를 쏟아 낼 것이다. 오프라인의 도움 없이 메타버스 세상에서 모든 것이 해결되는 '메타버스 경제'는 NFT로 통칭되는 새로운 창작물들의 전성시대를 열게 된다.

메타버스 내에서 작동하고, 메타버스와 오프라인이 연결된 새로운 창작물들은 각종 기술과 융합되어 가상현실 콘텐츠의 영역을 확장하고,

그것만으로도 엄청난 경제적 가치가 창출될 것이다. 현실세계ᵣ에 가상현실ᵥᵣ과 증강현실ᴀʀ을 결합시킨 혼합현실ᴹᴿ 콘텐츠는 현실세계와 상호 작용하면서 새로운 감동을 만들어 낸다.

소셜미디어 중심으로 활동하고 있는 지금의 크리에이터들이 탄생시킨 크리에이터 이코노미와는 차원이 다른 전혀 새로운 콘텐츠 창작의 세계가 펼쳐질 것이다.

빅 체인지 3
시공 초월 콘텐츠 워크룸이 찾아왔다

———

메타가 선보인 호라이즌 워크룸workrooms은 실감형 기술을 활용한 일하는 메타버스 공간이다. 시공을 초월한 콘텐츠로 구성돼 있는 이곳을 방문하면 미래 콘텐츠의 세상을 쉽게 짐작할 수 있다.

호라이즌 워크룸은 완전히 새로운 방식으로 조직

호라이즌 워크룸

실감형 기술을 활용해 개인과 조직의 업무 효율성과 생산성을 높일 수 있도록 만든 VR 메타버스 협업 공간.

과 개인의 업무 효율성과 생산성을 높일 수 있는 VR 협업 공간으로 만들어졌다. 책상, 컴퓨터, 키보드 등을 VR로 가져와 꾸민 이 회의실에서 팀이 소통하고 협업하며 함께 아이디어를 발전시켜 나갈 수 있다. VR에서 화면, 회의록, 파일을 공유할 수 있고 필요에 맞춰 가상 회의실의 레이아웃을 재구성할 수도 있다.

출처: 페이스북

입체 사운드, 표현력이 풍부한 아바타, 핸드 트래킹hand tracking 기능이 제공되어 회의실에 생동감이 넘치고 현실세계와 똑같은 느낌을 갖게된다. 팀원들이 물리적으로 지구 반대편에 있더라도 하나의 테이블에 둘러앉아 마치 옆에 있는 것처럼 대화하고 토론을 통해 최적의 해법을찾아낼 수 있다. 회원 가입만 하면 누구나 워크룸 팀을 만들어 가상현실세계에서 동료들과 공동 작업을 할 수 있다. 콘텐츠를 만들고 공유할 수있으며 보완 및 수정할 수도 있다. 완성된 콘텐츠는 워크룸에 보관해 필요할 때 열람하거나 출력해서 보면 된다.

재택근무 중인 팀장이 팀원들과 함께 둘러앉을 수 있는 가상의 공유테이블을 만들어 회의를 진행할 수 있다. 팀원이 모두 재택근무 중이어도 마찬가지다. 오큘러스 퀘스트 2와 오큘러스 원격 데스크톱 앱을 사용하면 VR에서 컴퓨터를 사용해 팀원들과 함께 협업할 수도 있다. 놀라운 사실은, 현실세계의 컴퓨터를 VR로 스트리밍해서 오큘러스 원격 데스크톱으로 사용할 수 있고, 현실세계의 키보드로 VR 세상의 문서 작업을 할 수도 있다는 점이다.

지금까지는 글로벌 화상회의 플랫폼 줌Zoom이 가장 주도적인 역할을 했지만, 앞으로는 메타와 줌, 오큘러스가 구현해 낸 호라이즌 워크룸 같은 새로운 콘텐츠 공유 시스템이 기업과 공공 기관, 단체, 개인들의 업무 방식을 완전히 바꿔 놓을 전망이다. 나아가 콘텐츠의 개념이 상상 초월, 시공 초월 콘텐츠로 확장될 것이다.

빅 체인지 4
콘텐츠 관리 디앱 시대가 열렸다

———

디앱DApp 또는 댑Dapp으로 불리는 분산형 애플리케이션 세상이 열리고 있다. 디앱이란 디센트럴라이즈드 애플리케이션Decentralized Application의 약자로 이더리움, 큐텀 QTUM, 이오스EOS 등의 플랫폼 코인 상에서 작동하는 탈중앙화 분산 애플리케이션을 의미한다. 간단히게 '분신 앱'이라고도 한다.

디앱 또는 댑

이더리움과 같은 플랫폼 코인 위에서 작동하는 탈중앙화 분산 애플리케이션.

현재의 앱은 중앙의 서버에 보관된 데이터를 이용해서 사용자에게 서비스를 제공하고 있지만, 디앱은 중앙의 서버를 거치지 않고 블록체인 상에서 작동한다. 즉, 플랫폼 코인을 기반으로 개인 대 개인, P2P 형태로 작동하는 것이다.

만약 이더리움 기반 디앱이라면 디앱에서 상호 작용하는 데이터들이 이더리움 블록체인에 저장된다. 아이폰은 iOS 운영 체제를 사용하고 갤럭시는 안드로이드 운영 체제를 사용하는 것처럼, 블록체인이 운영 체제 역할을 한다. 따라서 어떤 블록체인을 기반으로 구동되는지에 따라 이더리움 디앱, 이오스 디앱 등 서로 다른 명칭으로 불리게 된다. 플랫폼 상에서 작동하는 디앱의 암호화폐는 코인이라고 하지 않고 '토큰'token이라고 구별해 부른다.

토큰

이더리움 디앱, 이오스 디앱 등 디앱의 암호화폐는 코인이라고 하지 않고 토큰이라고 부른다.

플루언스 네트워크Fluence network의 공동 창업자 이브게니 포노마레프Evgeny Ponomarev에 따르면, 전 세계 디앱의 약 70~80퍼센트가 이더리움 플랫폼 기반이고, 2위는 이오스 기반, 3위는 트론 기반이다. 비트코인이 블록체인 기술을 이용해 단지 암호화폐를 구현하는 것에 초점을 뒀다면, 이후 등장한 블록체인 기술은 한층 발전해 스마트 콘트랙트로 불리는 디지털 계약 기능을 지원한다. 블록체인이 부동산 중개인처럼 계약서 작성 대행 역할을 하는 것이다. 프로그래밍된 계약 조건에 따라 특정한 이벤트가 발생하면 자동으로 계약이 체결된다. 스마트 콘트랙트를 기반으로 만들어진 앱이 바로 디앱이라고 이해하면 된다.

금융, 법률, 게임, 의료, 교육 등 다양한 분야에서 디앱이 개발되고 있는데, 그 가운데 콘텐츠를 효율적으로 관리할 수 있는 콘텐츠 디앱이 주목받고 있다. 대표적인 것으로, 앞서 소개한 블록체인 기반

콘텐츠 디앱

콘텐츠를 올리면 암호화폐로 창작자에게 보상을 해주는 앱. 스팀잇이 대표적인 콘텐츠 디앱이다.

블로그 및 소셜미디어 서비스를 제공하는 스팀잇Steemit이 있다. 콘텐츠를 올리면 암호화폐로 보상을 해주는데, 콘텐츠 수익의 75퍼센트를 창작자에게, 콘텐츠 추천을 눌러 주는 스티머(팔로워)들에게 수익의 25퍼센트가 돌아가도록 설계되었다.

이 같은 디앱의 특성을 활용하면 새로운 형태의 콘텐츠 비즈니스 시장을 만들어 낼 수 있다. 콘텐츠 크리에이터는 자신이 생산한 양질의 콘텐츠를 활용해 구독료를 부과한다. 구독자는 동영상, 문자, 사진, 웹툰, 웹소설, 미술 작품 등 자신의 마음에 드는 창작물을 볼 수 있다. 창작자는 소득을 창출하면서 계속 창작 활동을 할 수 있고, 고객 데이터와 창작물은 창작자가 1인 사업자로서 블록체인 코인을 활용해 관리하게 된다.

메타버스에서는 어떤
콘텐츠가 먹힐까?

메타버스 세상이 완성되려면 오프라인의 현실세계가 그대로 온라인 상에 구현되어야 한다. 누가 그 방대한 작업을 할 것인가? 메타버스 안에서 디지털 창작물을 만들어 내는 크리에이터가 그 역할을 맡는다. 유튜버, 인플루언서, 가수, 작가, 디자이너, 화가, 작곡가, 조각가 등 무언가를 만들고 창작하는 모든 사람이 메타버스를 완성하는 창조자의 역할을 하게 된다.

이들은 이른바 '메타버스 창조자'가 되어 매우 다양한 종류의 수많은 디지털 창작물을 만들어 사고파는 'NFT 이코노미'를 탄생시킬 것이다. 특히

NFT 이코노미

창작자들이 '메타버스 창조자'가 되어 수많은 디지털 창작물을 만들어서 NFT 형태로 거래하는 메타버스 경제 생태계.

웹 3.0이 크리에이터 중심의 생태계를 조성함에 따라 창작자들은 저마다의 상상력으로 지금까지와는 전혀 다른 형태의 콘텐츠를 생산해 긱 이코노미를 완성하게 된다. 크리에이터는 지리적 업무 공간에 구애받지 않고 자신이 있는 곳 어디서든지 디지털 가상공간에서 새로운 시장을 개척할 수 있다.

이 같은 변화의 물결 속에서 살아남기 위해 아마존 웹 서비스AWS, 드롭박스 같은 웹 2.0 기반 클라우드나 저장 공간 역시 파일코인Filecoin, 시아Sia, 알위브Arweave 같은 탈중앙화 방식의 웹 3.0 시대 분산형 스토리지로 진화하면 콘텐츠 생태계의 대전환이 가속화될 것이다.

보는 것이 아닌 '경험할 수 있는' 콘텐츠로 승부하라

메타버스와 NFT, 암호화폐의 결합이 이끄는 신세계 속 변화의 중심에는 마크 저커버그가 있다. 그는 2014년 AR/VR 기기 회사인 오큘러스를 인수한 데 이어 2020년 오큘러스 퀘스트 2를 세상에 내놓았다. 이 VR 기기는 PC 연결, 별도 프로세서, 지오펜스Geofence(가상 구역) 센서, 전원 연결이 필요 없는 올인원 기기다.

오큘러스를 인수한 저커버그는 2021년 회사 이름을 페이스북에서 메타로 바꿨다. 메타버스 기업으로의 대변신을 전 세계에 공표한 것이다. 이후 그의 첫 프로젝트는 소셜미디어 호라이즌 월드였다. 이를 통해

체화된 인터넷

3D 증강현실, 인공지능, 미디어 아트 등의 첨단 제작 기술로 만든 실감형 VR 콘텐츠. '보는' 것이 아니라 '경험할 수 있는' 콘텐츠로 만들어진 인터넷이다.

실감형 VR 콘텐츠로 구성된 '체화된 인터넷'이라는 개념을 제시했다. 이 콘텐츠는 현실세계보다 더 실감 나는 신기술 융합 콘텐츠로, 3D 증강현실, 인공지능, 미디어 아트 등의 첨단 제작 기술로 차원이 다른 가상현실을 구현할 수 있다. 이제 콘텐츠는 단순히 '보는' 것이 아니라 '경험할 수 있는' 것이 되어야 한다.

호라이즌 월드의 이용자 수가 아직은 기대치에 못 미치고 있다. 하지만 저커버그는 여전히 메타버스가 미래를 선도할 플랫폼이라고 자신한다. '2022 메타 커넥트' 행사의 기조 강연에서도 '차세대 컴퓨팅 플랫폼이 이전보다 더 사회적이고 더 인간적일 수 있는 잠재력을 가지고 있음'을 믿는다고 밝혔다.

상상력 무한대 '메타 패션' 시대가 열린다

디센트럴 랜드

세계 최초로 온라인 상에서 메타버스 패션 위크를 열어 메타버스 패션을 탄생시키고, 패션 트렌드를 제시한 메타버스 플랫폼.

메타버스 플랫폼 디센트럴 랜드는 온라인 상에서 세계 최초로 메타버스 패션 위크MVFW를 열어 세계에서 가장 권위 있는 4대 패션 위크를 위협하고 있다. 이 패션쇼에는 돌체앤가바나, 에트로, 타미힐피거, 엘리사브 등 내로라하는 60개 이상의 유명 패션 브랜드, 아티스트, 디자이너가 참여했다. 메타 세계에서의 패션쇼이기 때문에 현실세계에서 구현할 수 없는, 상상력이 무한대로 반영된 가상 패션의 신세계를 보여 주었다. 참여자들의 반응은 열광적이었다.

더 놀라운 일은 메다비스 패션을 탄생시키며 현실 경제를 능가하는 가상 경제 시대를 열었다는 점이다. 시간과 공간을 초월해 패션 회사와 아티스트, 디자이너들이 총출동해 집단 지성을 발휘하며 새로운 유형의 패션 위크를 만들어 냈다. 이는 패션 위크의 주류가 메타 세계로 옮겨 갈 수 있음을 예고하는 일대 사건으로 기록되었다. 벌써 전 세계의 패션 매체들은 메타버스에서 발표되는 컬렉션을 통해 향후 패션 트렌드를 예측하기 시작했다.

이 같은 변화가 디지털 패션의 대유행을 이끌 것이다. 나아가 현실세계의 패션 산업과 메타버스 커뮤니티가 상호 작용해 현실세계에 필요한 디자인을 사고파는 새로운 경험을 제공하면서, 이른바 '메타

메타 패션
메타버스에서 활동할 아바타들의 디지털 의류 패션.

패션'이 탄생할 조짐을 보이고 있다. 현실세계에서는 입을 수 없지만, 갖고 싶고 자신의 아바타에게 입히고 싶은 디지털 의류가 또 다른 로망을 만들어 낸다. 구찌와 돌체앤가바나, 발렌시아가 등은 이미 메타버스 플랫폼 제페토를 통해 메타 패션 시장에 뛰어들었다. 이는 잠재 고객인 제페토의 젊은 10대들을 사로잡기 위한 전략이다.

스냅챗 부활이 알려 주는 콘텐츠 성공의 비밀

스냅챗

몰락의 위기에서 독창적인
콘텐츠를 발굴 및 추천하고,
오리지널 콘텐츠로 친구를
연결시켜 성공 신화를 만든
SNS.

스냅챗의 부활을 주목할 필요가 있다. 스냅챗은 한때 제2의 페이스북이라고 불리면서 SNS의 신흥 강자로 떠올랐다. 하지만 2017년 기업공개 당시 17달러였던 주가가 5달러 이하로 떨어지면서 몰락의 길을 걸었다. 사용자 증가세가 멈추고 오히려 감소했기 때문이다. 게다가 페이스북이 스냅챗의 강력한 서비스 중 하나였던 '스토리'를 그대로 카피해 2016년 인스타그램 스토리를 내놓자, 수많은 인플루언서가 인스타그램으로 이동했다.

스냅챗은 이 위기를 어떻게 돌파했을까? 콘텐츠에서 해답을 찾았다. 스냅챗에서 만든 영상을 다른 플랫폼에 올릴 수 있도록 '스토리스 에브리웨어'Stories Everywhere 서비스를 추가했다. 스냅챗 외 다른 플랫폼에도 콘텐츠를 노출할 수 있도록 함으로써 더 많은 노출을 원하는 인플루언서들의 호응을 얻었고, 스냅챗의 콘텐츠를 경험한 사용자들이 스냅챗에 새로 유입되기 시작했다.

개인들의 선호에 따라 최적의 스토리 콘텐츠를 추천해 주는 '디스커버'Discover 서비스도 시작했다. 페이스북은 인공지능 알고리즘에 의지해 콘텐츠를 추천했지만, 스냅챗은 편집자와 아티스트, 전문가가 개입해 새롭고 독창적인 콘텐츠를 발굴해 추천했다. 이를 통해 유망한 신예가 발굴되면서 독창적이고 가치 있는 콘텐츠를 만드는 인플루언서들이 급증했다.

　나아가 오리지널 콘텐츠를 만들어 공급하기 시작했다. 모든 '톤 앤드 매너'는 Z세대의 감성에 맞췄다. 콘텐츠만을 위한 공간으로서 흥미로운 콘텐츠를 즐기는 채널, 친구들과 교류하고 연결시켜 주는 채널로 특화시켰다. 이후 '포토 렌즈'를 통해 사용자들이 사진에 재미있는 이미지를 합성할 수 있도록 했는데, 여기에 3D 제작 툴 '렌즈 스튜디오'를 도입했다. 이 기능은 누구나 재미있는 AR 콘텐츠를 만들어 공유하는 창작자가 될 수 있도록 함으로써 스냅챗을 갖고 노는 '즐기는 스튜디오'로 바꿔 놓았다.

　스냅챗은 여기서 한발 더 나아가 AR 렌즈에 레이 트레이싱Ray Tracing 기술을 도입해 대상물에 광선 효과를 사실적으로 추가할 수 있도록 했다. 예를 들어 금속이나 유리, 보석 등에 반짝임을 추가해 실제보다 더 실감 나게 콘텐츠를 구현할 수 있도록 한 것이다. 이 같은 기술은 콘텐츠를 좀 더 사실성 있는 체험형으로 바꿔 줌으로써 창작자들의 흥미를 더하는 효과를 가져다주었다.

　스냅챗의 부활을 이끈 것은 단연 참여자들이 자유롭게 콘텐츠를 만들고 공유하면서 새로운 부가가치를 창출할 수 있게 한 점이다. 더 많은 연결, AI보다 더 뛰어난 콘텐츠 추천, 독창성과 신뢰, 실감형 체험을 통해 새로운 재미를 제공한 것이다. 이는 메타버스 콘텐츠가 갖춰야 할 덕

포토 렌즈

사진에 재미있는 이미지를 합성할 수 있는 기능.

레이 트레이싱

대상물에 광선 효과를 사실적으로 추가할 수 있도록 함으로써 실감 콘텐츠 제작을 지원하는 기술.

목이기도 하다.

영화 같은 메타버스 콘텐츠가 온다

―――――

메타버스 콘텐츠

현실세계와 똑같이 구현된 가상세계에서 현실세계 사람들이 오프라인에서의 활동을 온라인에서 똑같이 할 수 있도록 설계된 콘텐츠.

영화 〈매트릭스〉와 〈레디 플레이어 원〉은 모두 디지털 콘텐츠를 한 차원 더 진화된 메타버스 콘텐츠로 구현해 냈다. 메타버스 콘텐츠의 효시는 2003년 린든 랩이 만든 '세컨드 라이프'라는 서비스다. 가상공간에서 아바타를 활용해 대화하고 현실세계에서처럼 다양한 활동을 할 수 있도록 설계되었는데, 당시 컴퓨터 성능과 네트워크 속도, 저속한 콘텐츠 등의 문제로 사라졌다.

이후 5G, 스마트폰의 성능 향상이 코로나19 팬데믹과 맞물리면서 '포트나이트', '로블록스', '마인크래프트' 같은 게임과 제페토, 점프 VR 등의 소셜 서비스가 차원이 다른 메타버스 콘텐츠 시장을 열었다. 공간, 아바타, 창작(디지털 오브젝트 저작), 거래(경제 시스템), 활동(공간을 이동하며 다양한 제스처, 표정 등)이 현실세계와 비슷한 차원을 넘어 더 진화되었다. '포트나이트'나 제페토 등에서 콘서트를 열고 점프 VR에서는 졸업식과 강연을 한다.

메타버스가 구현하는 콘텐츠는 현실세계보다 더 현실 같은 현장감을 제공하고 있다. 그 안에서는 더욱 자유롭게 나를 표현하고, 시공간의 제약 없이 실제로는 하기 힘든 다양한 경험을 할 수 있다. 일례로 '포트나이트' 내에 있는 파티 로열Party Royale은 현실세계보다 더 인기 있는 콘서트장으로 활용되고 있다. 미국의 유명 래퍼 트래비스 스콧은 2020년 4월 3D 소셜 공간인 파티 로열 모드에서 온라인 콘서트를 개최했는데, 무려 1,230만 명이 동시 접속했다. 공연 수익은 2,000만 달러(약 250억 원)로 집계됐다. 현실세계에서는 상상도 할 수 없는 많은 사람이 동시에 공연을 본 것이다. 메타버스가 만들어 낸 공연장 콘텐츠의 위력이다. BTS의 신곡 〈다이너마이트〉의 안무 버전도 '포트나이트'에서 세계 최초로 공개되었다.

국내 VR 개발사 미라지 소프트의 '리얼 VR 피싱'은 실사 기반의 환경에서 현실감 있게 낚시를 즐기는 게임이다. 이 게임에서 물고기를 가장 많이 잡은 이용자는 영국에 거주하는 치매 노인이었다. 그는

리얼 VR 피싱
실사 기반의 환경에서 현실감 있게 낚시를 즐기는 게임.

페이스북 커뮤니티에 '배우자를 잃은 슬픔으로 힘든 하루하루를 보내다가 아들이 사 준 VR 기기에서 사람들을 만나 대화를 나누고 난생처음 낚시에 빠져 살면서 삶의 의미를 되찾았다'는 내용의 글을 올렸다.

완벽하게 재현된 공간에 몰입감을 더한 가상현실은 시공간의 제약을 초월한 체험적 커뮤니케이션으로 콘텐츠의 진일보를 가져왔다. 메타버스 콘텐츠가 영화나 콘서트를 보면서 느끼는 감동까지 줄 수 있는 이유다.

'가지고 놀 체험 콘텐츠'로 승부하라

성공한 메타버스 플랫폼들의 공통점은 '가지고 놀' 콘텐츠가 많다는 점이다. 더 중요한 것은, 메타버스는 이용자가 직접 참여하고 체험할 수 있는 '공간'을 제공한다는 사실이다. 공간 제공이 지금까지와는 차원이 다른 콘텐츠 혁명을 가져다주고, Z세대와 알파 세대의 놀이터 같은 역할을 하게 된다.

웹소설, 웹툰, 영화, 드라마 등의 콘텐츠는 이용자가 간접적으로 체험을 하는 관찰자에 불과하다. 하지만 메타버스는 나를 대신하는 아바타가 현실세계와 똑같이 만들어진 가상세계에서 거의 모든 것을 직접 실행하고 체험할 수 있다. 친구들과 대화를 나누고 느낌을 자유로운 몸짓과 제스처로 표현한다. 웹이나 모바일이 제공하는 사용자 경험UX을 체험형으로 메타버스 안에 구현해 냈기 때문이다.

VR 헤드셋만 착용하면 아이맥스 크기의 초실감형 영화를 볼 수 있는 메타버스 플랫폼이 등장했다고 가정해 보자. 미국에 유학 중인 자녀와 서울의 부모, 할머니, 할아버지가 아바타의 모습으로 메타버스 안에 들어가서 영화나 드라마를 함께 보며 소통할 수 있다. 지금은 이 같은 공간이 없기 때문에 MZ세대들은 드라마를 보면서 핸드폰으로 드라마 갤러리를 방문해 다른 사람들의 반응을 들여다본다. 만약 메타버스에 드라마를 함께 볼 수 있는 공간이 있다면, 많은 사람이 아바타로 들어가서 더불어 보는 즐거움을 만끽할 수 있을 것이다.

메타버스 콘텐츠가 만들어 낼 IP의 파워도 차원이 다르다. 캐릭터, 굿즈, 아이템 등 IP의 파생 효과가 2D 콘텐츠보다 더 크고 광범위하며, 가상화폐를 활용해 사이버 거래를 할 수 있기 때문에 콘텐츠의 유통도 손쉬워진다. 이런 점에서 메타버스는 가상현실과 현실세계를 하나로 연결해 주는 디지털 전환의 끝판왕이 될 것이다. 메타버스 공간에서 함께 일하고 쇼핑하고, 놀고 게임하고 회의도 하는 등 현실세계의 거의 모든 활동이 가능해진다.

'놀면서 돈 버는 콘텐츠'가 대세다

앞으로 온라인 게임 시장의 대세는 '플레이하면서 돈까지 버는 게임', 즉 P2E Play to Earn 게임이다. 게임 아이템은 물론이거니와 재화, 캐릭터를 NFT 형태로 만들어 사고팔거나 NFT 캐릭터로 채굴하는 방식으로 수익을 창출할 수 있다. P2E 게임 열풍의 주역인 '엑시 인피니티'는 엑시라는 몬스터로 다른 이용자와 배틀해서 우승을 하면 스무스 러브 포션SLP을 받게 된다. 이를 거래소에서 현금화해 돈을 벌 수 있다. 필리핀에서는 '엑시 인피니티'를 직업으로 삼는 사람도 있다고 한다. 그만큼 수익이 보장된다는 뜻이다. '엑시 인피니티'의 제작

엑시 인피니티

게임 상에서 엑시라는 몬스터로 다른 이용자와 배틀을 해서 우승하면 현금을 받을 수 있도록 설계된 P2E 게임.

사 스카이 마비스는 기업가치가 30억 달러로 평가될 만큼 빠르게 성장했다.

다만 P2E 게임 콘텐츠를 단순히 게임하면서 돈을 번다는 개념으로 접근하는 것은 바람직하지 않다. 메타버스 기업의 생태계를 완성하는 데 크리에이터로 참여해서 콘텐츠를 제공한 데 대한 보상을 받는다는 개념으로 접근할 필요가 있다. 예를 들어, 로블록스의 경우 사용자가 직접 게임을 개발해 플레이어들이 즐기면 '로벅스'라는 코인을 받는다. 제페토의 경우 아바타 방송을 하거나 3D 모델링을 통해 아이템을 제작해 주는 대가로 수익을 얻는다. 게임 회사의 직원처럼 아이템을 직접 개발, 디자인, 마케팅해서 생태계를 풍성하게 하고 수익까지 창출하는 것이다.

제도권에서도 이런 관점에서 게임형 NFT를 바라볼 필요가 있다. 사실 최근 P2E의 개념에 변화가 일어나고 있다. 돈을 벌기 위해 플레이하는 P2E의 개념보다 게임을 하면서 돈도 벌 수 있다는 의미의 P&E Play and Earn 개념이 부각되는 것이다. 사행성보다 게임성과 재미를 우선시한 개념이다.

컴투스는 P&E 개념을 발전시켜, 게임의 결과물을 소유한다는 의미로 P2O Play to Own의 패러다임을 제시하고 있다. 진성 게이머가 시간과 노력을 들여 가치 있는 아이템을 생산해 소유하고 그것을 게임 내에서 유통할 수 있도록 한 것이다. 이는 게임 본

P&E

Play and Earn. 돈을 벌기 위해 플레이(P2E)하는 것이 아니라, 게임을 하면서 돈도 벌 수 있다는 의미.

P2O

Play to Own. 게임을 통해 얻은 아이템 같은 결과물을 소유할 수 있다는 의미. 동시에 아이템을 생산해 소유하고 유통할 수 있다.

연의 재미를 보존하면서 웹 3.0의 소유와 보상 가치를 부여한 것으로, 진일보한 개념이다. 컴투스는 소환형 역할 수행 게임RPG '서머너즈 워: 크로니클'에 즐기면서 얻은 아이템과 장비 등을 이용자가 소유하는 P2O 시스템을 적용했다.

블록체인과 NFT 기술 기반의 메타버스와 게임 콘텐츠는 종전의 즐기는 콘텐츠에서 탈피해 수익도 창출할 수 있는 비즈니스 콘텐츠가 되어야 할 것이다.

'버튜버'의 시대, 영원히 늙지 않는 유튜버로 살 수 있다

실존형 가상인간

현실세계의 사람과 똑같이 생긴 디지털 휴먼으로, 사이버 상에서만 존재한다.

사람과 똑같은 모습을 한 가상인간, 디지털 휴먼 세상이 활짝 열렸다. 필자는 가상인간이 앞으로 모델, 쇼호스트, 아나운서, 가수 등 거의 모든 영역에서 사람의 역할을 대체하게 될 것으로 전망한다. 실존하지 않는 가상의 사람, 즉 기계인간을 만들 수도 있지만, 자신이나 친구, 애인, 심지어 망자와 똑같으면서 사이버 상에만 존재하는 실존형 가상인간도 탄생시킬 수 있다.

MBN은 2020년 1월 실제 앵커 김주하를 그대로 닮은 실존형 가상인간 '김주하 AI 앵커'를 국내 방송사 최초로 선보였다. 아예 창조된 가상

인간도 기자로 활동 중이다. 가상인간 태빈과 리나가 MBN에서 실제 뉴스를 리포트하고 있다.

이외에도 가상 모델 '로지', 가상 쇼호스트 '루시', 가상 가수 '릴 미켈라' 등이 영원히 늙지 않는 '버추얼 휴먼'(버튜버Vtuber)으로 활동 중이다. 이들 가상인간은 콘텐츠의 미래를 어떻게 바꿔 놓을까?

버튜버

실존하지 않는 가상인간 유튜버, 즉 버추얼 유튜버.

가상인간 IP의 가치가 사람을 능가하다

CJ ENM은 디지털 가상인간, 가상 캐릭터 같은 버추얼 IP가 새로운 시장을 열어 줄 것으로 전망하면서 버추얼 케이팝 아티스트 '아뽀키'APOKI를 상품화한 에이펀 인터렉티브와 디지털 IP를 활용해 다양한 비즈니스 모델을 개발하고 있다. 아뽀키의 실물

아뽀키

버추얼 케이팝 아티스트로, 팔로워 500만 명이 넘는 글로벌 뮤지션.

앨범이 발매 당일 일본 오리콘 데일리 앨범 차트 1위에 오를 정도로 인기 버추얼 뮤지션이 되었고 IP 수입도 상당했다. 에이펀 인터렉티브는 글로벌 메신저 라인LINE을 통해 아뽀키의 스티커를 출시해 폭발적인 반응을 얻고 있다. 가상의 캐릭터가 실제 사람이 활동하는 것만큼 수익을 창출하는 중이다. 팔로워도 500만 명이 넘었고, 일본의 대표 엔터테인먼트 기업인 소니 뮤직 솔루션스와 에이전트 계약을 맺고 글로벌 무대

로도 진출했다.

2021년 2월 발표한 디지털 싱글 〈겟 잇 아웃〉Get It Out으로 데뷔한 이후 싱글 4곡과 일본어 버전 2곡을 발매해서 세계 곳곳에 팬덤을 형성하며 글로벌 IP로 빠르게 성장하고 있다. 이제 가상인간이 음원의 실연자인 가수처럼 사람을 대신해서 돈을 벌어 주는 '콘텐츠 실연자'로 활동하는 세상이 시작된 것이다. 사람보다 더 사람 같은 가상인간이 완전히 새로운 형태의 미래 콘텐츠 탄생을 예고하고 있다.

버튜버는 일본에서 가장 활성화돼 있다. 일본의 애니컬러ANYCOLOR는 버추얼 유튜버 전문 기업으로, 2017년 5월 출범했다. 2022년에는 버튜버 기업 최초로 도쿄 증권거래소에 상장까지 했다. 이 회사의 버튜버들이 벌어들인 2022년 매출은 132억 엔(약 1,300억 원)에 달하고, 시가총액이 1,550억 엔(약 1조 5,000억 원)에 이른다. 애니컬러가 운영하는 연예기획사 니지산지에 소속된 버튜버가 콘텐츠를 만들어 놀라운 매출을 만들어 내고 있는 것이다.

애니컬러
도쿄 증권거래소에 상장된 일본 버추얼 유튜버 전문 기업.

니지산지
버튜버 110명 이상이 소속된 디지털 휴먼 연예기획사.

니지산지 유튜브와 애니컬러 홈페이지에 들어가면 사람은 한 명도 없고 만화 캐릭터들로 가득 차 있다. 이 캐릭터들은 모두 개인 방송을 하는 크리에이터들이 사용하는 일종의 아바타들이다. 버튜버들이 캐릭터를 자신의 이미지로 골라 1인 방송을 한다. 니지산지에 소속된 버튜버만 110명에 달한다.

국내에서도 엔터테인먼트 시장에 뛰어든 버추얼 아이돌이 활동 중이다. 6인의 게임 스트리머로 구성된 '이세계아이돌'(약칭 이세돌)은 2021년 12월 데뷔곡 〈리와인드〉RE:WIND를 뮤직비디오와 함께 공개했는데, 놀랍게도 조회 수 1,200만 회를 돌파했다. 두 번째 싱글 〈겨울봄〉은 MBC 〈쇼! 음악중심〉 차트 14위까지 올랐다. 인기 게임 스트리머 우왁굳의 기획이었다. 주목할 사실은, 국내에서는 버추얼 가수가 뜨지 못할 것이라는 우려와 달리, 버추얼 스트리머 또는 버추얼 아이돌의 콘텐츠 영역이 존재한다는 사실이다.

가상인간, 메타버스 '신인류'가 되다

패션과 광고계에서 활동 중인 모델이자 인스타그램 팔로워가 16만 명에 이르는 인플루언서. 그녀의 취미는 패션 스타일링과 식물 가꾸기, 요가와 여행이다. 이 여성은 실존 인물이 아닌 가상인간 로지Rozy다. CES(세계 가전 전시회) 2021에서 깜짝 등장해 주목받은 김래아Keem Reah 역시 가상인간이다. LG전자가 AI 기반으로 구현해 낸 싱어송 라이터 겸 DJ다. LG전자는 모션 캡처 작업을 통해 7만 건에 달하는 실제 배우의 표정과 움직임을 추출하고, 머신 러닝 기술을 이용해 3D 이미지를 학습하고, 목소리와 언어 역시 4개월 간 자연어 정보를 수집한 뒤 학습 과정을 거쳐 김래아를 탄생시켰다.

미국에서 활동 중인 19세의 패션 인플루언서 릴 미켈라Lil Miquela는 한 해 130억 원을 버는 가상인간이다. 브라질과 스페인의 혼혈이며 팝 가수이자 패션 모델로서 샤넬과 프라다 등의 명품 브랜드 모델로 활동 중이다. 인스타그램 팔로워 수는 무려 300만 명에 달한다. 2016년 처음 등장한 후 2018년에는 《타임》의 '온라인에서 가장 영향력 있는 25인'에 BTS와 함께 선정되기도 했다.

이처럼 가상인간들의 IP가 실제 사람보다 더 큰 수익을 창출하는 사례가 늘어나고 있다. 머지않아 가상 배우와 함께 영화나 드라마를 찍는 놀라운 미래가 열릴 것이다. 그렇게 되면 버추얼 휴먼의 저작권은 더 큰 가치를 갖게 된다. 가상인간은 앞으로 메타버스라는 신세계를 움직이는 '신인류'가 된다. 버추얼 기술은 가상세계를 실제 인간의 세상보다 더 근사한 미래 신세계로 탈바꿈시킨다. 이모지와 아바타, 이모티콘이 언어 이상의 감정과 의사를 전달하는 역할을 하는 것처럼, 앞으로 가상인간은 언어 기능과 표현력이 결합해 사람보다 더 뛰어난 소통 능력을 갖게 될 것이다.

가상인간은 현실세계와 메타버스를 넘나들며 가상과 현실의 개념을 무너뜨리게 된다. 메타버스는 물건을 팔고 사람을 만날 뿐만 아니라 강의와 콘퍼런스, 콘서트 등 모든 인간 활동이 가능한, 시간과 공간을 초월하는 세상이 되기 때문이다. 그리고 사람들은 가상의 자아를 탄생시켜 다양한 직업인으로 활동할 수 있다. 평소 갈망해 온 제2의 자아, 즉 페르소나

페르소나
평소 갈망했던 제2의 자아.

를 만들어 '나'와 다른 '메타버스 신인류'가 되는 것
이다.

　앞으로 우리는 아프거나 늙지 않고 이상적인 상
태로 영원히 활동하는 가상인간과도 경쟁해야 한
다. 메타버스 세상에서 새로운 인생을 살며 저작권
으로 생활할 수도 있는, 완전히 다른 신세계에서 살
아남는 방법을 지금부터 고민해야 할 것이다.

메타버스 신인류

패션·광고 모델 로지, 싱어송
라이터 김래아, 패션 인플루
언서 릴 미켈라 등의 가상인
간이 메타버스에서 활동하
는 신인류로 급부상할 전망
이다.

왜 NFT가 웹 3.0
창작자 경제의 핵심인가?

마이크로소프트 창업자 빌 게이츠는 암호화폐와 NFT에 대해 비관론자로 알려져 있다. 그는 "암호화폐와 NFT는 누군가가 나보다 더 많은 비용을 지불할 것이라는 더 어리석은 이론에 기초한 것."이라고 말했다.

'더 큰 바보' 이론은 자산 가격이 과대평가됐다 하더라도 나중에 다른 사람이 더 비싼 가격에 살 것이기 때문에 이익을 얻을 수 있을 것이라는 믿음으로 투자하는 현상을 말한다. 예를 들어, 부동산 또는 주식 가격이 비정상적으로 상승해도 더 오를 것으로 생각해 계속 사들이는 현상이다. 자신이 비싸게 매수한 바보라는 것

'더 큰 바보' 이론

자산 가격이 과대평가됐다 하더라도 나중에 더 비싼 가격에 살 사람이 있을 것으로 믿고 투자하는 현상.

을 인지하면서도 더 비싼 값에 사려는 더 큰 바보가 나올 것이라고 믿는 것이다.

그렇다면 빌 게이츠의 이런 부정적인 생각은 과연 메타버스 시대에 적합한 것일까?

NFT, 창작자 경제의 버팀목이 된다

NFT는 투자의 대상일 뿐 아니라 디지털 저작권의 막강한 권한이 콘텐츠 창작자의 권리를 분명히 해 줌으로써 콘텐츠 유통 혁신을 일으키는 기반이 된다. 즉, 크리에이터 이코노미의 버팀목 역할을 하게 된다. 디지털화된 예술 작품, 음원과 영상 콘텐츠에 대해 '최초 원본'임을 증명하고 이를 사고팔 수 있는

NFT
블록체인 기술을 이용해서 디지털 자산의 소유주를 증명하는 대체 불가능 토큰. 창작자 경제의 버팀목이 될 전망이다.

가상자산 생태계를 만들어 주는 것이다. 이를 통해 크리에이터가 직접 콘텐츠 소유권을 자신의 통제 아래 두고 관리하는 생태계가 조성되고 있다. 크리에이터 스스로 수요를 고려해 다양하고 세분화된 가격 체계를 만들 수도 있다.

저작권은 등록 절차를 거치지 않아도 보호되는 '무방식 주의'를 택한다. 창작과 동시에 저작권이 발생하며, 이는 배타적인 권리로서 권리자의 허락 없이는 이용할 수 없다. 따라서 저작권이 등록되어 있지 않더라

도 허락 없이 NFT로 민팅minting해서는 안 된다. 소유권은 민법상 물건을 사용, 수익, 처분할 수 있는 권리로 저작권과는 다르다. NFT를 민팅해서 판매하려면 판매자는 저작물에 대해서 저작권을 보유하거나, 저작권자로부터 NFT 발행과 판매에 대한 허락을 받아야 한다.

국내에서 NFT는 콘텐츠와 연결된다는 특성 때문에 저작권 관련 법 등 현행법의 적용을 받는다. 특히 NFT는 구매해 소유권을 취득하더라도 저작권까지 양수받는 것은 아니기 때문에, 해당 저작물을 이용하기 위해서는 지식재산권의 양도와 이용 허락 범위를 확인해야 한다.

NFT가 디지털 콘텐츠에 대한 권리 증명서로 사용되기 시작하자, 국내에서도 가이드라인이 나왔다. 문화체육관광부, 한국 저작권보호원, 한국 저작권위원회는 《NFT 거래 시 유의해야 할 저작권 안내서》를 만들어 배포했다. 이에 따르면, 음반이나 음원 같은 콘텐츠는 저작권자가 '창작자'와 '저작인접권자' 두 종류로 나뉜다. 저작인접권은 직접적으로 창작하지는 않았지만 저작물 해석이나 전달에 도움을 준 저작물의 해설자, 매개자, 전달자 역할을 하는 실연자(배우, 가수, 연주자), 음반 제작자, 방송 사업자에게 주어진다.

NFT는 미래의 디지털 자산이 될 것인가?

그렇다면 NFT는 미래의 핵심 디지털 자산이 될 수 있을까? 2000년 페루의 경제학자 에르난도 데소토는 《자본의 미스터리》를 출간했다. 그는 가난에 시달리는 페루를 보면서 '자본주의는 왜 서구에서만 성공을 거뒀는가?', '제3세계에서는 자본주의가 왜 발전하지 못하는 것일까?' 의문을 제기했다. 그리고 '죽은 자본'에서 결론을 찾았다. 제3세계는 소유권과 재산권 등의 자산 등록과 운영 시스템이 낙후되어 있어서 자본이 죽고 돈이 헛돌고 있다는 것이었다.

데소토가 이 책을 출간할 당시 페루의 농촌과 도시에 산재한 불법 부동산의 가치는 740억 달러(약 100조 원)에 달했다. 이는 1998년 페루 경제가 침체의 늪에 빠지기 직전, 리마 증권거래소가 보유한 총자산보다 5배나 많은 규모였다. 당시 민영화할 수 있는 페루의 모든 국영 기업과 국유 시설을 자본으로 환산한 가치의 11배에 달했다. 만약 페루가 전국에 산재한 부동산을 담보로 자금을 조달하고 그 돈으로 사업을 일으킬 수 있도록 소유권을 등록해 운영하는 시스템이 만들어져 있었다면 가난한 나라가 되지 않았을 것이라는 진단이었다.

자산이 자본으로 바뀌려면 금융과 연계해 증권 발행을 통해서 자산이 유동화되도록 해야 하는데, 제3세계에서는 이런 시스템의 부재로 자본이 제 가치를 갖지 못한다는 지적이다. 이것은 안데스산맥 꼭대기에 지상 최고의 호수가 있더라도 이를 활용할 시스템이 없으면 아무 소용이 없다는 의미다. 따라서 데소토는 소유권을 명시화하고 이 정보를 통

합적이고 체계적으로 관리할 시스템을 만들 것을 제
안했다.

그는 이 시스템을 '자산을 연결하는 네트워크'라
고 설명했다. 이 네트워크는 블록체인의 기본 개념
으로도 해석할 수 있다. 암호화 기술로 무형의 자산
에 소유권을 명시하는 시스템이 바로 암호화폐나 NFT 생태계의 핵심이
기 때문이다. 데소토는 NFT와 비트코인 등 블록체인의 등장과 생태계
를 통한 '디지털 재산권'의 부상을 이미 예견했던 것이다. 결국 자산 거
래의 디지털화는 역사의 필연이 될 수밖에 없어 보인다.

문제는 얼마나 빨리, 얼마나 안정적으로 자산 거래의 디지털화를 뛰
어넘어 가상자산이 실질적인 가치를 발휘할 수 있느냐 하는 것이다. 현
실세계, 즉 오프라인 세상과 디지털 세상이 완전하게 연결되었을 때 디
지털 자산이 제대로 된 가치를 발휘할 수 있다.

이런 점에서 빌 게이츠도 디지털 자산이 현실세계와 괴리됐을 때 비
이성적 투기 광풍으로 전락할 위험성이 있음을 경고한 것으로 보아야
한다. 17세기 네덜란드도 '튤립 투기 광풍'으로 경제공황을 맞은 일이
있었다.

하지만 이런 우려에도 불구하고 우리가 주목해야 할 점은, NFT가 미
래로 가는 열차라는 점이다. 시장 상황과 참여자들의 관심도에 따라 주
춤하기도 하고 열광하기도 하는 상황이 되풀이될 수 있겠지만, NFT는
이미 가상자산으로서 그 가치를 시장에서 인정받았으며, 기업·투자자·

크리에이터들이 적극적으로 새로운 비즈니스 모델로 진화시켜 나가고 있다.

NFT 콘텐츠 시장은
어디로 진화할 것인가?

우리는 소셜미디어를 자유자재로 다루는 MZ세대와 알파 세대의 DNA 가 콘텐츠를 적극적으로 만들어 배포하는 '창작자 세대'라는 사실에 주목해야 한다. 이들이 NFT 콘텐츠를 본격적으로 생산해 내기 시작하는 순간 NFT 이코노미는 급성장하면서 폭발력을 갖게 될 것이다.

NFT는 이미 우리 생활 속으로 들어와 있다. 레스토랑을 운영하는 VCR 그룹은 NFT를 회원권으로 발전시켜 세계 최초로 NFT 레스토랑 회원권을 발행했다. 뉴욕 맨해튼의 해산물 레스토랑 플라이피

NFT 레스토랑

NFT 회원권을 가진 사람만 이용할 수 있는 식당. 그 자체가 혜택이 되면서 NFT 회원권은 프리미엄이 붙어 거래되고 있다.

● 세계 최초로 **NFT** 레스토랑 회원권을 발행한 플라이피시 클럽 로고.

출처: 플라이피시 클럽

시 클럽을 NFT 회원권을 가진 사람만 이용할 수 있도록 한 것이다. 결과는 대박이었다. 일반 등급은 연 2.5이더리움(당시 약 1,000만 원), 오마카세 티어는 연 4.25이더리움(당시 약 1,700만 원)에 팔았는데, 약 180억 원의 수익을 냈다.

더 놀라운 일은 플라이피시 클럽 NFT가 오픈시OpenSea를 통해 프리미엄이 붙은 가격에 재판매되고 있다는 점이다. NFT를 멤버십으로 진화시켜 토큰 소유자들만 다이닝룸, 야외 공간, 칵테일 라운지를 이용하고 이벤트에 참여할 수 있는 특권을 부여함으로써 일상생활과 가상자산을 비즈니스로 연결시킨 것이다.

무엇이 NFT의 미래를 가로막고 있나?

━━━━━

더 큰 변화는 세계 양대 경매 회사인 크리스티와 소더비가 NFT 시장에 뛰어들었다는 것이다. 크리스티는 NFT 경매 플랫폼 '크리스티 3.0'을 만들었다. 전통적인 현장 경매 방식에서 벗어나 온체인(블록체인으로 이력을 기록) NFT 경매 시장에 뛰어든 것이다. 첫 경매에서 다이애나 싱클레어의 NFT 작품 9점을 출품해 약 67이더리움(당시 약 1억 3,000만 원)의 낙찰을 이끌어 내는 데 성공했다. 소더비도 메타버스 플랫폼을 만들어 디지털 아트와 NFT를 거래하고 있다. 특이한 점은, 경매 방식이 아니라 달러로도 살 수 있는 단일가 판매 방식이라는 사실이다.

특히 소더비의 NFT 달러 거래는 주목할 필요가 있다. 지금처럼 암호화폐로만 거래하는 시스템의 변화를 알리는 신호탄이 될 수 있기 때문이다. NFT 거래소인 오픈시, 코인베이스, 니프티 게이트웨이 역시 달러와 신용카드 결제를 허용했다. 이것이 활성화되면 NFT 시장은 암호화폐 시장의 영향력에서 벗어날 수 있다.

국내에서는 증권형 토큰 발행Security Token Offering, STO 관련 규제가 풀리면서 NFT 시장이 활성화될 전망이다. 조각 투자 형태의 NFT가 상당 부분 증권형 토큰으로 넘어올 수 있기 때문이다. 이런 환경의 변화는 절체절명의 위기에 몰렸던 NFT의 기사회생을 기대하게 한다. 실제로 기업과 예술계는 여전히 NFT에 러브콜을 보내고 있다.

물론 NFT 생태계를 확장시키기에는 여전히 몇 가지 과제가 있다. 우선 가상화폐는 투기성이 강해지면서 변동성도 커졌다. NFT는 가상화폐로만 거래되기 때문에 가상화폐 가격이 떨어지면 게임 아이템과 NFT 가격 등이 연쇄적으로 영향을 받아 사용자들이 불안감을 느끼게 된다.

또한 웹 3.0이 거대 자본을 앞세운 기존 빅테크 기업의 중앙화된 플랫폼 권력을 약화시키는 데는 상당한 시간이 걸릴 것이다. 그리고 블록체인은 이용자들이 그 생태계를 이해하고 참여하기 위해서는 일정한 학습 시간이 필요하다. 그런데 남들보다 빨리 움직이는 얼리어답터들이 시장을 왜곡시키면서 생태계 조성을 주춤하게 만들었다. 비트코인의 광풍, 루나-테라 사태, 세계 2위 규모 가상자산 거래소 FTX의 파산, NFT 사기 등으로 시장에 대한 불신을 키운 것이다.

무엇보다 NFT가 건전한 생태계를 만들어 내려면 콘텐츠 자체의 본질적인 경쟁력이 우선시되어야 한다. "NFT 작품이 성공하려면 기술과 예술 형식 두 가지 측면에서 전통 예술 작품을 뛰어넘는 우월성을 제시해야 한다." 〈에브리 데이스〉로 NFT의 역사를 쓴 '비플'로 알려진 예술가 마이클 윈켈만Michael Winkelmann의 말처럼, 그 자체로 우월한 가치를 지닌 디지털 콘텐츠의 탄생만이 모든 논란을 잠재울 수 있을 것이다.

어떤 콘텐츠가 NFT의 미래를 바꿀까?

PFP

프로파일 픽처(Profile Picture)의 약자로, 프로필 사진을 의미한다.

PFP NFT

〈코비드 에일리언〉, 〈지루한 원숭이〉 등 가상의 캐릭터를 모델로 발행한 NFT.

NFT에 대한 첫 관심은 프로필 NFT인 PFP가 촉발시켰다. 푸른색 얼굴에 마스크를 쓴 크립토펑크 〈코비드 에일리언〉Covid Alien이 소더비 경매에서 무려 1,170만 달러(약 140억 원)에 팔린 데 이어 BAYC가 〈지루한 원숭이〉 등 다양한 표정과 옷차림의 원숭이 캐릭터 컬렉션을 선보이며 PFP NFT 돌풍을 일으켰다.

이제 NFT 콘텐츠 시장은 어디로 진화할 것인가? 예술형 NFT, 증권형 토큰, 실물형 NFT, 메타버스형 NFT, 게임형 NFT 등 다양한 형태로 등장할 것이다. 우선은 예술형 NFT가 가장 먼저 주목받았다. 예술 작품이 디지털 암호화 기술과 결합해 새로운 예술 장르인 크립토 아트 시장을 만들어 냈다.

비트코인과 같은 가상화폐는 일반 화폐처럼 대체 가능한 지불 수단이지만, NFT로 전환된 크립토 아트는 그 자체로 위·변조가 불가능한 진품 증명서가 된다. NFT가 무형의 디지털 창작물에 고유의 자산 가치를 부여해 진품임을 증명함으로써 쉽게 사고팔 수 있도록 해 창작물의 가치를 높여 준다.

그리고 개인이 만들어 낸 창작물은 각각 고유 아이디를 가진 블록체인 암호화 기술로 저장되어 경매를 통해서 가상화폐처럼 유통된다. 온라인 상에만 존재하는 무형의 창작물은 물론이고, 실존하는 예술 작품도 무형의 디지털 작품으로 전환시켜 자산 가치를 매길 수 있는 길을 열어 준다.

온·오프라인 예술의 통합 시대가 열리면서 디지털 작품이 더 의미 있고 중요한 가치를 갖게 될 수도 있다. 가령 피카소의 실물 작품에 대한 저작권을 가진 사람이 실물의 이미지 파일본 100개를 제작해, 각각에 고유 번호를 붙여서 무형의 디지털 복제물을 만든 뒤 NFT로 발행할 수 있다. 이처럼 실물 작품도 크립토 아트의 대상이 될 수 있다.

이런 조각 투자는 증권형 토큰 발행으로 일명 STO 시대가 열리면서 본격적으로 활성화될 것이다. 토큰 증권은 블록체인 기술이 발달하면서 새로운 비즈니스 모델의 출현에 따른 시장 변화의 결과물이다. STO는 음원 저작권이나 부동산, 미술품 등 실물 자산의 권리를 잘게 쪼개 토큰화한 뒤 발행하는 증권이다. 블록체인이 부동산, 동산, 그림, 음원 등 실물 자산에 대한 소액 조각 투자를 가능하게 하고 있기 때문이다. 가령 서울 강남의 빌딩을 소유하려면 수천억 원의 자금이 필요하지만, 이제는 수백만 원만 있어도 건물 지분의 일부를 소유할 수 있고, 거기서 매달 나오는 임대 소득을 배당받을 수 있다.

국내에서도 금융위원회가 2023년 1월 '토큰 증권 발행·유통 규율 체계 정비 방안'을 발표하면서 새로운 투자 상품으로 조명받고 있다. 미국, 유럽, 싱가포르 등은 이미 STO를 허용하고 있고, 2023년 현재 글로벌 STO 시가총액은 180억 달러(약 24조 원)로 추정된다.

이는 콘텐츠 크리에이터들에게 희소식이다. 고가의 작품이라도 여러 투자자로부터 소액 투자를 받아 콘텐츠를 손쉽게 유통할 수 있기 때문이다. 현재 카사 코리아, 엘리시아, 루센트블록 등이 STO 비즈니스 모델을 작동시키고 있다. 특히 음원이나 그림 등 저작권을 가진 콘텐츠가 STO로 적합하다. 뮤직카우의 경우 저작권자로부터 음원을 사서 특정 회사에 위탁한 뒤 청구권 형태로 바꿔 이를 지분으로 쪼개서 투자할 수 있도록 하고 있다. 투자자는 투자한 지분에 비례해 음원으로부터 발생하는 저작권료를 정산받거나 이를 거래할 수 있다.

뮤직카우

음원 저작권을 구매해서 조각 투자를 할 수 있도록 STO를 발행하는 회사.

금융 업계는 향후 STO가 기업이나 은행이 발행하는 자산 유동화 증권의 대안이 될 것으로 내다보고 있다. 미국은 이 같은 시대 변화를 반영해 2018년 증권형 토큰을 기존 증권 발행과 똑같은 규정으로 규제하고 있다.

실물형 NFT와 메타버스 NFT에 주목하라

디지털 콘텐츠가 아닌 실물 자산을 디지털화해서 유통하는 실물형 NFT도 등장했다. 부동산, 한정판 굿즈, 명품, 그림, 보석, 특허권, 라이선스 등 현실세계에서도 희소성이 높은 자산을 NFT화해서 소유권을 증명하고 쉽게 거래할 수 있도록 해주는 것이다. 예를 들어, 롤렉스 같은 명품 시계에 대한 소유권을 여러 개로 나눠서 그 권리 관계를 NFT를 통해 거래할 수 있다.

블록오디세이는 클레이튼 기반 실물 자산 NFT 발행 플랫폼인 레비츄Revitu를 운영하고 있다. 중고 명품 거래 앱 '마션'Mation에서 거래되는 명품에 대해 정품 소유권을 NFT 형태로 발행해 카카오 디지털 지갑 '클립'Klip에 저장할 수 있도록 함으로써 제품에 대한 신뢰를 제공한다.

앞으로 실물형 NFT의 영역은 수집형을 넘어 실생활에서 사용할 수 있는 법률 상품, 스포츠 회원권 등 다양한 실용품으로까지 확대될 것이다. 앞서 언급했듯이, 스타벅스는 고객에게 각종 혜택을 제공하는 실물형 NFT를 발행해 MZ세대를 공략하고 있다. 이는 메타버스가 본격화되면 또 다른 형태로 발전해 나갈 것이다.

메타버스의 활성화와 함께 NFT 콘텐츠로 가장 각광받을 아이템은 메타버스 NFT다. 이미 메타버스 공간에서는 아바타를 꾸밀 수 있는 명품 가상 옷과 가상 액세서리가 인기리에 거래되고 있다. 그림, 조각, 사진, 건물, 의복, 도로, 나무 등 다양한 디지털 창작물이 있어야만 메타버스 플랫폼도 확장될 수 있고, 메타버스는 이커머스와 결합된 플랫폼으로 자리를 잡게 된다.

'메타 커머스'는 메타버스가 몰고 올 쇼핑 혁명의 미래판이 될 것이다. 그동안 제품 판매 채널은 오프라인 매장에서 온라인 마켓으로, PC에서 모바일로, 오픈 마켓에서 소비자 직접 판매로, 홈쇼핑에서 라이브 커머스로 발전을 거듭해 왔다. 이제 VR 기기를 활용해 필요한 제품을 미리 착용하거나 체험해 보고 구매할 수 있는 메타 커머스가 쇼핑 채널의 끝판왕이 될 전망이다.

그런 의미에서 메타버스는 이커머스의 새로운 판매 혁명을 일으킬 것이다. 명품 브랜드 구찌가 제페토에 '구찌 빌라'를 오픈해 테니스 게임인 '테니스 클래시'에 구찌 아이템을 출시한 것처럼, 아이템은 토큰화되어 더 큰 가치를 갖게 된다. 발렌티노가 닌텐도의 게임 '동물의 숲'에 숍을 오픈해 아이템을 팔거나, 루이비통이 '리그 오브 레전드'와 협업해서 게임 캐릭터 스킨을 판 것도 앞으로는 NFT로 거래할 수 있다.

메타버스 안에서 라이브 커머스가 흔한 일이 되면, 영화 〈마이너리티 리포트〉에 등장하는 타깃 광고처럼 메타 커머스는 AI가 개인에게 필요한 맞춤형 아이템을 선별해서 보여 줄 수도 있게 된다.

메타에서 네이버까지, 빅테크들의 메타버스 핵심 콘텐츠

애플, 구글, 메타 등 빅테크 기업들과 메타버스 스타트업들은 메타버스 콘텐츠의 미래를 어디에서 찾고 있을까? 생성형 AI와 정보통신 기술의 발달, 크립토 경제의 부상, 메타버스 헤드셋의 진화 등은 현실세계를 뛰어넘는 초실감형 콘텐츠의 탄생을 예고하고 있다. 특히 생성형 AI와 메타버스의 결합은 콘텐츠의 대혁명과도 같다.

초실감형 콘텐츠

현실세계를 뛰어넘는 실감형 콘텐츠로, 다양한 가상 체험을 가능하게 하는 미래 콘텐츠를 의미한다.

이런 상황에서 글로벌 기업들은 메타버스의 미래를 콘텐츠 혁신에서 찾고 있다. 특히 IT 공룡들은 실제를 능가하는 메타버스 세상이 곧 열릴 것으로 전망하고 기술의 완성도를 높이는 데 주력한다. 이를 통해 비즈니스를 효율화할 뿐 아니라 생산성을 향상시키고 제품 판매 방식을 바꾸는 '산업 메타버스', 콘텐츠를 즐기는 일상생활을 바꾸는 '생활 메타버스'라는 성장 엔진을 만들어 내고 있다.

시공간 초월 3D 콘텐츠가 온다

비전 프로

애플이 선보인 혼합현실 헤드셋. '시공 초월 3D 콘텐츠'를 체험할 수 있는 특별한 기회를 제공한다.

2023년 6월 애플은 첫 혼합현실MR 헤드셋 '비전 프로'Vision Pro를 공개했다. 가격은 3,499달러(약 460만 원)로 '애플의 도박'이라는 평가가 나왔다. 이는 메타가 준비 중인 '퀘스트3'(499달러)의 7배이자 '퀘스트 프로'(999달러)의 3.5배에 달한다. 그런데 어떤 콘텐츠가 제공되기에 애플은 이런 '도박'을 하는 것일까?

실제로 경험한 결과 비전 프로는 '그 값 이상을 한다'는 결론을 내릴 만했다. 이 헤드셋을 착용하는 순간 시공간을 초월한 특별한 콘텐츠의 세계를 만날 수 있다. 가히 '시공 초월 3D 콘텐츠'라 할 만하다. 화면에 등장하는 3D 콘텐츠는 시간과 공간의 개념을 뛰어넘어, 심지어 현실세계의 느낌을 초월하는 특별한 경험을 제공한다. 애플 CEO 팀 쿡이 프레젠테이션에서 "이 제품은 당신이 지켜보는 게 아니라 들여다볼 수 있는 첫 번째 애플 제품이다."라고 말한 이유를 알 수 있다. 가상 속으로 들어가 날아다니며 공연을 감상하는 느낌과 우주 안으로 들어온 듯한 경험을 선사한다.

애플은 비전 프로를 최초의 '공간 컴퓨터'Spatial Computer라고 부른다. 헤드셋을 착용하더라도 현실 세계의 주변 사람이나 디지털 콘텐츠와 연결성이 유지되도록 '아이사이트'EyeSight 기능을 추가했다. 주변 사람이 가까이 다가가서 보면 사용자의 눈이 보이고 사용자도 주변 사람들을 볼 수 있다.

헤드셋을 착용하면 사용자가 바라보는 곳 어디든지 화면이 된다. 작동법도 간단하다. 별도의 핸드 컨트롤러 없이 허공의 화면을 보며 손동작이나 손가락 터치, '시리' 음성 명령으로 말만 하면 작동한다. 디지털 콘텐츠가 마치 실제 공간에 존재하는 것 같은 느낌이고, 모든 경험이 사용자의 눈앞에서 실시간으로 일어나는 것처럼 마법과 같은 경험을 제공한다.

이 공간 컴퓨터는 영화와 음악 애호가, 게이머들에게 완전히 새로운 경험을 선사할 것이다. 원하는 크기의 화면에서 게임을 즐길 수 있고, 초거대 화면과 첨단 음향 시스템을 갖춘 개인 영화관을 어디에나 구현할 수 있다. 3D 카메라가 탑재돼 있어 모든 추억을 3D 콘텐츠로 보관할 수 있고, 특별했던 순간들을 불러와 다시 볼 수도 있다. 비전 프로에서 페이스타임 통화를 하면 모든 사람이 실물 크기로 구현되고, 공간 음향도 적용돼 상대방이 위치한 곳으로부터 음성이 들리는 듯한 느낌이다.

공간 컴퓨터

애플은 비전 프로를 최초의 '공간 컴퓨터'라고 부른다. 헤드셋을 착용하면 컴퓨터가 제공하는 모든 3D 콘텐츠 기능을 활용할 수 있다.

아이사이트

헤드셋을 쓰고 있더라도 현실세계와 소통할 수 있도록 설계된 기능.

원격 협업 업무에도 효과적이다. 애플의 공간 컴퓨터가 열어 갈 '시공 초월 3D 콘텐츠' 시대에 대한 메타와 구글, 마이크로소프트 등 IT 공룡들의 반격이 기대된다.

메타버스 미래를 이끄는 기업들의 거침없는 행보

퀘스트 프로

메타의 MR 헤드셋. 사용자의 얼굴 표정을 인지해 메타버스 내 아바타에 표현하는 기술, 다양한 창작물을 만들 수 있는 기술, 메타버스에서 협업 및 체험할 수 있는 기술 등이 탑재되어 있다.

메타는 2014년 VR 기기 전문 업체 오큘러스를 인수한 데 이어 메타버스 게임 제작사 세 곳을 잇따라 인수할 정도로 VR 사업에 적극적이다. 현재 '퀘스트 프로', '퀘스트2'를 출시하면서 VR 시장을 선도하고 있다. 2023년 6월 차기 MR 헤드셋 '퀘스트3'를 전격 발표하면서 애플의 '비전 프로'와 대격돌이 예상된다. 퀘스트 프로는 기기 내부에 5개의 센서가 있어서 사용자의 얼굴 표정을 인지해 메타버스 내 아바타에 반영하는 게 특징이다. 사용자가 활짝 웃거나 얼굴을 찡그리면 아바타도 같은 표정을 짓는다.

퀘스트 프로는 최신 VR 기술을 적용해 현실세계와 가상세계를 디자인하는 방법에 대한 시각을 바꿔 놓았다는 평가를 받는다. VR 그림 그리기 앱과 다양한 스튜디오 앱을 활용해 차원이 다른 창작물을 만들어 낼 수 있다. 아직 짓지 않은 집이나 건물에 들어가 걸어 볼 수 있고 내부

시설을 둘러볼 수도 있다. 초고층 빌딩을 한 손으로 들어서 구조 안정성을 평가할 수도 있다. 또한 지구 반대편에 있는 사람과도 같은 테이블에 앉아 아이디어 회의를 할 수 있다. 여러 화면을 열어 멀티태스킹을 할 수 있고 팟캐스트, 뉴스 피드, 플레이리스트를 스트리밍하거나 친구들과 메시지를 주고받을 수도 있다.

퀘스트2는 높은 해상도와 픽셀의 그래픽으로 구현된 멀티 플레이 게임부터 360도 동영상까지 다양한 3D 콘텐츠를 경험하는 즐거움을 제공한다. 예를 들어, 고대 노르웨이와 이집트 왕국의 신화 세계를 모험할 수 있고, 세계 각지의 멋진 장소에서 실제 코치들과 함께 복싱을 즐기는 등 매일 새로운 운동을 경험할 수 있다. 중세 시대를 배경으로 판타지 VR이나 아드레날린이 솟구치는 음악을 즐길 수도 있다.

퀘스트3는 이 모든 것을 능가하는 MR 세상을 선보인다. 메타는 사용자 편의성을 높이고 몰입감을 극대화해서 확장 가상세계 생태계를 향상시키겠다는 구상을 밝혔다. 카메라 4대와 전면부 센서 3개를 달아 가상 콘텐츠 제작의 새로운 지평을 열어 줄 전망이다.

퀘스트3

가상 콘텐츠 제작의 새로운 지평을 열고 있는 메타의 MR 헤드셋.

실제 퀘스트3 공개 행사에서 메타는 MR 헤드셋을 착용한 사용자가 실물 탁상 위에 가상의 미니 도시를 만드는 영상을 시연해 주목을 받았다. 공간 인식 기술을 통합한 '메타 리얼리티'Meta Reality 기술을 탑재해 공간의 깊이와 사물을 자동 인식한 것이다. 이는 애플의 '리얼리티 프로' 기술과 경쟁하겠다는 뜻이다.

마이크로소프트는 2021년 3월 클라우드 '애저'
Azure 서비스를 이용하는 기업들을 대상으로 3차원
디지털 협업 플랫폼 '메시'Mesh를 론칭했다. 가상현
실·증강현실 기술과 아바타를 활용해 사용자들이
서로 다른 곳에 있어도 마치 한 공간에 있는 것처럼 효과적으로 의사소
통하고 협업할 수 있는 기술이다. 헤드셋 '홀로렌즈2'를 착용하면 사용
자의 손동작이나 음성으로 디지털 사물을 조작하고 정보를 열람·공유
할 수 있다. 화상회의 시스템 '팀스'Teams와 메시를 결합한 '메시 포 팀
스'를 이용하면 PC나 스마트폰으로 3D 개인 아바타를 활용해 현실감
있는 화상회의를 할 수 있다.

마이크로소프트는 B2C 메타버스 비즈니스를 겨냥해 게임 회사 액티
비전 블리자드를 687억 달러(약 90조 원, 게임 산업 역대 최고가)에 인수하
겠다고 발표했지만, 반독점 소송으로 제동이 걸린 상태다. 마이크로소프
트는 인수가 성공하면 메타버스 플랫폼 마인크래프트에 블리자드의 '디
아블로' 등 지식재산권을 결합해 메타버스 콘텐츠를 혁신할 계획이다.

엔비디아는 메타버스를 미래를 이끌 가장 유망한 시장으로 보고 있
다. 엔비디아 CEO 젠슨 황은 "과거 20년은 놀라운 기술 발전의 시대였
다면, 앞으로의 20년은 공상과학과 다름없는 메타버스 콘텐츠의 세상이
다."라고 예견했다.

이 같은 메타버스의 미래를 겨냥해 기술 혁신에 주력하고 있다. 특히
3차원 가상세계를 구현하는 데 필수 기술인 그래픽 가속화 장치

GPUGraphic Process Unit를 개발해 시장점유율이 90퍼센트에 육박하면서 세계 1위 생산 기업이 되었다. 챗GPT 열풍이 불면서 반도체 기업 최초로 시가총액 1조 달러(약 1,300조 원)를 돌파하기도 했다.

엔비디아는 GPU 기술을 앞세워 기업들이 메타버스를 손쉽게 구축할 수 있는 솔루션 '옴니버스'Omniverse 클라우드를 제공하고 있다. 이 솔루션은 가상공간 안에 실제와 똑같은 형태의 공장, 건물, 도로 등 물리적인 세상을 구현해 다양하게 시뮬레이션할 수 있는 디지털 트윈 기술이다. 디자이너, 아티스트 등 3D 전문가

옴니버스

그래픽 가속화 장치(GPU) 선두주자인 엔비디아가 내놓은 메타버스 구축 솔루션.

들이 옴니버스로 구축된 가상세계에 접속해 대화를 나눠 가면서 동시에 작업할 수 있다.

엔비디아는 특히 2D 비디오 클립을 3D로 재구성해 주는 새로운 AI 모델 '뉴럴란젤로'Neuralangelo를 선보이며 3D 콘텐츠의 혁신을 예고했다. 이 모델을 사용하면 2D 비디오 클립을 3D 구조로 변환하고

뉴럴란젤로

2D 비디오 클립을 3D로 바꿔 주는 AI 모델.

건물, 조각 또는 기타 실제 개체나 공간을 가상으로 완전히 복제할 수 있다. 스마트폰으로 촬영한 영상도 손쉽게 3D로 전환할 수 있으며, 메타버스나 비디오 게임 속 VR 화면은 물론 산업 현장에서 상황을 미리 시뮬레이션해 볼 수 있는 디지털 트윈 기술과 접목할 수도 있다. 이로써 로봇, 건축, 예술 분야 콘텐츠 제작에 큰 변화가 예상된다.

BMW는 실제 옴니버스를 기반으로 진 세계 31개 공장에서 사동차

● 전 세계 디자이너와 크리에이터를 연결하는 옴니버스 클라우드.

출처: 엔비디아

생산을 계획하고 공정 개선을 시뮬레이션해 볼 수 있는 가상공장을 구축했고, 에릭슨은 통신 기지국 설립을 최적화할 수 있는 디지털 기지국을 만들었다. 신개념 콘텐츠를 활용해 현실세계의 문제점을 찾아내고 특별한 기술을 채택해 콘텐츠 제작 방식을 혁신하려는 새로운 시도가 이어지고 있다. 달라지는 업무 방식, 콘텐츠 유형의 변화에 주목할 필요가 있다.

메타·애플·구글의 AR 기기가 그리는 콘텐츠의 미래

애플과 구글은 웨어러블 증강현실 기기를 활용한 메타버스 콘텐츠의 미래를 설계하고 있다. 메타버스가 인간의 삶을 좀 더 편리하게 해주는 공간이 될 때 의미가 있다고 생각하는 것이다. 따라서 웨어러블 AR 기기를 착용하고 실감형 가상공간에 들어가 쉽고 편리하게 일을 하고 메타버스를 즐길 수 있도록 하는 데 목표를 둔다. 이를 위해 현실세계보다 한발 더 나아간 실감형 비즈니스 협업 세계를 구현하고 있다.

블룸버그는 2021년 11월 "메타버스는 애플이 합류하는 그 시점부터 현실이 될 것이다."라고 진단했다. 그만큼 IT 시장을 주도하고 있는 애플의 시장 참여가 중요한 의미를 갖는다. 애플은 메타버스의 미래를 웨어러블 디바이스에서 찾고 있다. 메타버스도 스마트폰처럼 누구나 필요할 때 언제든지 쉽게 사용할 수 있는 웨어러블 형태가 되어야 한다는 입장이다. 첫 제품인 비전 프로의 2024년 출시를 시작으로 안경 형태의 MR 기기 등 다양한 제품을 선보일 예정이다.

애플은 반지 형태의 AR 디바이스 제어 기술 특허까지 취득했다. 다수의 센서가 들어 있는 이 반지는 3차원 공간에서 착용자의 손동작을 인식해 증강현실을 제어할 수 있는 장치다. 사용자는 반지를 엄지와 검지에 착용한 후 스마트 안경을 통해 보이는 증강현실을 확대 또는 축소하거나 집어 들어 회전할 수 있다.

구글 역시 증강현실에서 메타버스 콘텐츠의 미래를 찾고 있다. 구글 CEO 순디르 피차이는 "향후 집중해야 할 컴퓨팅 환경의 새로운 개척지는 AR"임을 밝혔다. 구글은 업무용 AR 안경 '글라스 엔터프라이즈 에디션 2'를 시판했다. 물류, 제조, 농업, 헬스케어, 의료 등 다양한 산업 분야에서 근로자가 일을 할 때 투과형 디스플레이에 비친 각종 정보나 매뉴얼을 참고로 보면서 일을 좀 더 효율적으로 할 수 있다. 두 손이 자유롭기 때문에 작업도 훨씬 수월해진다. 작업자가 보고 있는 장면을 다른 담당자가 실시간으로 들여다보면서 업무 지시를 하거나 조언을 해줄 수도 있다.

AR 글라스

안경의 투과형 디스플레이를 통해 다양한 정보를 제공하는 증강현실 안경.

구글의 AR 글라스는 보다 혁신적이다. 실시간 번역 기능을 지원하는데, 안경을 끼고 있으면 상대방의 말이 번역돼 눈앞에 보인다. 디자인도 일반 안경처럼 평범하다. 삼성전자도 구글·퀄컴과 협력해 차세대 MR 폼 팩터Form Factor(외형적인 제품 형태)를 개발하겠다고 선언했다.

이처럼 빅테크 기업들은 메타버스를 미래의 새로운 시장으로 전망하고 기술 투자에 집중하고 있다. 즉, 메타버스는 잠시 휴식기를 맞았지만 미래 성장 엔진이 꺼진 것은 아니며, 진정한 도약을 위한 준비 중이라고 볼 수 있다.

네이버와 카카오, 메타버스 승자는 누구?

우리나라 양대 빅테크 기업인 네이버와 카카오 역시 메타버스에서 미래를 찾고 있다. 차이점은 키워드에 있다. 네이버는 커뮤니티, 카카오는 텍스트가 키워드다.

네이버의 메타버스는 3억 2,000만 명의 사용자를 확보한 커뮤니티형 플랫폼 제페토와 디지털 트윈, 로봇, AI 등이 결합된 기술 플랫폼 '아크버스' ARCVERSE가 양대 축이다. 제페토가 가상세계를, 아크버스는 미러 세계를 지향한다. 가상세계가 현실과 비슷하거나 아예 다른 대안적 세계를 디지털로 구축하는 것이라면, 미러 세계는 현실과 상호 연동되는 디지털 세계를 뜻한다. 네이버가 커뮤니티형 메타버스를 지향하는 이유는 현재 서비스 중인 카페, 블로그, 쇼핑, 페이, 게임, 채팅 플랫폼, 메타버스까지 암호화폐를 매개로 제페토 속에 들여와 통합할 수 있기 때문이다.

계열사 네이버 제트가 운영하는 제페토는 대표적인 커뮤니티형 메타버스다. 회의나 미팅, 심지어 구직 안내 및 면접 등을 할 수 있으며 누구나 콘텐츠를 만들고 팔 수 있다. 여기에 코인만 붙이면 NFT와 가상자산을 거래할 수 있는 크립토 경제 생태계가 완성된다. 아직 가상화폐를 접목하지는 않았지만, 일본 계열사 라인이 운영하는 자체 코인 링크LINK를

제페토

회의, 미팅, 구직 안내, 면접, 콘텐츠 제작과 판매 등이 가능한 커뮤니티형 메타버스.

아크버스

현실과 상호 연동하는 디지털 미러 세계. 현실의 공간을 가상세계에 그대로 옮기는 디지털 트윈이 핵심이다.

● 콘텐츠가 있으면 누구나 크리에이터가 될 수 있는 네이버 메타버스 제페토.

접목할 가능성이 크다.

세계 최고의 메타버스 플랫폼 로블록스와 제페토의 인기 비결은 경제 시스템과 보상 시스템에 있다. 제페토는 3D 툴을 통해 크리에이터가 직접 디지털 의상을 제작해 판매할 수 있도록 하고 있다. 로블록스는 단순히 게임하고 체험하는 가상공간을 넘어서, 노동과 생산 활동이 가능한 미래 공간을 제공한다. 게임을 직접 만드는 창작자는 1,150만 명이 넘고 이들에게 제공된 수익만 4,000억 원 이상이다. 메타버스가 크리에이터들의 비즈니스 터전이 되고 있다.

네이버 랩스의 아크버스는 현실의 공간을 가상세계에 그대로 옮기는 디지털 트윈이 핵심이다. 예를 들어, 서울과 똑같은 가상도시를 만들어 자율주행차 위치를 인식하거나 로봇을 작동시킬 수 있도록 할 계획이다. 네이버 클라우드는 메타버스 구축 및 운영 솔루션인 '메타팟'을 출시했다. 메타버스 구축을 원하는 고객에게 시나리오 설계부터 적합한 플랫폼 및 업체 선정 그리고 마케팅까지 토털 서비스를 제공한다. 기업, 병원, 학교 등 분야에 관계없이 콘퍼런스, 사내 면접 및 교육, 취업 박람회, 지역 축제, 팬미팅 등 다양한 행사를 구현할 수 있다.

메타팟

메타버스 구축 및 운영 솔루션.

카카오는 메타버스 '카카오 유니버스'를 통해 텍스트, 이미지, 영상을 넘어선 가상현실을 구현하는데, 카카오의 지도와 캐릭터, 카톡, 음원, 게임 등 다양한 서비스를 하나로 연결한다. 첫 단추로 '오픈 링크' 서비스를 준비 중이다. 취미, 장소, 인물 등 공통의 관심사를 가진 이용자들이 모여 소통하고 즐길 수 있는 서비스로, 카카오톡 오픈 채팅 기반으로 제공된다.

오픈 링크

취미, 장소, 인물 등 공통의 관심사를 가진 이용자들이 모여 소통하고 즐길 수 있는 메타버스.

핵심 서비스인 카카오톡을 지인 기반에서 지인이 아니더라도 관심사가 같은 사람들이 모이는 비非 지인 영역으로 확장시키겠다는 구상이다. 콘텐츠에 대한 관심사가 같은 사람들의 커뮤니티를 만드는 것이다. 예를 들어, 유명 셰프가 운영하는 카카오 브런치 방문자가 브런치에 연결된 오픈 링크를 눌러 음식에 대한 이야기를 나누고, 맛집 투어나 쿠킹 클래스 등 다양한 이벤트를 직접 만들어 즐길 수 있다.

카카오 메타버스는 웹 3.0 시대를 선도할 B2C2C 경제 생태계를 구축한다. B2C와 C2C를 결합한 개념으로, 기업 간 거래와 개인 간 거래가 결합된 콘

B2C2C

기업 간 거래와 개인 간 거래가 결합된 콘텐츠 거래 생태계

● 카카오 계열사 넵튠이 2024년 서비스를 예고한 오픈형 메타버스 플랫폼 컬러버스.

출처: 컬러버스

텐츠 거래 생태계가 된다. 이용자가 플랫폼이 제공하는 콘텐츠를 소비하는 것에 그치지 않고 스스로 크리에이터가 되어 콘텐츠를 만들어서 경제 활동을 한다.

컬러버스

창작자의 경제 활동을 도와주는 오픈형 메타버스 플랫폼.

카카오 계열사 넵튠이 서비스할 오픈형 메타버스 플랫폼 '컬러버스'Colorverse도 창작자의 경제 활동에 초점이 맞춰져 있다. 컬러버스는 모바일과 온라인 생태계를 넘나들며 누구나 쉽게 들어오고, 즐기고, 창조하는 메타버스 공간이다. 공통의 관심사를 가진 사람들이 커뮤니티를 형성해 아이템, 아바타, 랜드 같은 컬러버스 내 콘텐츠를 마켓플레이스를 통해 직접 제작하고 판매할 수도 있다. 콘텐츠를 구매한 이용자가 해당 콘텐츠를 재가공해 다시 판매할 수도 있게 된다.

메타버스는 창작자 경제의 끝판왕이 될 전망이다. 크리에이터가 콘텐츠의 소비자이자 생산자이자 거래의 주체가 되어 적극적으로 경제 활동을 하는 창작자 전성시대를 열게 될 것이다. 모든 플랫폼이 웹 3.0의 가치를 살려 크리에이터를 하나의 사업자이자 경제 파트너로 인정하는 비즈니스 모델을 완성해 가고 있다.

2025년 기술의 대전환기 전에
나만의 찐팬을 확보하는 법

'1,000명 찐팬' 이론

진정한 팬 1,000명만 있으면 누구든지 크리에이터로 먹고 살 수 있다.

크리에이터는 어떻게 해야 성공할 수 있을까? 미래 학자로 IT 전문 잡지 《와이어드》Wired를 공동 창간한 케빈 켈리는 '1,000명 찐팬'1,000 True Fans 이론을 제시했다. 그는 《와이어드》에 쓴 칼럼에서 진정한 팬 1,000명만 있다면 누구든지 크리에이터로 먹고 살 수 있다고 단언했다. NFT가 초래할 크리에이터 중심의 창작자 경제, 웹 3.0 플랫폼의 낮은 수수료, 저렴해진 콘텐츠 제작 비용, 수준 높은 콘텐츠, 열광적인 팬덤의 경제학이 크리에이터를 새로운 비즈니스 세상으로 안내하기 때문이다. 상상해 보라. 한 달에 10달러(약 13,000원)를 기꺼이 내는 1,000명의 구독자를 확보한다면, 크리에이터는 1년에 10만 달러를 벌 수 있다.

크리에이터의 홀로서기가 가능한 이유는 2025년을 기점으로 상용화가 가속화될 기술의 대전환에 있다. 생성형 AI가 콘텐츠 제작 혁명을 일으키고 메타버스 속으로 세상이 옮겨지면서 콘텐츠를 즐기는 방식도 MR 헤드셋으로 대전환이 이루어질 것이다. 이런 세상에서 창작자들은 어떤 성공 전략을 짜야 할까?

찐팬 1,000명이 크리에이터의 성공을 결정한다

'진정한 팬'이란 슈퍼 팬을 의미한다. 그들은 창작자가 원하는 것은 무엇이든지 구매해 준다. 그렇다면 어떤 콘텐츠가 슈퍼 팬을 불러 모을 수 있을까? 바로 크리에이티브와 오너십이 결합된 콘텐츠, 즉 '나만의 콘텐츠'다. 그리고 반드시 재미 요소와 메시지,

나만의 콘텐츠

창조성, 오너십, 재미 요소, 메시지 등이 결합돼 슈퍼 팬을 불러들일 힘이 있는 콘텐츠.

즉 사회적 함의가 들어 있어야 한다. 콘텐츠의 품질은 물론이거니와 그 것을 뛰어넘는 스토리텔링이 포함되어야 한다.

크리에이티브creative는 형용사로는 '창조적인, 창의적인'이라는 뜻이지만, 명사로는 '창의적인 사람, 창작 활동을 하는 작가'를 의미한다. 오너십ownership은 '소유권'을 말한다. 결국 창조적인 생각을 통해 창작해

콘텐츠 객관화

소비자들이 좋아할 소재인
지. 나만 좋아하는 콘텐츠는
아닌지 등 객관적 시각에서
콘텐츠를 바라보는 것.

슈퍼 콘텐츠

널리 공유되고 모든 사람이
열광할 뿐만 아니라 기꺼이
지갑을 열게 하는 콘텐츠.

낸 자신만의 콘텐츠가 위력을 발휘하게 된다.

창조를 위해서는 다양한 시도와 실험정신이 필요하다. 그리고 콘텐츠를 객관화해 볼 필요도 있다. 과연 소비자들이 좋아할 소재인지, 만족할 만한 완성도를 갖췄는지, 혹시 나만 좋아하는 콘텐츠는 아닌지 등 객관적인 시각에서 바라봐야 한다. 그래야 콘텐츠에 '남다른 것'이 존재할 수 있다. 분야를 막론하고 문화 예술 창작물과 지식 콘텐츠는 팬덤을 확보하지 못하면 콘텐츠로서 가치를 잃게 된다. 반면 팬덤을 확보한 콘텐츠는 경제적 성과로 연결된다.

그러므로 콘텐츠 소비자가 검색의 결과로 발견한 콘텐츠를 즐기는 것이 아니라 스스로 찾아서 기꺼이 지갑을 여는 콘텐츠를 만들어야 한다. 그런 콘텐츠가 바로 모든 사람이 열광하는 슈퍼 콘텐츠가 되고, 웹 3.0 시대 콘텐츠로 돈을 버는 슈퍼 크리에이터를 만들어 낸다. 이제는 콘텐츠가 곧 돈인 세상이다.

나의 콘텐츠를 좋아하는 구독자들이 팬덤으로 발전하면 '나만의 커뮤니티'가 완성된다. 이렇게 팬덤이 형성되면 셀럽처럼 슈퍼 팬을 확보해서 자연스럽게 미디어 커머스로 나아가 콘텐츠로 비즈니스를 하는 개인 사업자, 팬과 함께 움직이는 '슈퍼 개인'이 된다. 크리에이터가 되고 싶다면 1명의 팬으로 시작해서 1,000명의 찐팬을 만드는 콘텐츠를 어떻게 탄생시킬 것인지, 지금부터 고민을 시작해야 한다.

공유와 추천이 잘되는 콘텐츠 알고리즘의 비결

소셜미디어에서 자신의 콘텐츠를 널리 노출하려면 전략이 필요하다. 노출과 공유가 잘되는 콘텐츠를 만들기 위해서는 소셜미디어가 설계한 알고리즘의 실체를 알 필요가 있다. 틱톡, 인스타그램, 유튜브, 페이스북 등의 피드와 추천 알고리즘, 네이버 뉴스 알고리즘은 각각 어떤 특성이 있을까?

우선 피드 구성의 알고리즘을 이해해야 한다. 피드 구성은 콘텐츠가 나열되는 순서를 의미한다. 이 피드 알고리즘은 소셜미디어에서 설계한 것으로, 이용자 개인의 만족도를 최대한 끌어올리는 데 목적을 두고 콘텐츠의 배치와 순서를 결정한다.

피드 알고리즘

소셜미디어가 설계한 것으로, 콘텐츠가 나열되는 순서를 말한다. 광고 효율성이 최적화될 수 있도록 되어 있다.

핵심은 개별 콘텐츠에 어떤 가중치를 부여하고 있는가다. 또한 서비스를 제공하는 기업의 이윤을 극대화하도록 피드 알고리즘이 설계되어 있다는 점, 광고의 효율성이 최적화될 수 있도록 구성된다는 점도 중요한 포인트다. 대다수 소셜미디어는 광고가 핵심 수입원이기 때문이다.

이용자 수가 적을 경우 일반적으로 피드는 시간 순으로 구성된다. 텍스트, 이미지, 영상 등으로 구성이 복잡한 경우에는 알고리즘이 추천하는 방식으로 달라진다. 이 같은 다양한 요인을 고려해 개별 콘텐츠가 노출되는 함수 공식이 결정된다. 결과적으로 콘텐츠 소비자의 선호도와 주요 검색 키워드 등에 따라 개별 콘텐츠가 특정 이용자에게 보여지는 순서가 정해지고, 이에 따라 콘텐츠가 노출된다.

인스타그램 피드와 스토리는 지인들의 콘텐츠를 볼 수 있는 곳이다. 여기서는 시그널스_{signals} 알고리즘에 따라 콘텐츠 등장 순서가 정해진다. 콘텐츠가 게시된 시기, 동영상의 길이와 위치, 이용자의 클릭 수, '좋아요' 개수, 댓글 개수 등이 시그널스에 해당한다. 게시물을 몇 초 동안 보면서 댓글을 달고 '좋아요'를 누르는지, 또는 게시물을 저장하고 프로필을 클릭하는지 등 콘텐츠에 대한 이용자의 상호 작용이 많을수록 인스타그램 피드 상위에 노출된다.

시그널스

클릭 수, 좋아요, 댓글 등의 개수에 따라 콘텐츠 등장 순서를 결정하는 인스타그램 알고리즘.

틱톡의 추천 알고리즘에는 가장 진화한 피드 구성 알고리즘이 적용된다. 틱토커는 틱톡의 추천, 일명 FYP_{For Your Page}의 기능을 활용하면 좋다. FYP는 '나의 틱톡 영상이 당신의 페이지에 보여졌으면 좋겠다'는 뜻으로, 해시태그(#FYP #fyp #ForYou #ForYourPage)를 달면 된다. 콘텐츠 노출은 좋아요·댓글·반복 재생 수와 재생 시간 등이 추천 알고리즘에 반영되어 결정된다. 더 중요한 사실은 이용자가 다른 사람이 올린 영상에 '좋아요'를 표시하지 않을 경우 자신의 영상에 '좋아요'가 10만 개가 달려도 추천값은 '0'이 된다는 점이다. 이것이 페이스북, 인스타그램, 유튜브와 가장 큰 차이점이다.

FYP

틱톡 콘텐츠 추천 알고리즘. 다른 사람이 올린 영상에 '좋아요'를 표시하지 않을 경우 내 콘텐츠의 추천값이 '0'이 된다.

유튜브는 3가지 영상 추천 알고리즘을 갖고 있다. 이용자의 시청 이력(검색해서 시청한 기록), 동영상 실적(높은 조회율, 만족도), 외부 요인(주제에 대한 관심도, 계절) 등이다. 따라서 추천율을 높이기 위해 크리에이터가 할 수 있는 일은 좋은 콘텐츠를 만드는 것이다. 영상 클릭률이 높고, 평균 시청 조회율이 높고, '좋아요'가 많을수록 더 많은 이용자에게 영상이 추천된다.

　뉴스 피드는 페이스북의 핵심 서비스로 가족과 지인뿐 아니라 사용자가 관심을 가지고 있는 사람, 장소 및 기타 항목에 대한 콘텐츠를 보여 준다. 페이스북은 사용자가 올리거나 팔로우하는 콘텐츠에 대한 머신 러닝을 통해 관심사와 유관한 후보 콘텐츠를 추출해 낸다. 이어 뉴스 피드에 띄울 순서를

결정하기 위해 각 게시물에 점수를 부여하고 콘텐츠를 공유한 사람과 사용자 간의 친밀도, 사용자가 자주 보는 콘텐츠와의 연관성을 고려해서 사용자 화면에 띄울 최종 콘텐츠를 결정한다. 단조롭게 사진 한 장을 올리는 것보다 비디오, 스토리, 릴스, 라이브 비디오 등 다양한 콘텐츠를 올리면 더 효과적이다. 페이스북은 상호 관계가 목적이기 때문에 일대일 관계를 구축하고 댓글, 태그, 메시지, '답방'을 할수록 좋다.

　이제 우리 삶은 소셜미디어라는 공간을 떠나서는 성립하지 않는다. 누구에게나 공평하게 열린 이 거대한 기회를 활용해 SNS 크리에이터로 살기 위해서는 가장 먼저 무엇을 고민해야 할까? 우선 '나만의 콘텐츠'가 무엇인지 생각해 보아야 한다. 그리고 그 콘텐츠가 어떤 플랫폼과 가장 잘 맞는지, 플랫폼이 제공하는 알고리즘은 무엇인지, 1친 명의 찐

팬을 확보하려면 어떤 콘텐츠로 승부해야 하는지 차근차근 공부해야 한다.

킬러 콘텐츠는
어떻게 탄생하는가?

크리에이터로서 각종 콘텐츠 플랫폼에서 팬덤을 확보하려면 어떻게 해야 할까? 어떤 콘텐츠로 승부해야 대박 신화를 쓸 수 있을까? 마케팅과 광고를 어떻게 하면 주목받을까? 정답은 '킬러 콘텐츠'에 있다.

킬러 콘텐츠
독창적이고 차별화된, 대체 불가능한 핵심 콘텐츠.

   콘텐츠 창작자들은 누구나 킬러 콘텐츠를 꿈꾼다. 킬러 콘텐츠란 수많은 콘텐츠를 압도할 정도로 경쟁 우위에 있으면서 큰 영향력을 발휘하는, 독창적이고 대체 불가능한 핵심 콘텐츠라고 정의할 수 있다. 이런 킬러 콘텐츠가 고객의 마음을 사로잡고 콘텐츠를 공유하고 싶도록 만들어서 콘텐츠 소비자를 열광하는 슈퍼 팬이자 미개디로 비꿔 놓는다. 그렇다면 웹 3.0 시대 킬러 콘텐츠를 만들기 위한 전략은 무엇일까?

킬러 공식 1
'설명이 필요 없는' 콘텐츠를 만들어라

———

킬러 콘텐츠의 핵심은 스토리텔링, 캐릭터 설정, 소재 선정 등에서 독창성을 확보하는 데 있다. 그렇게 차별화하면 '설명이 필요 없는' 콘텐츠가 된다. 이는 매출 1조 원의 대박 신화를 만들어 줄 글로벌 콘텐츠를 말한다. 미국에서는 '10억 달러 콘텐츠'라고 한다. 전 세계인을 대상으로 공감대를 형성하고 감성을 자극해서 콘텐츠에 열광하게 만든다. 이런 콘텐츠들은 유통 파워를 갖고 있어서 전 세계적으로 공유되고, 명성과 브랜드를 앞세워 콘텐츠 제목만으로도 강한 신뢰를 제공한다.

10억 달러 콘텐츠
매출 1조 원의 대박 신화를 만들어 줄 글로벌 슈퍼 콘텐츠.

이는 블록버스터 영화도 도달할 수 없는, 일종의 통계학적 이상치라고 할 수 있다. 사실 매출 8억 달러(약 1조 원) 전후에 걸쳐 있는 영화가 상당히 많은 편이다. 그래서 오직 감독과 배우의 티켓 파워만으로 도달할 수 있는 이상치는 8억 달러로 간주된다. 우리나라에서는 비슷한 개념으로 '천만 관객 콘텐츠'가 있다. 관객 1,000만 명을 돌파한 영화 흥행작을 말한다. 한국 기준으로 '10억 달러 콘텐츠 영화'는 1억

천만 관객 콘텐츠
관객 1,000만 명을 불러올 정도의 흥행으로 만들어 줄 영화 콘텐츠.

명의 관객을 동원해야 달성할 수 있는 수치다.

국내에도 설명이 필요 없는 콘텐츠는 있다. 바로 〈오징어 게임〉으로, 투자비 250억 원으로 1조 2,000억 원의 수익을 올린 '10억 달러 콘텐츠'다. 이외에도 5개 게임사가 '매출 1조 클럽'에 올라서면서 설명이 불필요한 콘텐츠를 만들어 낸다. 업계 1위 넥슨은 '카트라이더', '퍼스트 디센던트', '마비노기', '던전 앤드 파이터 모바일' 등을 앞세워 연 매출 3조 원의 콘텐츠로 1조 원에 육박하는 영업이익을 내고 있다.

그룹 BTS를 키워 낸 하이브도 2021년 가요 기획사 최초로 연간 매출 1조 원을 돌파했다. 특히 BTS의 매출 확대 전략은 주목할 필요가 있다. 음원 콘텐츠를 활용해서 MD(굿즈), 게임 등 다양한 상품을 만들어 매출을 키워 가고 있다. 특히 게임 콘텐츠를 확대하기 위해 '하이브 IM'을 분사해 본격적으로 육성 중이다. BTS에 크게 의존하고 있는 기존 음악 레이블 사업에서 게임, 가상 인플루언서, 가상 앨범, NFT, 메타버스 등 디지털 콘텐츠 쪽으로 수익 모델을 다각화하고 있다.

하이브는 메타버스가 고도화할수록 게임이 음악 등 엔터테인먼트를 즐기는 공간이자 수단이 될 것으로 전망한다. 방시혁 의장이 '고객의 시간을 가치 있게 점유하는 것이 플랫폼 기업의 숙명'이라고 밝힌 점도 눈여겨볼 만하다.

킬러 공식 2
콘텐츠의 '공감 세계관'을 탄생시켜라

———

킬러 콘텐츠의 핵심 포인트는 게임, 영화, 소설, 드라마 속에 누구나 공감할 수 있는 세계관을 어떻게 설정해 넣느냐에 있다. 콘텐츠에 사람들을 몰입시키는 세계관이 분명하게 존재할 때 신드롬이 만들어진다.

세계관ᵤₙᵢᵥₑᵣₛₑ이란 스토리의 배경이 되는 세계를 바라보는 관점을 뜻하는 말로 독일어 벨탄샤웅ᵂₑₗₜₐₙₛ𝒸ₕₐᵤᵤₙ𝓰, 즉 세계에 대한 직관이란 뜻에서 비롯된 철학 용어다. 영어로 월드 뷰ʷᵒʳˡᵈ ᵛⁱᵉʷ로도 해석되는데, 독일 철학자 이마누엘 칸트의《판단력 비판》에서 처음 거론되었다. 이후 여러 철학자를 거쳐 '세상에 대한 성찰'이라는 개념으로 자리잡았다. 현재 세계관은 산업·문화·예술 등 전 분야에서 가장 영향력 있는 용어가 되었고, 젊은 층일수록 스토리를 지배하고 있는 특별한 세계관에 열광한다. 특히 독창적인 세계관은 문화 콘텐츠의 필수 조건이 되었다.

세계관
스토리의 배경이 되는 세계를 바라보는 관점.

세계관으로 대성공을 이끈 문화 콘텐츠로 미국의 영화 제작사 마블 스튜디오ᴹᵃʳᵛᵉˡ ˢᵗᵘᵈⁱᵒ가 만들어 낸 〈아이언맨〉, 〈인크레더블 헐크〉, 〈어벤져스〉, 〈스파이더맨〉 등을 꼽을 수 있다. 이들 영화는 마블 스튜디오가 영화를 통해 구현해 낸 슈퍼 히어로물 프랜차이즈 세계관이라는 뜻에서 '마블 시네마틱 유니버스ᴹᵃʳᵛᵉˡ ᶜⁱⁿᵉᵐᵃᵗⁱᶜ ᵁⁿⁱᵛᵉʳˢᵉ', 앞자를 따서 MCU

라고 부른다. 영화와 드라마 등 모든 마블 스튜디오 작품에는 슈퍼 히어로의 공통된 세계관이 자리 잡고 있다. 영화들은 서로 유기적으로 연결되어 한 편 한 편이 다른 작품들의 스토리에 영향을 주거나 관계가 있도록 설정돼 있다.

'공감 세계관'은 소비자들을 콘텐츠와 스토리 속으로 쉽게 빠져들게 한다. 또 스토리가 끊임없이 연결되는 구조여서 시즌 1, 2··· 식으로 콘텐츠가 무한 확장되고, 팬덤을 형성하기도 용이하다. 나아가 공간의 확장, 시간의 확장, 이야기의 확장을 통해 콘텐츠의 창작 범주를 확대시켜 준다.

BTS의 성공 이면에도 방탄 세계관, 즉 'BU'가 숨어 있다. 인생에서 가장 아름답고 행복한 순간을 뜻하는 '화양연화'花樣年華는 방탄소년단을 K팝의 최정상, 전 세계적인 스타로 끌어올려 준 시리즈의 제목이면서 동시에 방탄소년단의 세계관이다. 이는 코로나19로 고통받는 청춘을 위로했고, 이후 〈다이너마이트〉의 신나는 춤과 노래는 전 세계인에게 에너지를 선물했다. 이처럼 대중은 공감을 이끌어 내는 독창적인 세계관을 담은 콘텐츠에 열광한다. 이는 글로벌 시장에서도 슈퍼 팬을 확보하는 가장 강력한 원동력이 될 수 있다.

MCU

마블 시네마틱 유니버스. 〈아이언맨〉, 〈인크레더블 헐크〉, 〈스파이더맨〉 등의 영화를 통해 구현해 낸 슈퍼 히어로물 프랜차이즈 세계관.

공감 세계관

대중의 공감을 이끌어 내는 독창적 세계관.

화양연화

인생에서 가장 아름답고 행복한 순간을 뜻하는 방탄소년단의 세계관.

킬러 공식 3
밈 현상을 촉발시켜라

밈 현상

문화적 행동, 지식, 콘텐츠가 다른 사람에게 복제되어 전달되는 것으로, 일종의 '따라 하기'를 말한다.

MZ세대들이 콘텐츠를 즐기는 방식은 다르다. 흥미롭거나 이슈가 되는 콘텐츠의 경우 이를 흉내 내서 다양한 패러디물과 2차 콘텐츠를 생산해 확산시키는 '밈 현상'이 두드러진다. 밈meme이란 문화적 행동이나 지식, 콘텐츠가 다른 사람에게 복제되어 전달되는 것을 의미한다. 일종의 따라 하기로, 바이럴을 일으키면서 오리지널 콘텐츠의 영향력을 폭발적으로 확장시켜 준다. 그래서 킬러 콘텐츠가 되려면 밈 현상을 촉발시키고 팬덤을 만들어 낼 탄탄한 스토리가 있어야 한다.

〈오징어 게임〉도 밈 마케팅의 효과를 톡톡히 보면서 킬러 콘텐츠가 되었다. 로블록스에서는 〈오징어 게임〉의 '무궁화 꽃이 피었습니다'를 소재로 한 게임이 만들어져 수억 명이 즐기는 콘텐츠가 되었고, 트위치에는 게임을 생중계하는 스트리머까지 등장해 수만 명이 함께 게임 영상을 보는 진기록도 세워졌다. 달고나 뽑기 상품까지 출현했고 달고나 뽑기 챌린지 열풍이 전 세계적으로 일어났다. 심지어 LA 시의회는 매년 9월 17일을 '오징어 게임의 날'로 선포했다. 영국에서는 현실판 '오징어 게임: 더 챌린지' 리얼리티 쇼를 제작했고, 톱 유튜버 미스터비스트는 〈오징어 게임〉의 세트장을 실제로 만들어 게임을 따라 하기도 했다.

결국 킬러 콘텐츠는 밈 현상을 촉발시킬 수 있는 팬덤이 조성되고 '밈 콘텐츠'가 전파되면서 원본 콘텐츠의 영향력을 배가시켜 준다. 오리지널 콘텐츠를 재구성해서 자신들이 원하는 형식의 새로운 스토리 라인을 만들어 내면서 콘텐츠에 대한 신드롬을 조성하는 것이다.

밈 콘텐츠
오리지널 콘텐츠를 흉내 내서 탄생시킨 챌린지 콘텐츠.

왜 콘텐츠가 밈을 촉발시켜야 할까? 디지털 세대인 MZ들의 놀이 문화로 자리 잡았기 때문이다. 밈 콘텐츠는 온라인을 장악하고 뒤이어 오프라인의 비즈니스 트렌드까지 좌지우지하는 막강한 영향력을 발휘한다. '사딸라', '1일 1깡', '아무 노래' 챌린지 등이 MZ세대들의 밈 현상을 대변하는 대표적인 사례다. '아무 노래 챌린지'는 지코의 〈아무 노래〉 가사에 맞춰 누구나 쉽게 춤을 추고 영상을 올리는 이벤트다. 지코가 춤을 추는 영상을 시작으로 〈아무 노래〉를 배경 음악으로 무려 5만 건의 영상이 1주일 만에 올라왔다. 열흘 간 영상 조회 수만 약 5,500만 회에 달했다. 밈이 촉발되면서 〈아무 노래〉는 음원 차트 정상을 차지했다. 이처럼 밈을 촉발시키면 콘텐츠의 파괴력은 무한히 증가한다.

킬러 공식 4
오리지널 콘텐츠로 승부하라

킬러 콘텐츠는 창작 본연의 창의성이 넘칠 때 진가를 발휘한다. 새롭게

창작된 독창적인 콘텐츠, 즉 오리지널 콘텐츠가 가장 강력한 힘을 갖기 때문이다. 소비자들은 이런 오리지널 콘텐츠를 보기 위해 기꺼이 지갑을 연다.

오리지널 콘텐츠 〈슬램덩크〉는 창작 콘텐츠의 위력을 보여 주었다. 만화가 이노우에 다케히코가 1990년 10월 일본 잡지 《주간 소년 점프》에 연재하기 시작하면서 그 역사가 시작되었다. 《슬램덩크》 단행본 31권(완전판 24권)은 일본에서만 1억 2,000만 부 이상 팔렸다. 일본 대중문화가 개방되기도 전인 1992년부터 한국에서도 정식 발매되기 시작해 1,450만 부 넘게 팔렸다.

30년의 세월이 흘러 이노우에는 자신이 만든 각본으로 감독을 맡아 극장용 애니메이션 〈더 퍼스트 슬램덩크〉를 개봉했다. 슈퍼 팬들이 그토록 원했던 원작의 최종 보스 산왕공고(산노)와의 인터하이 32강전을 영상화한 극장판이다. 원작의 파워는 상상 외로 컸다. 30년 전 《슬램덩크》 독자들의 감성을 일깨우며 '슬친자'(슬램덩크에 미친 자)들을 극장으로 불러들였다. 영화는 대흥행을 기록했고, 부모와 함께 영화를 본 1030세대까지 〈슬램덩크〉의 매력에 푹 빠졌다. 다시 팬덤을 만들어 내며 'N차 관람'이 유행하기도 했다.

'포켓몬 GO'의 전 세계적인 흥행에는 증강현실 기반의 혁신적인 게임 플레이와 더불어 포켓몬 IP가 큰 역할을 했다. TV로 〈포켓몬스터〉 애니메이션을 보고, 닌텐도 DS로 '포켓몬스터' 게임을 즐겼으며, 국내에서는 포켓몬 빵 매출로까지 이어졌다. 그러다가 유사 캐릭터 빵들이 나오면서 포켓몬 빵은 자취를 감췄다. 하지만 나이언틱의 증강현실 게임 '포켓몬 GO'가 나오면서 포켓몬의 인기는 재점화되었다. 포켓몬 빵도 새출시해 달라는 요구가 쇄도했다. 2022년 2월 드디어 '돌아온 포켓몬 빵'을 선보였는데, 출시 후 1년 새 1억 개 이상 팔리면서 편의점 오픈런, 스티커 시세표까지 등장할 정도로 옛 명성을 되찾았다. SPC 삼립은 포켓몬 빵의 인기에 힘입어 매출 3조 원을 달성하며 '3조 클럽'이 되었다. 오리지널 콘텐츠와 IP가 만들어 낸 놀라운 결과다.

〈슬램덩크〉나 '포켓몬스터'의 성공에는 오리지널 콘텐츠가 핵심적인 역할을 했다. 오리지널 콘텐츠는 끝없는 재활용이 가능하고 다양한 상품 개발을 통해 신규 매출을 창출해 낼 수 있다. 슈퍼 팬들의 팬심을 자극하는 콘텐츠는 제품 판매로 바로 연결되기 때문이다. 특히 OTT 시장 경쟁이 콘텐츠 기반 수익 창출 경쟁으로 강화되면서 오리지널 IP의 중요성은 더욱 커질 것이다.

오리지널 IP 신드롬

오리지널 콘텐츠의 IP가 강력한 영향력을 발휘해 부가사업의 매출을 끌어올리는 현상.

킬러 공식 5
해시태그를 장악하라

디지털 콘텐츠의 승패는 얼마나 많은 해시태그가 온라인을 장악하느냐

해시태그

뉴스, SNS, 유튜브, 블로그 등 모든 온라인에서 관련된 정보를 확인할 수 있는 추천 키워드.

에 달려 있다. 특정 단어에 해시(#)를 달면 SNS·유튜브·블로그 등 모든 온라인에서 관련된 정보를 확인할 수 있다. 일종의 추천 키워드라고 할 수 있다. 해시태그 하나만 있으면 언제 어느 때고 원하는 정보를 검색해 모으고 분류할 수 있다. 젊은이들이 습관처럼 즐겨 사용하고 있고, 콘텐츠를 홍보하는 용도로 자리 잡았다. 따라서 해시태그는 확실한 노출의 기회를 잡을 수 있는 황금 열쇠인 셈이다.

해시태그는 트위터가 2009년 7월 모든 해시태그에 하이퍼 링크를 넣으면서 시작되었다. 이후 페이스북, 인스타그램 등 다른 SNS에서도 해시태그 기능을 지원하면서 세계 공통 검색어가 되었다. SNS에서 해시태그는 가장 강력한 노출 수단이다. 직접적인 검색 기능 외에도 사용자들과 소통하는 키워드로 작동할 수 있고, 바이럴 마케팅의 불쏘시개 역할을 한다. 해시태그는 콘텐츠의 노출을 늘리고 자신의 콘텐츠를 '킬러 콘텐츠'로 부각시키는 특별한 수단이 될 수 있다.

온라인 세상에서 화제의 콘텐츠를 만들기 위해서는 MZ세대의 놀이터인 SNS에서 해시태그 형태로 자발적인 추천이 이루어지고, 입소문을 통해 현실세계와 소통이 일어나야 한다. 기업의 효과적인 마케팅과 콘텐츠의 파급 효과를 위해서는 맞춤형 해시태그가 필수적이다.

킬러 공식 6
IP와 네트워크를 통한 연결로 가치를 창출하라

———

'케빈 베이컨의 6단계 법칙'에 대해 들어 보았는가? 한 영화배우를 지목해 그가 몇 단계 만에 미국 영화 배우 케빈 베이컨과 연결되는지 실험을 했는데, 모든 배우가 6단계 안에 케빈 베이컨에게 연결되는 것으로 확인되었다. 이는 자신과 전혀 관계없어 보이

> **케빈 베이컨의 6단계 법칙**
> 자신과 전혀 관계없어 보이는 사람도 6단계만 거치면 연결된다는 네트워크 이론.

는 사람도 6단계만 거치면 대부분 연결된다는 것으로 '6단계 분리 이론'으로도 불린다. 세상은 그만큼 좁은 네트워크라고 할 수 있다. 이 실험은 1994년에 이루어졌는데, 오늘날처럼 각종 SNS로 모두 연결된 세상에서는 6단계가 아니라 3~4단계 정도면 누구나 특정인과 연결될 수 있을 것이다.

오늘날 콘텐츠 시장도 글로벌 콘텐츠 네트워크의 영향력이 지배적이다. 글로벌 OTT 기업 넷플릭스, 디즈니 플러스, 아마존 프라임 비디오, HBO 맥스, 애플TV 플러스, 훌루 등이 세계 콘텐츠 시장을 장악하고 있다. 이들 플랫폼에 올라타지 못하면 킬러 콘텐츠로 성공할 수 없다. 최소한 티빙, 웨이브, 쿠팡 플레이, 왓챠 등 토종 OTT나 공중파, 종편 플랫폼에라도 올라타야 한다. 그리고 반드시 오리지널 콘텐츠에 대한 IP를 확보한 상태에서 네트워크에 합류해야 한다. 투자자에게 IP를 넘기면 미디어 믹스 선략을 펼칠 수 없기 때문이다.

글로벌 OTT

전 세계 콘텐츠 시장을 장악하고 있는 글로벌 콘텐츠 사업자. 이들 네트워크에 올라타야 킬러 콘텐츠가 될 수 있다.

음악 차트 플랫폼

미국 빌보드, 영국 오피셜, 일본 오리콘 등 세계 3대 음악 차트에 올라야 글로벌 스타가 될 수 있다.

미국 시장조사 기관 인사이더 인텔리전스에 따르면, 2022년 전 세계적으로 20억 명 이상이 OTT를 통해 동영상 콘텐츠를 시청했다. 2026년에는 22억 5,000만 명으로 증가할 전망이다. 그러므로 킬러 콘텐츠로 성공하려면 이들 글로벌 플랫폼에 올라타 전 세계 시청자를 대상으로 승부를 걸어야 한다. 글로벌 OTT에서 반응이 폭발적일 때, 순식간에 킬러 콘텐츠로 인정받을 수 있다.

음악 콘텐츠로 성공하려면 세계적인 음악 차트 플랫폼에 이름을 올려야 한다. 미국 빌보드 차트, 영국 오피셜 차트, 일본 오리콘 차트가 세계 3대 음악 차트로 이들은 각 국가의 음악 시장에서 가장 인기 있는 음악을 추적하고 소비자들에게 최신 음악 트렌드를 제공한다. 여기에서 언급되는 노래는 반드시 히트곡이 된다. 음원 스트리밍, 라디오 재생, 음반 판매량 등이 종합적으로 반영되기 때문에 음원 판매에도 영향을 미친다. 국내에서는 가온 차트와 멜론 차트가 음악 트렌드를 알려 주고 있다.

블랙핑크는 K팝 걸그룹 최초로 정규 2집 '본 핑크'Born Pink로 미국 빌보드 앨범 차트인 '빌보드 200'에서 1위를 차지하며 새로운 역사를 썼다. 2016년 데뷔한 블랙핑크는 처음부터 글로벌 네트워크를 공략했다. 그 결과 2018년 미니 1집 '스퀘어 업'이 빌보드 200 40위에 진입한 것을 시작으로 전 세계 대중음악 팬들의 주목을 받으며 글로벌 스타가 되

● 전 세계적으로 인기를 끈 네이버 웹툰으로 만든 게임 '신의 탑'.

출처: 넷마블

었다.

BTS 역시 글로벌 네트워크를 공략해 K팝 가수 가운데 유일하게 '빌보드 200'과 '핫 100'에서 동시 1위를 기록했다. 1위에 오른 〈다이너마이트〉는 1주일 동안 3,390만 스트리밍, 30만 음반 판매량을 기록했다. 글로벌 네트워크의 힘이었다.

만화가 시우SIU의 〈신의 탑〉은 슈퍼 IP를 기반으로 글로벌 네트워크와 원 소스 멀티 유스OSMU 전략이 결합돼 트랜스 미디어 스토리텔링으로 성공한 대표 작품이다. 〈신의 탑〉은 주인공 소년 '스물다섯 번째 밤'이 소녀 '라헬'을 찾아 광대한 세계 그 자체인 '탑'에 오르는 내용을 담고 있는 웹툰이다. 탑이라는 특수한 공간을 토대로 펼쳐지는 치열한 두뇌 플레이와 흥미로운 스토리 전개로 전 세계 웹툰 시장에서 누적 45억 뷰를 돌파할 정도로 인기를 끌었다.

네이버 웹툰은 이 인기를 앞세워 콘텐츠를 글로벌 네트워크에 탑재해 킬러 콘텐츠를 만들었다. 미국의 스트리밍 사업자 크런치롤, 일본 텔레콤 애니메이션 필름과 합작해 만든 TV판 애니메이션 〈신의 탑〉을 한·미·일에 동시 방영했다. 커뮤니티 사이트 레딧Reddit의 주간 인기 애니메이션 랭킹에서 1위를 차지할 정도로 시청자 반응은 폭발적이었다.

킬러 콘텐츠의 확장 모델인 트랜스 미디어 스토리텔링과 글로벌 네트워크의 연결성이 가져다준 놀라운 효과다.

게임은 영상과 음악, 스토리, 캐릭터 등 다양한 장르가 융합된 '종합 콘텐츠'다. 킬러 콘텐츠는 오리지널 콘텐츠의 특권인 IP를 안겨 주고, 이 IP는 OSMU로 다양한 미디어 플랫폼을 장악하게 된다. 이런 장악력을 갖는 콘텐츠가 바로 '슈퍼 IP 콘텐츠'다. 하나의 콘텐츠를 기반으로 어떤 형태로든 자유롭게 변형할 수 있는 슈퍼 IP는 OSMU의 원천이다.

강력한 파워를 가진 글로벌 플랫폼이나 네트워크에 제대로 된 콘텐츠가 올라탔을 때 글로벌 킬러 콘텐츠가 될 수 있고, 더 큰 파괴력을 갖게 된다. 세상은 네트워크로 연결돼 있다. 온라인이든 오프라인이든, 이 네트워크를 타고 입소문이 퍼져 나간다. 우리는 연결된 사회에 살고 있고 이 '연결성'을 활용하지 못하면 콘텐츠로 성공의 길을 찾기 어렵다.

OSMU

원 소스 멀티 유스. 슈퍼 IP를 기반으로 오리지널 콘텐츠를 만화, 드라마, 영화, 게임 등 다양한 용도로 확장하는 방식.

슈퍼 IP 콘텐츠

OSMU로 다양한 미디어 플랫폼에 올라타 흥행을 이끌어 낼 수 있는 킬러 콘텐츠.

킬러 콘텐츠로 자리 잡으려면 소셜미디어와 온라인이 제공하는 콘텐츠 확산의 법칙을 영리하게 이용해야 한다.

CHAPTER 5

챗GPT 시대,
진정한 크리에이터는 누구인가?

1980년대 말의 인터넷 혁명과 2007년 애플 아이폰의 등장은 인류의 삶을 송두리째 바꿔 놓았다. 세상은 온라인으로 연결되었고, 시간과 공간을 초월해 어디서든 원하는 콘텐츠를 볼 수 있는 모바일 세상이 열렸다. 2022년 11월에는 생성형 인공지능AI인 챗GPT가 혜성처럼 등장해 '게임 체인저'로 부상했다. 생성형 AI는 인간 고유의 창작 활동을 인간보다 더 빨리 더 다양하게 대신 해줄 수 있다는 점에서 놀라운 진전이다. 문제는 생성형 AI가 큰 기회인 동시에 위기를 초래할 수도 있다는 점이다. 과연 생성형 AI는 콘텐츠 시대에 어떤 변화를 몰고 올까?

이미 시작된
창작 AI의 콘텐츠 혁명

정보화 시대 첫 번째 콘텐츠 혁명은 컴퓨터 발명에서 시작되었고, 두 번째 혁명은 인터넷의 등장에서 비롯되었다. 인터넷에 올라온 방대한 빅데이터는 새로운 창작물을 만드는 자료가 되었고, 사람들은 이를 바탕으로 끊임없이 새로운 창작물들을 만들어 냈다. 마이크로소프트는 인터넷 익스플로러와 윈도로 인터넷 시대를 사실상 독점했다. 이후 1989년 월드와이웹www이 무료로 공개되면서 보다 손쉽게 콘텐츠를 생산하고 정보를 검색 및 활용하는 개인용 PC 시대가 열렸다.

구글
막강한 익스플로러를 몰아내고 검색 엔진을 앞세워 인터넷 세상의 주도권을 쟁탈했다.

1998년 9월 마감한 검색 엔진을 앞세운 구글이

마이크로소프트를 제치고 인터넷 세상의 주도권을 가져왔다. 시장점유율 90퍼센트로 웹 브라우저 시장을 장악했던 익스플로러는 검색 경쟁에서 밀려 2022년 6월, 27년 만에 역사 속으로 사라졌다. 그사이 애플이 휴대전화와 인터넷을 결합한 스마트폰 아이폰으로 모바일 혁명을 일으키면서 모든 콘텐츠가 스마트폰 안으로 들어왔다.

이제 세상은 챗GPT Generative Pre-trained Transformer 의 등장으로 새로운 국면을 맞았다. 명령어를 넣거나 말만 하면 원하는 정보를 검색해 주는 차원을 넘어 다양한 종류의 작업을 대신 해준다. 글쓰기와 디자인, 번역과 코딩, 마케팅 콘텐츠 생산과 지식 관리, 작곡과 그림 그리기 등 콘텐츠 산업의 일대 대전환은 이미 시작되었다.

챗GPT

검색, 글쓰기, 디자인, 그리기, 번역 등 대화형으로 결과값을 제공해 주는 생성형 AI.

기업들도 챗GPT를 접목한 사업 기회를 모색하기 위해 경쟁적으로 뛰어들고 있다. 유료 버전인 '챗GPT 플러스'의 경우 월 이용료 20달러(약 25,000원)만 내면 챗GPT를 개인 비서처럼 쓸 수 있다. 5시간 걸릴 일을 1분이면 해결할 수 있다. 단순노동이 필요한 일을 대신 시켜 업무 효율을 크게 높일 수도 있다. 글과 논문을 대신 작성해 주는 챗GPT는 저술 시장에 이미 지각변동을 몰고 오고 있다.

4시간 만에 책을 내고, 디지털 아트 공모전을 휩쓸다

"아들에게 금융을 가르치는 아버지에 대한 이야기를 써라."

미국 뉴욕에 사는 세일즈맨 브레트 쉬클러는 챗GPT에게 이 한 문장을 입력한 후 몇 시간 만에 30페이지 분량의 어린이용 그림책《현명한 꼬마 다람쥐: 저축과 투자 이야기》를 만들었다. 이 책은 아마존 '킨들 스토어'에서 2.99달러(약 3,900원)에 판매되고 있다. 쉬클러는 로이터와의 인터뷰에서 앞으로도 챗GPT를 이용해 책을 만들 것이라

《현명한 꼬마 다람쥐》
챗GPT가 저술한 30페이지 분량의 어린이용 그림책.

고 했다. 아마존에는 챗GPT를 저자 또는 공동 저자로 등재한 전자책이 이미 200권 넘게 올라와 있다.

국내에서도 챗GPT가 쓰고 교열하고 편집까지 한《삶의 목적을 찾는 45가지 방법》이 출간되었다. 인쇄와 출간 작업을 제외한 고유의 집필 및 편집 작업을 단 30시간 만에 끝냈다. 번역은 AI 파파고를 통해서 했고, 일러스트도 셔터스톡 AI에 맡겼다. 챗GPT가 출판 시장의 판도를 바꿀 해결사로 부상하고 있다.

눈부시게 밝은 원형 창 너머로 화려한 풍경을 담은 작품 〈스페이스 오페라 극장〉. 르네상스 시대의 예술을 연상시키는 이 작품은 미국의 게임 디자이너 제이슨 앨런이 미국 콜로라도 주립 박람회 공모전에서 디지털 아트 분야 1위를 차지한 그림이다.

〈스페이스 오페라 극장〉
미국 공모전에서 1등을 한 작품으로, 이미지 생성형 AI 미드저니가 그린 그림에 덧칠한 것이다.

그런데 이 작품은 이미지 생성형 AI 미드저니를 이용해 생성된 그림에 사람이 덧칠을 한 것이었다. 미국에서는 '예술이 죽었다'는 논란까지 일었다.

미드저니는 문장을 입력하면 몇 초 안에 관련 이미지를 생성해 주는 AI 프로그램이다. 앨런은 "고전적인 여자가 우주 헬멧을 쓴 모습에서 출발, 꿈에서 나올 법한 분위기를 연출하기 위해 약 80시간 동안 AI에게 원하는 이미지가 도출될 수 있도록 명령어를 삽입하는 복잡한 과정을 거쳤다."라고 설명했다.

미국의 예술가 크리스 카시타노바의 공상과학 만화책 《여명의 자리야》도 미국 저작권청USCO이 AI가 그렸다는 사실을 발견하고 저작권 보호 대상에서 제외했다. 앞으로 이런 이슈는 끊임없이 불거질 것이고, 사회적 논의가 불가피할 전망이다. 생성형 AI의 지식재산권을 둘러싼 논란과 더불어 윤리적인 문제도 새로운 해법을 찾아야 한다.

이미지 생성형 AI, 무엇이든 척척 그려 준다

오픈 AI는 문서를 작성해 주는 챗GPT와는 별도로 텍스트를 입력하면 원하는 이미지를 만들고 그림을 그려 주는 멀티 모달 AI '달리3'DALL-E3를 내놓았다. 멀티 모달multi modal AI란 이미지, 텍스트, 오디오 등 다양한 데이터 유형을 통합해 분석하고 이해하는 능력을 갖춘 AI 기술로, 텍스트를 이해하고 그림으로 그려 준다.

"포효하고 있는 호랑이의 모습을 유화로 표현해 주세요."라고 입력 창에 명령어를 입력하면 원하는 이미지를 그대로 그려 준다. 좀 더 자세히 "반 고흐의 화풍으로 그려 주세요."라고 주문하면 반 고흐의 그림을 흉내 내서 그려 준다. 이미지를 구체적으로 설명할수록 더 좋은 결과물을 얻을 수 있다. 이미지 합성이나 편집도 가능하다. 한 달에 15개의 무료 크레디트를 사용할 수 있고, 그 이상은 추가로 구매해야 한다.

어도비도 '센세이 젠 AI'를 선보이며 생성형 AI 전쟁에 뛰어들었다. 어도비는 센세이를 마케터를 위한 조력자로 규정했다. 기업이 추구하는 톤과 핵심 단어를 식별해 마케팅 카피를 작성해 준다. 기업의 타깃 고객층을 자동으로 분류하고 차트로 보여 준다.

노블 AI의 '노블 AI 이미지 생성' 서비스는 일러스트를 척척 그려 준다. 텍스트를 입력하면 일본 애니메이션을 뜻하는 아니메Anime 스타일의 일러스트를 생성해 내도록 AI를 학습시켰기 때문이다. 놀라운 사실은 주제어와 원하는 내용민 입력하면 링딩

달리3

텍스트를 입력하면 원하는 이미지를 만들고 그림을 그려 주는 멀티 모달 AI.

멀티 모달 AI

이미지, 텍스트, 오디오 등 다양한 데이터 유형을 통합해 분석하고 이해하는 능력을 갖춘 이미지 생성형 AI.

센세이 젠 AI

기업이 추구하는 톤과 핵심 단어를 식별해 마케팅 카피를 만들어 주는 생성형 AI.

노블 AI

일본 아니메 스타일의 일러스트를 그려 주는 생성형 AI.

셔터스톡

이미지를 자동으로 생성할 수 있고, 제품도 디자인할 수 있는 생성형 AI.

15원에 고퀄리티의 일러스트를 사람보다 빨리, 사람이 그린 것처럼 바로 생성해 준다는 점이다.

셔터스톡은 검색 창에 문장을 입력하면 원하는 대로 이미지를 자동으로 생성해 준다. 클릭 몇 번만 하면 깜짝 놀랄 만한 디자인을 완성할 수 있고 자신이 원하는 제품도 디자인할 수 있다. 저작권 갈등이 없도록 자사 플랫폼 내 라이선스를 획득한 원본만 학습하도록 한 게 특징이다. AI가 사용하는 원본의 원작자에게는 수익을 배분해 준다.

이처럼 각종 이미지 창작 도구가 쏟아지고 있는 것을 반가워할 수만은 없다. 이미지 생성기가 실제 화가, 디자이너, 일러스트레이터들을 위협하고 있기 때문이다. 독창성과 정교함까지 갖춘 이미지 생성형 AI를 활용해서 누구나 멋진 작품을 만들 수 있는 세상이 도래하고 있지만, 그보다 먼저 이들 AI를 어떻게 활용할지에 대한 사회적인 논의가 있어야 할 것이다.

영상 생성형 AI, 내 아바타로 영화도 만들어 준다

미국 스타트업 런웨이는 텍스트 프롬프트에서 지정한 스타일을 적용해 기존 비디오를 새로운 비디오로 변환해 주는 AI 모델 '젠-1'을 내놓았다. '페이드 아웃'fade-out이라고 입력하면 화면이 점차 어두워진다. '도시

장면을 보여 줘'라고 하면 도시 배경의 장면이 나타나고, 원하는 물체를 지정한 뒤 '삭제해 줘'라고 하면 그 물체만 삭제된 영상이 나타난다. 이른바 텍스트를 활용해 동영상을 생성하고 자유자재로 편집할 수 있는 영상 편집기에 가깝다.

메타의 '메이크 어 비디오'Make-A-Video와 구글의 '페나키'Phenaki는 텍스트 입력 창에 원하는 내용을 치면 영상을 만들어 준다. 예를 들어 "테디베어가 바다로 뛰어든다. 테디베어가 물에서 나온다. 테디베어가 해변을 걷는다. 카메라가 줌아웃되고 해변에서 모닥불을 쬐는 테디베어가 보인다."라고 입력하면 그대로 영상이 만들어진다. 2D 이미지나 애니메이션이 아닌 실사에 가까운 사실적인 영상이다.

영국 스타트업 신세시아는 AI 영상 제작 플랫폼 '신세시아'Synthesia를 서비스 중이다. 나의 아바타로 10분이면 영상을 만들 수 있다. 아바타는 나의 외모뿐 아니라 행동, 목소리까지 그대로 모방할 수 있고, 나를 대신해서 답변을 하기도 한다. 9개 국어를 구사할 수 있는 데이비드 베컴의 복제 아바타도 신세시아를 통해 태어났다.

이제 생성형 AI는 텍스트만 입력하면 그림을 그려 주는 단계를 넘어 동영상을 만들어 주는 텍스트 투 비디오text-to-video AI로 진화하고 있다.

젠-1

텍스트를 활용해 동영상을 생성하고 자유자재로 편집할 수 있는 생성형 AI.

'메이크 어 비디오'와 '페나키'

텍스트를 입력하면 비디오를 만들어 주는 영상 생성형 AI.

신세시아

아바타를 만들어 영상을 제작할 수 있는 AI 영상 제작 플랫폼.

프레젠테이션 또는 마케팅 캠페인을 위한 영상도 고품질로 빠르게 제작할 수 있다. 제품 홍보 영상도 AI가 만들어 주는 세상이다.

AI 이미지·동영상 생성기는 일러스트레이터, 영상 편집자, CG 디자이너를 대체할 수 있어 미래 창작 세계에 지각변동을 일으킬 수 있다. 나아가 디자인, 마케팅, 콘텐츠 제작에 혁명적인 변화를 몰고 올 것이다. 지금까지는 직접 생산한 그래픽, 삽화, 사진, 영상을 활용해 원하는 마케팅 콘텐츠를 제작해야 했기 때문에 비용 부담이 컸다. 하지만 앞으로 AI 콘텐츠 생성기를 활용하면 콘텐츠 생산 비용과 시간을 획기적으로 낮출 수 있다. '스테이블 디퓨전'을 이용하면 300개의 이미지를 2시간 만에 생성할 수 있다.

하지만 이런 변화가 창작자와 예술가들에게 새로운 기회를 열어 줄지, 그들의 자리를 위협할지, 어떤 규제가 발목을 잡을지, 저작권은 어디까지 인정받게 될지, 윤리적 논쟁을 유발할 결과물은 어떻게 해야 할지 등 사회적 논의는 불가피하다. 그럼에도 불구하고 인류와 기술의 동행은 계속되어야 할 것이다. 기술의 역사를 돌아보면 빨리 받아들이고 제대로 활용하는 사람에게 더 큰 기회가 주어졌다는 점은 부정할 수 없다.

콘텐츠 제작과 유통의
신세계가 펼쳐진다

생성형 AI는 뉴스와 정보성 콘텐츠 제작에도 신세계를 열어 준다. 생성형 AI를 받아들이고 비즈니스에 접목하는 개인과 기업은 다양한 목적에 맞춰 자신만의 상품과 서비스를 만들어 낼 수 있을 것이다. 생성형 AI를 활용하면 개인 맞춤형 콘텐츠를 추천해 주는 시스템을 구축할 수 있다. 언론사나 콘텐츠 제공자는 디지털 콘텐츠에 대한 수익 모델을 만들고 더 많은 독자를 끌어들일 수 있다. 자연어 처리 기술을 활용해 사용자의 관심사, 선호도, 콘텐츠 이용 패턴 등을 토대로 추천 엔진을 구축할 수 있기 때문이다.

이렇게 생성형 AI가 사용자의 데이터를 분석해서 개인에게 최적화된

뉴스 애그리게이터 플랫폼

수많은 뉴스를 큐레이팅해서 사용자가 원하는 뉴스만 볼 수 있도록 하는 맞춤형 콘텐츠 플랫폼.

뉴스 관련 콘텐츠를 제공하면 이용자의 만족도가 높아지고, 그들의 관심도에 맞는 광고를 보여 줌으로써 수익도 창출할 수 있다. 나아가 언론사에서 쏟아지는 수많은 뉴스를 큐레이팅해 사용자에게 맞춤형 콘텐츠만 제공하는 뉴스 애그리게이터Aggregator 플랫폼을 개발해 서비스하고, 사용자의 이용 패턴과 관심사를 분석함으로써 프리미엄 뉴스 구독 서비스를 만들고 광고와 상품 몰을 탑재할 수도 있다.

콘텐츠 제작, 생성형 AI 활용이 경쟁력이다

맞춤형 언어 학습 콘텐츠

사용자의 언어 학습 능력 정도에 따라 수준을 달리해 교육하는 AI.

생성형 AI가 제공하는 맞춤형 언어 학습 콘텐츠가 혁신적인 역할을 할 전망이다. 한국어를 비롯해 영어, 일본어, 중국어 등 외국어를 배우고자 하는 사용자들에게 맞춤형 언어 학습 콘텐츠를 제공한다. 생성형 AI를 활용하면 사용자의 언어 학습 능력 정도에 따라 맞춤형 수업, 연습, 퀴즈 등 다양한 형태로 어학 강좌를 개설할 수 있다.

특히 생성형 AI가 메타버스에 적용되면 놀라운 콘텐츠 창작 세상이 열리게 된다. AI는 자기 학습 능력과 사용자의 요구에 따른 딥 러닝 기능을 갖고 있어 끝없이 진화한다. 따라서 창작자는 생성형 AI를 활용해 아바타들과 자유로운 문자 대화는 물론 음성 대화도 할 수 있고 작곡, 작사, 그림, 프로그래밍, 영상 제작 등 현실세계에서와 똑같은 창작 활동을 할 수 있다.

현실세계에서 사용되는 AI는 인간이 컨트롤하거나 로봇을 통해 행동 표출을 해야 하지만, 메타버스 세계에서는 자신의 분신인 아바타가 AI의 지능을 직접 탑재하기 때문에 현실세계와는 차원이 다른 창작 능력의 소유자가 될 수 있다.

미국의 온라인 미디어 버즈피드도 챗GPT를 도입해서 맞춤형 콘텐츠를 제작하는 실험을 시작했다. 이 소식이 알려지자마자 버즈피드의 주가는 하루 만에 150퍼센트나 급등할 정도로 새로운 실험에 대한 기대가 컸다. 조나 페레티 버즈피드 CEO는 "15년 후에는 AI가 콘텐츠 자체를 창조하게 될 것"이라고 말하기도 했다. 버즈피드가 내놓은 첫 서비스는 'AI 퀴즈'였다. 퀴즈 서비스는 2.99달러(약 3,900원)의 월 정액제 사용자만 이용할 수 있는데, 이 서비스가 출시되자 광고가 증가했다. 버즈피드의 이 같은 시도는 수익성 악화로 12년 만에 뉴스 서비스를 중단하고 내놓은 혁신 전략이었다. 생성형 AI를 활용해 맞춤형 콘텐츠와 퀴즈로 돌파구를 찾은 것이다.

AI 퀴즈
챗GPT를 활용해 맞춤형 콘텐츠와 퀴즈 답변을 만들어주는 서비스.

스냅챗은 챗봇 '마이 AI' 서비스를 스냅챗 플러스에 탑재해 월 3.99달러(약 5,200원)에 유료 구독 서비스를 내놓았다. 사용자의 질문에 대답하

마이 AI

질문에 대답하고 다양한 아이디어를 제공해 주는 온라인 친구 서비스.

큐챗

어휘 학습과 모의고사 등 개인 학습을 도와주는 AI 튜터.

그래멀리

사용자가 작성한 글을 문법에 맞게 교정·윤문해 주는 AI 문법 검사기.

셀비 보이스

원하는 스타일의 AI 목소리를 만들고 음원 파일로 생성할 수 있는 AI.

고 다양한 아이디어를 제공해 주는 온라인 친구다. 친구의 생일 선물을 추천하고 여행 계획을 세워 주고 저녁 식사 메뉴를 추천한다. 글로벌 온라인 학습 플랫폼 퀴즐렛Quizlet은 AI 튜터 '큐챗'Q-Chat을 출시했다. 학생들은 AI와 대화하면서 다양한 퀴즈를 풀고 답하며 지식을 심화할 수 있는데, 어휘 학습과 모의고사 등 개인 학습까지 가능하다.

미국 벤처 기업 그래멀리Grammarly가 개발한 프로그램은 현재 영어권에서 가장 많이 사용되는 AI 문법 검사기다. 사용자가 작성한 글을 문법에 맞게 교정·윤문하는 작업 능력이 상당한 수준에 도달해 있다. 더 좋은 문장을 만들기 위해 명료한 표현이나 간략한 문장 구조를 제안하기도 한다.

국내 기업 셀바스 AI는 누구든지 편집기 '셀비 보이스'Selvy Voice를 통해 쉽고 편리하게 원하는 스타일의 AI 목소리를 만들고 음원 파일로 생성할 수 있는 서비스를 제공하고 있다. 크리에이터는 셀비 보이스의 웹페이지에 글을 입력해 AI 목소리로 변환해서 오디오 콘텐츠를 제작하게 된다. 일종의 성우 역할을 하는 AI 목소리를 이용해 다양한 콘텐츠를 제작할 수 있다.

콘텐츠를 생산하는 데 있어 AI가 저비용, 고효율을 넘어 빠른 생산의 시대를 열고 있다. 개인과 기업, 조직은 서둘러 생성형 AI를 활용해 경쟁력을 높이는 방법을 찾아야 한다. 실제로 온라인 중고차 거래 플랫폼 카맥스CarMax는 오픈 AI의 자동 문자 분석 기술로 소비자 이용 후기를 요약 분석해서 마케팅에 활용하고 있다. 또한 자동차 검색 콘텐츠를 제작해 소비자들의 구매 과정을 편리하게 하고, 편집자의 콘텐츠 생성 프로세스를 단축했다. 이는 카맥스가 수백만 개의 키워드를 추출할 수 있는 클라우드 기반의 오픈 AI API 자연어 모델을 사용하기 때문이다. 카맥스의 시도는 AI를 활용하는 지침과 방식을 잘 이해하고 적용하면 여러 산업 부문에서 혁신이 가능하다는 것을 보여 준다.

카맥스

온라인 중고차 거래 플랫폼으로, 오픈 AI의 자동 문자 분석 기술로 소비자 이용 후기를 요약·분석해서 마케팅에 활용하고 있다.

챗GPT를 활용한 프라이빗 구독 경제 시대

웹 3.0과 다오DAO는 블록체인 기술과 결합해 새로운 경제 모델을 만들어 내고 있다. 이제 이 기술은 챗GPT 기술과 결합해 혁신적인 콘텐츠의 미래를 앞당길 것이다. 챗GPT는 AI 기술 중에서 가장 발전된 모델로 언어, 이미지, 음성, 영상, 자연어 처리 등 다양한 형태의 콘텐츠 생산을 가능하게 해준다. 특히 챗GPT 기술이 메타버스에 적용되면 다양한 창작 활동이 가능하다. 예를 들어, 가상세계에 필요한 수많은 아이템에 대한 디자인을 챗GPT가 사람을 대신해 해줄 수 있다. 심지어 메타버스 세상 자체에 대한 설계와 구성, 디자인까지 가능하다.

메타버스 몰에 챗GPT를 적용하면 고객과 채팅하면서 상품 설명, 가격, 배송 등에 대해 여러 나라의 언어로 안내할 수 있다. 고객은 사람보다 더 친절하게 답변하는 챗GPT를 통해 더욱 편리하게 상품을 구매하게 된다. 챗GPT 기술은 메타버스 안에서 이뤄지는 강좌나 교육과정을 혁명적으로 바꿀 수 있다. 가상 강의를 들을 때도 학생들이 챗GPT에게 질문을 하면서 모르는 부분에 대한 이해도를 높일 수 있다. 수업 진도를 따라가는 데 보조교사 역할을 하게 되는 것이다.

챗GPT는 다오, 웹 3.0, 메타버스와 결합해 차별화된 프라이빗 구독 경제 시대를 열게 된다. 이를 통해 중앙 집중화된 플랫폼에서 발생하는 콘텐츠 제공자와 소비자 사이의 정보 비대칭 문제를 해결할 수 있다. 예를 들어, 챗GPT는 콘텐츠 제공자와 소비자를 직접 연결시켜 준다. 이에 따라 콘텐츠 제공자는 소비자의 선호도를 더욱 정확하게 파악할 수 있어 맞춤형 콘텐츠 제공이 가능해진다. 그만큼 이용자의 만족도를 높여 보다 높은 수익을 창출할 수 있고, 구독자는 보다 효율적이고 직관적인 구독 경험을 할 수 있다.

프라이빗 구독 경제
창작자가 생성형 AI 기술로 소비자의 선호도를 정확하게 찾아 만들어 내는 개인 맞춤형 콘텐츠를 구독하는 새로운 형태의 콘텐츠 서비스 경제.

이제 모든 크리에이터는 스스로의 창작 본능을 일깨워, 챗GPT로 대표되는 생성형 AI를 활용해서 자신만의 톡톡 튀는 '콘텐츠 구독 시대'를 어떻게 열 것인지 고민해야 한다. 인간은 콘텐츠를 기획·창작하고 AI는 필요한 그래프와 이미지, 영상을 만들어 주는 협업 세상이 이미 활짝 열려 있다. 정답은 얼리어답터가 되어 빨리 활용하는 것이다.

직원의 4분의 1이 데이터 과학자와 엔지니어인 미디어 회사

2012년에 출시된 온라인 뉴스 플랫폼 진르터우탸오今日頭條('오늘의 헤드라인'이라는 뜻)는 중국에서 가장 인기 있는 뉴스 앱이다. 중국에서 가장 큰 규모의 뉴스 및 정보 큐레이션 서비스를 제공하는 콘텐츠 검색 플랫폼으로 성장했다. 가입자가 무려 7억 명이 넘는다.

경쟁사로 꼽히는 텐센트 뉴스보다 30퍼센트 많은 일간 활성 이용자DAU를 보유하고 있다. 바이두는 뉴스 앱 '바이두바이자'까지 만들어 터우탸오를

진르터우탸오
가입자가 무려 7억 명에 달하는 중국의 온라인 뉴스 플랫폼. AI가 완벽하게 사용자의 뉴스 소비 패턴을 분석해서 기사, 영상, 광고 등을 맞춤형으로 제공한다.

따라잡으려 노력하고 있지만 역부족이다. 터우탸오에서 매일 뉴스를 확인하는 이용자는 1억 2,000만 명 이상이며, 월 단위로 보면 260억 명에 이른다. 그런데 놀랍게도 터우탸오에는 기자가 한 명도 없다. 내부 편집자도 없다. 단 한 건의 기사도 내부에서 생산하지 않는다.

그럼 누가 콘텐츠를 만들어 낼까? 인플루언서와 콘텐츠 크리에이터들이다. 제휴한 언론사 기자들과 1만 명이 넘는 인플루언서, 180만 명의 콘텐츠 크리에이터가 하루 약 60만 개 이상의 콘텐츠를 만들어 낸다.

● AI를 활용해 이용자의 취향에 최적화된 콘텐츠를 제공하는 진르터우탸오.

샤오밍

스포츠 경기가 끝나면 2초 내에 경기 결과를 기사로 작성해 주는 AI 기자.

조회 수만 50억 건에 육박한다. AI 기자 샤오밍 Xiaoming은 스포츠 경기가 끝나면 2초 내에 경기 결과를 요약한 기사를 작성해 준다.

인기의 비결은 AI에 있다. 독자의 성별, 연령, 직업, 관심사를 입력하고 QQ나 웨이보 등 중국의 SNS 계정을 앱과 연동하면 AI가 5초 내에 독자 취향을 분석해 개인에 최적화된 뉴스를 보여 준다. 이용자의 콘텐츠 리딩 습관을 분석해 뉴스 기사, 영상, 광고 등을 최적의 조합으로 만들어 맞춤형 콘텐츠 피드를 생성하는 방식이다. AI는 독자가 제목에 끌려 기사를 읽었는지, 진짜 관심이 있었는지, 조회 시간·공유·추천 여부까지 분석해 준다. 이용자가 더 많은 뉴스를 읽을수록 AI도 열심히 학습해서 이용자의 요구에 더 적합한 기사, 사진, 동영상을 제공한다.

터우탸오는 단순 뉴스 앱이 아니라 MZ세대들의 정보 검색 놀이터다. AI가 끊임없이 이용자가 원하는 정보를 추천해 주는 큐레이션 서비스 기능을 통해 독자의 만족도를 높인다. 독자가 좋아하고 원할 것 같은 정보나 뉴스는 1인 미디어 또는 블로그 글이라도 우선적으로 상단에 노출시킨다. 이용자 수 성장에 초점을 맞춘, 독자 우선의 편집 원칙 때문이다.

터우탸오를 만든 사람은 비디오 공유 플랫폼 틱톡을 개발한 바이트댄스 창업자 장이밍Zhang Yiming이다. 그는 모든 사업의 초점을 AI가 알려 주는 '사용자 취향에 최적화된 콘텐츠 제공'에 맞췄다. 이를 위해 3,300개의 특허를 확보했다. 고객을 아는 기업이 이긴다는 단순한 진리를 AI를 통해 구현해 낸 것이다. 그 결과 바이트댄스는 세계 최초로 기업가치 100조 원대 스타트업을 의미하는 헥토콘Hectocorn 기업이 되었다.

장이밍

터우탸오와 틱톡을 만든 바이트 댄스 창업자.

헥토콘

기업가치 100조 원대 스타트업.

터우탸오는 스스로 미디어 기업이 아닌 인공지능 회사라고 정의한다. 4,000명의 직원 가운데 4분의 1이 데이터 과학자와 엔지니어다. 기술력으로 미디어 회사를 뛰어넘은 것이다. 챗GPT가 등장하면서는 생성형 AI를 활용해 뉴스를 생산해 내기 시작했다. 우리가 주목해야 할 점은, 터우탸오 성공의 중심에 AI가 있다는 사실이다.

국내에서는 MBN을 비롯해 YTN, LG 헬로비전, 딜라이브 등이 인공지능 앵커를 도입해 방송을 만들고 있다. MBN이 김주하 AI 앵커를 가

장 먼저 도입해 뉴스를 제작하기 시작했다. 김주하 AI가 '바른말, 고운
말 코너'를 진행하기도 했다. MBN은 또 가상 기자 태빈과 리나를 온라
인 뉴스 제작에 활용하고 있다.

AI는 방송 인력이 없는 심야 시간대나 속보 발생 시 뉴스를 가장 빨
리 민첩하게 내보낼 수 있어 재난방송 보도에 활발하게 활용될 것으로
보인다. 특히 일정한 보도 양식이 정해진 증권 뉴스나 스포츠 뉴스는 AI
기자가 온라인 기사 중심으로 이미 인간 기자를 대체하기 시작했다. AI
가 언론계에도 큰 영향을 미치고 있는 것이다.

크리에이터들이 반드시 알아야 할 챗GPT의 비밀

챗GPT를 이용하기에 앞서 우리가 챗GPT에 대해 꼭 알아야 할 것들이 있다. 챗GPT는 공개 당시 2021년 9월까지의 지식만 학습했기 때문에 최신 정보와 동향에 대한 문의에 답변할 수 없어 사용자의 불만이 뒤따랐다. 하지만 2023년 11월 7일 공개된 초강력 AI 'GPT-4 터보'는 2023년 4월까지 데이터로 훈련받아 최신 정보까지 제공한다. 유료로 이용하면 인터넷 검색과 플러그인 기능을 탑재할 수 있어 실시간 온라인 내용까지 검색이 가능하다. 다만, 데이터를 학습한 내용을 토대로 검색 결과를 알려 주기 때문에 일부 주제의 경우 편향적인 답변이 나올 수 있다. 또한 AI가 종종 허구의 사실을 진실처럼 답하거나 무의미해 보이는 콘텐츠를 생성하는 환각 현상hallucination이 가끔 나타나고 있다.

이뿐만 아니라 챗GPT는 인터넷 문서와 책, 위키피디아 자료 등 3,000억 개 이상의 영어로 된 자료를 학습했기 때문에 문화적으로 미국과 서양 중심의 답변을 내놓는 경향이 있다. 영어질문과 답변에 최적화돼 있어 우리말 질문보다 자동 번역이나 영어 질문을 사용하는 게 좋다.

가장 큰 문제는 인간이 기획하고 AI가 창작해 낸 콘텐츠 창작물에 대한 논쟁이다. 2023년 6월 한국을 처음 방문한 오픈 AI 창업자이자 챗GPT 창시자 샘 올트먼은 "AI를 감독할 국제기구가 필요하다."라고 말했다. 그는 기술 자체를 규제하기보다는 어디에 어떻게 활용할지를 구분해서 활용법을 규제해야 한다고 자신의 의견을 피력했다.

AI 창작물 논쟁

AI와 창작자가 협업을 통해 만들어 낸 창작물의 소유권과 저작권의 범위를 둘러싼 논쟁.

이어서 "AI의 기술 발전이 자칫 예술 분야 같은 인간의 지적이고 창조적인 노동을 침해할 수 있다는 우려가 있지만, 창작 과정에 도움이 되는 쪽으로 활용되길 희망한다."라고 밝혔다. 또한 AI를 통해 창작자들이 큰 수익을 얻는 방법을 찾길 바란다고도 말했다. 가령 AI로 BTS 스타일의 노래를 만든다면, BTS에도 수익이 돌아가는 방식이 되어야 한다는 것이다. 물론 이는 상당히 이상적인 해법이다. 실제로는 저작권과 관련한 이슈를 풀기란 쉽지 않을 것으로 보인다.

챗GPT와 기존 AI의 결정적 차이

챗GPT는 기본적으로 사람과 주고받는 대화가 가능한 대화형 언어 모델이다. 그런데 사람처럼 대화할 수 있는 AI는 삼성의 빅스비, 애플의 시리, 아마존의 알렉사, 네이버 크로바 등 이미 다양하다. 그렇다면 챗GPT는 기존의 대화형 AI와 어떤 차이가 있을까?

챗GPT와 기존 AI의 결정적 차이는 초거대 AI라는 점이다. 초거대 AI는 대용량 데이터를 스스로 학습해 인간처럼 종합적 추론이 가능한 차세대 AI다. 기존 AI보다 데이터 학습량이 수백 배 이상 많기 때문에 인간의 뇌에 더 가까워졌다는 점이 가장 큰 특징이다. 기존 AI는 사용자의 질문에 반응하고 답하는 기초적인 수준이었다면, 챗GPT는 사용자가 묻는 질문의 맥락을 이해해서 인간과 가장 유사한 답변을 할 수 있다.

챗GPT의 탄생에는 트랜스포머 모델, 대규모 언어 모델LLM, 딥 러닝, 멀티 모달 등의 특별한 기술이 적용되었다. 기계인 컴퓨터가 사람과 대화하려면 인간이 일상생활에서 사용하는 자연어를 듣거나 읽고 이해해야 하는데, 이것을 가능하게 하는 기술이 트랜스포머 모델이다. 인간의 언어를 기계가 이해

초거대 AI

대용량 데이터를 스스로 학습해 인간처럼 종합적 추론이 가능한 차세대 AI.

트랜스포머 모델

인간의 언어를 기계가 이해할 수 있도록 바꿔 주는 기술.

머신 러닝

사람이 미리 가공한 데이터를 학습시켜 결과값을 찾아내는 지도 학습.

딥 러닝

인공 신경망 기술을 활용해 데이터를 통해 스스로 배우고 답을 찾는 비지도 학습.

할 수 있도록 대규모 텍스트 말뭉치를 학습해서 단어와 단어 사이의 패턴과 관계를 파악해 텍스트 분류·생성·요약 등이 가능하도록 자연어를 변환시켜 준다.

이 과정에서 AI의 학습 과정을 머신 러닝에서 딥 러닝으로 진화시켰다. 기존의 머신 러닝은 지도 학습supervised learning의 개념으로 AI가 데이터를 인식할 수 있도록 사람이 미리 가공한 데이터를 학습시켜서, 컴퓨터가 데이터의 특징을 분석해 결과를 도출하는 방식이다. 하지만 딥 러닝은 사람의 뇌신경 조직을 모방한 인공 신경망(뉴런 네트워크) 기술을 활용해, 정답을 따로 알려 주지 않아도 스스로 배우고 답을 찾는 비지도 학습, 이른바 자기 지도 학습self-supervised learning 방식이다.

이 같은 트랜스포머 모델의 자연어 처리 기능은 데이터를 순차적으로 학습하던 순환 신경망RNN 방식이 아니라, 전체 데이터를 한꺼번에 처리하는 병렬 처리로 대규모 데이터를 이전보다 약 275배 빠르게 딥 러닝할 수 있도록 했다. 이 딥 러닝 기술을 대규모 언어 모델에 적용한 게 바로 챗GPT, 즉 생성형 AI다.

언어 모델이란 하나의 단어 다음에 어떤 단어가 오는 게 좋을지 적절한 단어를 통계적·확률적으로 예측하는 모델인데, 챗GPT-3의 경우 인간 두뇌의 시냅스에 해당하는 파라미터(매개 변수)가 1,750억 개 사용되었다. 구글의 바드에는 5,300억 개 사용되었다. 파라미터는 인간의 뇌에서 정보를 학습하고 기억하는 역할을

언어 모델

하나의 단어 다음에 어떤 단어가 오는 것이 좋을지 적절한 단어를 통계적·확률적으로 예측하는 모델.

담당하는 시냅스와 유사한 AI의 뇌 기능이다. 파라미터 규모가 클수록 AI는 인간에 가까운 학습 능력을 갖게 된다.

챗GPT는 언어, 즉 텍스트만 딥 러닝 대상으로 한 게 아니라 시각·미각·촉각·동작까지도 통합해서 학습할 수 있도록 멀티 모달 AI를 활용했다. 이런 정확한 상황 인지를 통해 AI는 좀 더 명확한 판단을 내릴 수 있고, 나아가 관련 이미지와 영상도 만들어 준다.

이처럼 챗GPT는 기존의 AI와는 달리 사람처럼 사용자가 요구하는 내용에 대한 맥락을 정확히 이해해서 원하는 결과물을 내놓는 '초지능 AI'이자 문답식으로 답변을 수정해 가며 최적의 결과를 도출하는 '대화형 AI'라는 점에서 알파고 같은 기존의 AI와 본질적으로 다른 차이가 있다고 할 수 있다.

챗GPT 창작은 어디까지 가능할까?

오픈 AI는 챗GPT에 이어 3D 모델을 만들어 주는 AI '포인트-E'를 공개했다. '빨간 산타 모자를 쓴 강아지', '커피가 담긴 빨간 머그잔' 등 원하는 이미

포인트-E, 셰이프-E
3D 모델을 만들어 주는 AI.

지를 문자로 작성하면 이를 3D 모델로 구현해 준다. 더 나아가 포인트-E 모델보다 더 빠르고 상세하고 정확하게 3D 모델을 생성해 주는 AI 도구 '셰이프-E'도 내놓았다. 텍스트와 이미지를 입력하면 3D 모델

을 자동으로 생성해 준다. 정지 사진을 개체의 모양과 질감까지 살려 3D로 만들어 주는 것이다. 디자이너가 새로운 제품 또는 프로토타입을 만들거나, 제조 업체에서 제조 공정을 개선하고 오류를 줄이기 위해 부품이나 조립품의 3D 모델을 만들 때 활용할 수 있다.

구글의 '드림 퓨전', 엔비디아의 메타버스용 3D 이미지 생성형 AI '겟 3D' 역시 1~2분 안에 원하는 3D 모델을 생성한다. 엔비디아의 '피카소'는 생성형 AI에 기반한 텍스트-이미지 전환, 텍스트-비디오 전환, 텍스트-3D 전환 기능을 제공한다. 리콘 랩스가 내놓은 '3D 프레소'는 스마트폰으로 대상을 촬영해 1~2분 분량의 영상을 업로드하면 3분 만에 3D 모델을 제작할 수 있도록 해준다.

AI가 게임과 메타버스 제작부터 설계 및 디자인까지 원스톱으로 처리해 주는 날이 다가오고 있다. 그렇게 되면 전문적인 3D 그래픽 기술이 없는 사람들도 쉽게 가상세계를 만들 수 있게 된다.

국내 스타트업들의 AI 연구도 속속 성과를 거두고 있다. 업스테이지는 개방형 대규모 언어 모델 AI 성능 경쟁에서 세계 2위를 차지했으며, 카톡 기반 챗봇 '아숙업'AskUp을 개발했다. 카톡에서 채널을 추가하거나 친구 등록을 한 뒤 챗봇에게 '가벼운 저녁 메뉴 추천해 줘'라고 입력하면 바로 답변해 준다. 이미지 생성 모델

● **CES 2023 혁신상을 수상한 뤼튼 테크놀로지스의 AI 플랫폼 뤼튼.**

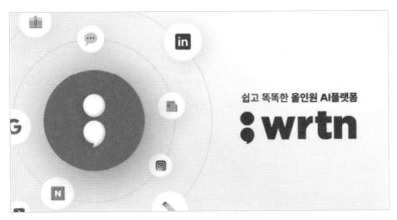

출처: 뤼튼 테크놀로지스 공식 블로그

'업스케치'Upsketch 기능도 있어서, 아숙업에 원하는 이미지에 대해 입력하면 그대로 이미지를 생성해 준다. 특히 광학 문자 판독OCR 기술이 결합돼 있어서 사진을 찍어 아숙업에 공유하거나 손글씨를 보내면 요약을 하거나 번역까지 해준다.

CES 2023 혁신상을 수상한 한국의 스타트업 뤼튼 테크놀로지스가 개발한 AI 플랫폼 '뤼튼'wrtn에서는 AI가 이메일·사업계획서·자기소개서 등 다양한 문서를 작성하고, 광고 카피도 10초 만에 만들어 준다. 마이 리얼 트립은 'AI 여행 플래너' 서비스를 통해 AI와의 대화로 여행 일정을 계획하고 맛집과 명소, 해외 여행 설계, 최저가 항공권 구매 등을 안

뤼튼

AI가 이메일, 사업계획서, 자기소개서 등 다양한 문서를 작성해 주는 플랫폼.

AI 여행 플래너

AI가 여행 일정, 맛집, 항공권 구매 등을 안내해 주는 서비스

내받을 수 있다.

삼성전자도 GPT를 활용해 사내 전문 지식 검색과 번역, 요약, 회의록 정리 등의 업무를 지원해 주는 맞춤형 AI 서비스를 도입했다. LG는 자체 개발한 초거대 AI '엑사원'Exaone을 금융, 제조, 의료, 디자인, 교육, 서비스 등 전 영역에 활용하기 시작했다.

이처럼 챗GPT 기능이 기업 전반의 다양한 분야에 폭넓게 접목되는 챗GPT 활용 전성시대가 열리고 있다. 게임과 영화 등 콘텐츠 분야는 물론 일상생활의 편익을 증진하는 도구로 사용된다. 특히 챗봇 차원을 넘어 3D 콘텐츠를 만드는 도구로 진화해 기업들의 다양한 시제품 개발을 손쉽게 해줄 것으로 전망된다.

게임 기획과 시나리오 작성까지 무한 능력자

챗GPT의 능력은 어디까지일까? 게임에서는 수많은 캐릭터가 작가의 도움 없이 플레이어와 맞춤 대화를 할 수 있도록 해준다. '2초간 번개 추가', '날아다니는 외계인 버섯 만들기'라고 입력하면 결과물을 자동 생성한다. 챗GPT와 게임이 결합하면서 게임 개발에 드는 시간과 비용을 획기적으로 줄여 주었다. 게임 제작 생산성을 100배 향상시키고, 5년간 300명을 투입해야 만들 수 있는 대작을 10~20명의 인력으로 1년 만에 만들 수 있는 미래가 곧 열린다는 전망도 나온다.

게임 개발 회사 유비소프트Ubisoft는 생성형 AI를 이용해 '고스트라이터'Ghostwriter라는 인공지능 도구를 만들었다. 고스트라이터에 캐릭터의 성격, 다양한 대화 내용 등을 입력하면 플레이어의 말에 임기응변으로 말을 생성해서 대답한다. 게임 엔진 기업 유니티Unity는 생성형 AI 기반 프로그램 '지바 페이스 트레이너'를 공개했다. 수작업으로 만들어야 하는 버추얼 휴먼 제작을 자동화하고, 엔진이 수백 가지 표정을 자동으로 생성한다. 6명의 아티스트가 4~5개월 작업해야 할 물량을 AI가 몇 분 만에 처리해 줄 정도로 효율적이다.

이크림의 AI 스토리 창작 플랫폼 '아나트'ANATE는 전문 작가뿐 아니라 일반 사용자들의 창작을 돕는 AI 보조작가다. 소설과 시나리오 등 작가의 이야기 구성을 돕는다. 작가가 주제와 플롯 등 기본 정보를 입력하면 AI가 이야기의 뼈대를 만들어 준다.

구글은 만들고 싶은 음악을 문장으로 설명하면, 그대로 음원을 만들어 주는 음악 생성형 AI '뮤직 LM'을 발표했다. 뮤직 LM은 장르와 악기를 가리지 않고 이용자의 주문에 따라 30초 분량의 음원을 만들어 준다. '플루트, 기타와 함께 차분하고 진정되는 명상 음악' 식으로 주문하면 된다. 저작권 문제로 아직 상용화하지는 않고 있지만, 곧 AI 작곡가로 맹

고스트라이터

게임 캐릭터의 성격, 대화 내용 등을 입력하면 말을 생성해서 대답해 주는 인공지능 도구.

지바 페이스 트레이너

버추얼 휴먼 제작 자동화 AI.

아나트

이야기의 뼈대를 만들어 주는 AI 스토리 창작 플랫폼.

뮤직 LM

이용자의 주문에 따라 음원을 만들어 주는 음악 생성형 AI.

활약할 전망이다.

이런 창작 AI의 등장은 기존의 실제 창작가들에게는 큰 위협이 되고 있다. 미국 작가조합WGA 소속 작가들은 2023년 5월, 16년 만에 총파업을 진행했다. 이들은 근무 여건 개선과 AI 사용 규제를 요구했다. 작가들이 이전에 작업한 자료를 활용해 AI가 스크립트를 다시 생성해서는 안 되고, 작가들에게 AI가 만든 대본을 수정하게 해서는 안 된다는 것이다. 이는 모든 창작 영역의 이슈로 확대될 것이다.

생성형 AI의 뛰어난 능력이 AI와 인간의 경쟁 시대를 열고 있다. 이와 관련해 제도적 고민이 필요하다. 다만 규제에만 집중해 활용을 주저해서는 안 된다. AI 세상은 다가올 미래가 아닌 이미 당도한 현실이기 때문이다. 샘 올트먼이 회견장에서 한 마지막 코멘트는 이런 시대적 고민에 대한 답이라고 할 수 있다.

"지금은 놀라운 것들을 많이 할 수 있는 기술의 골든 시대다. AI가 제공하는 인터넷 이후 최고의 비즈니스 기회와 창업과 혁신의 기회를 잡기를 기대한다."

플랫폼들의 AI 대전의
승자는 과연 누구인가?

오픈 AI가 촉발시킨 챗GPT의 폭발적인 인기는 플랫폼들의 AI 대전에 불을 지폈다. 마이크로소프트와 구글, 메타와 아마존뿐 아니라 애플, 바이두 등 빅테크 기업들이 AI 기술 경쟁에 본격적으로 뛰어들었다. 특히 마이크로소프트와 구글의 경쟁이 치열한 가운데, 테슬라와 아마존 등 다른 빅테크 기업들도 글로벌 패권 전쟁에 참여하면서 누가 최후의 승자가 될지 관심이 집중되고 있다.

　마이크로소프트가 검색 엔진 빙Bing에 챗GPT를 적용한 새로운 검색 서비스를 선보이자, 일각에서는 구글이 창사 이래 최대 위기를 맞이했다고 우려했다. 마이크로소프트가 '검색 창'을 '채팅 창'으로 바꾸면서 이용자들의 검색 방식에 큰 변화가 예상되기 때문이다. 또한 구글이 자체 개발한 챗봇 '바드'를 활용해 검색 방법을 '채팅 창'으로 바꿀 경우, 기존의 검색 서비스인 '검색 창'의 매출이 줄어드는 '캐너밸리제이션'cannibalization의 딜레마에 빠질 수도 있다.

이들 빅테크 공룡들의 치열한 공격과 방어는 이미 시작되었다. 특히 마이크로소프트와 구글의 미래는 세계인의 관심을 집중시키고 있다. 과연 글로벌 검색 시장점유율 93퍼센트의 구글은 마이크로소프트의 공격에 어떻게 대응할까?

불붙은 플랫폼들의 AI 전쟁

마이크로소프트는 오픈 AI에 100억 달러(약 13조 원) 추가 투자를 발표한 데 이어 검색 엔진 빙에 챗GPT를 탑재했다. 워드와 엑셀, 팀스, 아웃룩, 파워포인트 등 모든 오피스 제품군을 마이크로소프트 365 코파일럿Copilot으로 바꿔 GPT-4를 탑재했다. 말만 하면 AI가 기존 자료를 가져와서 파워포인트 발표 자료를 만들고, 데이터를 기반으로 엑셀 표를 작성하고 분석한다. 문서 정리와 이메일 작성까지 거의 모든 오피스 작업을 처리한다. 데이터와 트렌드 분석도 맡길 수 있다. 영상회의 프로그램 팀스 프리미엄은 실시간 번역 기능을 제공하고 회의가 끝나면 노트를 자동 생성해 핵심 요점까지 알려 준다.

구글은 대규모 언어 모델 '팜1'PaLM1이 탑재된 AI 챗봇 '바드'Bard를 공개했다. 특이 사항은 한국어와 일본어로 묻고 답하는 기능이 추가됐다는 점이다. 5,300억 개의 파라미터를 바탕으로 과학과 수학 분야 추론은 물론 코딩 작업도 가능하다. 구글 렌즈를 결합해 사용자 질문에 관련 이미지를 답으로 제시하고, 이미지에 대한 질문에도 답한다. 바드의 답변은 바로 구글 지메일과 문서로도 내보낼 수 있다. 또한 어도비와 협력해 바드를 사용하는 크리에이터가 이미지 생성형 AI '파이어플라이'Firefly 를 활용할 수 있도록 했다.

바드
한국어와 일본어 기능이 추가된 구글의 AI 챗봇.

파이어플라이
어도비가 개발한 이미지 생성형 AI.

메타는 인스타그램 필터나 릴스 제작 및 광고 도구에 생성형 AI 기술을 적용하고 왓츠앱이나 페이스북 메신저에 챗봇을 탑재했다. 또한 이미지 생성형 AI '메이크 어 신'Make-A-Scene은 텍스트 설명뿐 아

메이크 어 신
텍스트 설명과 사용자가 만든 스케치를 사용해 그림이나 삽화 완성을 도와주는 AI.

니라 사용자가 만든 스케치를 사용해 그림이나 삽화를 완성할 수 있다. 마크 저커버그가 그리는 미래 플랫폼은 검색 엔진, 광고, 비즈니스 메시징, 생성형 AI 및 메타버스를 융합하는 것이다.

일론 머스크는 챗GPT의 대항마로 미국 네바다주에 인공지능 회사

출처: 셔터스톡

엑스에이아이X.AI를 설립했다. 딥마인드와 오픈 AI, 구글 리서치, 마이크로소프트 리서치, 테슬라 경력자 등 주요 구성원은 공개됐지만 구체적인 사업 계획은 알려지지 않았다. 다만 '우주의 본질을 이해하려는 인공지능을 시작하려 한다'는 메시지만 공개된 상태다. 일명 '트루스지피티'TruthGPT의 정체가 언제쯤 드러날지 궁금증을 자아내고 있다.

오픈 AI는 챗GPT 유료 버전에 외부 앱 70개를 활용할 수 있는 플러그인Plug-in 기능을 출시했다. 이렇게 되면 챗GPT 안에서 항공권을 검색해 익스피디아에서 예약할 수 있다. 아마존은 생성형 AI를 활용해 기업들이 자체적으로 AI를 개발할 수 있는 플랫폼 '베드록'Bedrock

플러그인 기능

챗GPT 유료 버전에 탑재된 외부 앱 70개를 활용할 수 있는 기능.

을 공개했다. 또 AI가 쇼핑몰 상품의 품질과 가격을 비교해 주는 대화형 AI 개발에도 착수했다.

중국도 생성형 AI 전쟁에 참전했다. 바이두는 생성형 AI '어니봇'Ernie Bot과 이미지 생성형 AI '원신이거'文心—格를 공개했다. 한국 테크 기업들도 분주하다. 네이버와 카카오는 각각 서치GPT와 코GPT로 승부를 걸고 있다.

국내 비전AI 전문기업인 인텔리빅스는 챗GPT의 언어모델과 멀티모달, 영상 이해video understanding 기술을 적용해 화재, 교통사고, 전도, 도둑의 침입 등 안전과 관련된 다양한 이벤트를 AI가 탐지해서 알려주는 '이벤트 탐지, 알림, 요약' 서비스를 국내 최초로 제공하고 있다.

특히 지방자치단체 등의 통합관제시스템을 사람이 관제하는 '육안 관제'VMS에서 AI가 관제하는 'AI 모니터링 서비스'AMS로 전환해 발생된 이벤트 내용을 텍스트로 요약해준다. AI가 지능형 CCTV에 찍힌 이벤트만 찾아서 영상 내용을 설명해주는 문장을 생성하고 '하이라이트 영상'을 만들거나 '관제 일지'를 자동으로 작성해준다.

인텔리빅스는 실제 일상 생활은 물론 산업과 건설 현장 등에서 발생하는 수많은 실제 이벤트 영상 데이터를 AI 학습모델로 만들어서 초거대AI 영상 언어 생성모델을 완성할 방침이다. 이를 통해 영상 콘텐츠를 정확하고 정교하게 텍스트로 전환해서 '안전 데이터'를 축적함으로써 각종 안전사고를 예방할

베드록

자체 AI를 개발할 수 있는 플랫폼.

AI 영상 언어 모델

CCTV 영상, 드라마, 영화 등 영상 콘텐츠를 이해해서 정확하고 정교하게 텍스트로 설명 및 요약해 주는 AI. 영상 검색을 가능하게 해줌에 따라 영상 분야 챗GPT가 될 전망이다.

수 있는 '예방 안전 시스템'을 구축할 계획이다.

나아가 인텔리빅스는 CCTV 비디오 언더스탠딩 기술을 토대로 드라마, 영화 등의 비디오 검색, 텍스트 생성 요약 시장에 진출할 계획이다.

웹 2.0 시대에는 애플, 구글, 페이스북, 아마존, 알리바바, 네이버, 카카오 등 플랫폼을 앞세운 빅테크 기업들이 플랫폼 권력을 만들어 냈다. 이제 그들은 생성형 AI 대전에서 격돌을 벌일 전망이다. 이는 인터넷과 스마트폰이 세상을 바꿔 놓았던 것보다 더 파괴적으로 개인과 기업의 경쟁 방식을 송두리째 뒤흔들어 놓을 것이다.

챗GPT, 웹 3.0 시대를 열어젖히다

웹 3.0 시대의 서막

아이폰이 웹 2.0 시대를 열었던 것처럼, 챗GPT가 웹 3.0 시대의 서막을 열었다고 전문가들은 분석한다.

2007년에 등장한 아이폰이 웹 1.0 시대를 끝내고 플랫폼 중심의 양방향 웹 2.0 시대를 열었던 것처럼, 챗GPT가 산업 경쟁의 룰을 바꿔 놓을 것이다. 챗GPT가 웹 3.0 시대의 서막을 열었기 때문이다. 스마트폰은 웹 2.0 플랫폼을 매개로 에어비앤비, 우버, 틱톡 등의 유니콘 및 데카콘(기업가치 100억 달러 이상의 비상장 기업) 기업을 대거 탄생시켰다. 하지만 지금은 챗GPT를 개발한 오픈 AI, 이미지 생성형 AI를 만든 스태빌리티 AI, 미드저니가 단숨에 유니콘 기업으로 도약했다. 생성형 AI가 새로운 역사를 쓸 준비를 하고 있는 것이다. 이에 따라 블록체인, 가상화폐, 메타버스, 다오 등을 앞세운 새로운 플랫폼이 웹 3.0 시대의 총아가 될 것인지, 생성형 AI가 웹 3.0 자체가 될 것인지, 생성형 AI가 웹 3.0을 가속화시킬 것인지 귀추가 주목된다.

현재로서는 '생성형 AI = 웹 3.0 가속화'라는 분위기가 조성되고 있다. 챗GPT가 블록체인 기반의 탈중앙화 가치를 구현해서 웹 2.0 플랫폼의 독점과 독식이라는 불공정을 제거해 줄 수 있기 때문이다. 챗GPT는 개별 사용자에게 최적화된 맞춤형 솔루션, 즉 웹 3.0의 개인화된 인터넷 환경을 제공함으로써 플랫폼이 독점하는 이익을 개인의 이익 창출로 바꿔 줄 것이다.

"그동안 모두 페이스북을 했지만, 이를 소유한 것은 마크 저커버그였다. 하지만 이제는 모든 데이터를 나만을 위한 스토리지인 팟Pod에 저장하고 나만의 인공지능을 활용해 나만을 위한 삶을 누릴 수 있는 시대가 도래했다." 월드와이드웹의 창시자 팀 버너스 리의 말이다. 그는 챗GPT가 웹 3.0의 특징인 데이터의 소유권을 블록체인과 마찬가지로 개인 소유로 바꿔 준다는 데 주목했다.

챗GPT는 범용 목적으로 활용할 수 있다는 점에서도 웹 3.0의 공정 및 분배 철학과 맞아떨어진다. 특정 문제나 한정적인 산업을 위해서만 활용되는 것이 아니라, 법률·의료·디자인·마케팅부터 데이터 분석과 예술까지 인류의 지적 능력에 해당하는 다양한 분야에서 누구나 활용할 수 있다. 특히 생성형 AI는 가상경제가 구현될 핵심 공간인 메타버스를 구현하는 데 촉매제 역할을 할 선봉이나. 메타버스에서 챗봇 AI를 호출해 대화하면서 물건을 구매하거나 다양한 궁금증을 해소할 수 있다. 크리에이터가 가상세계를 구현하고 창작물을 만들어 사고팔거나 교환하는 데 있어 생성형 AI가 유용한 역할을 할 것이다.

챗GPT는 웹 3.0의 핵심 참여자인 크리에이터들이 커뮤니티나 다오를 구성해 수익화하는 과정에서 가상 비서 역할을 한다. 다오 설립을 위한 아이디어, 스마트 콘트랙트의 생성과 최적화, NFT 발행까지 처리해준다. 오픈AI의 창업자 알트먼은 2023년 11월 6일 미국 샌프란시스코에서 열린 '오픈AI 데브데이'에서 웹3.0을 앞당길 청사진을 공개했다. 애플의 앱스토어와 같은 형태의 챗봇 거래소 'GPT 스토어'를 비롯해 맞춤형 챗봇 빌더 'GPTs', 혁신적인 AI 모델 'GPT-4 터보'를 공개했다.

이는 누구나 챗GPT로 돈을 벌 수 있는 창작자 주권 시대를 열겠다는 선언과도 같다. 우선 GPT-4 터보 기반으로 이뤄진 GPTs는 코딩 지식이 없어도 맞춤형 챗봇을 손쉽게 제작할 수 있는 툴이다. 엄청나게 저렴한 비용으로 챗봇을 만들어 GPT 스토어를 통해 판매할 수 있다.

지금까지 AI 개발사는 고객사에 비싼 값에 챗봇을 구축해 주고 돈을 벌었지만, 앞으로는 일반인도 누구나 GPTs로 손쉽게 획기적인 챗봇을 만들어 GPT스토어에서 전 세계인을 대상으로 돈을 벌 수 있게 된다. 글로벌 AI 생태계의 대변혁을 예고하고 있다. 사실상 챗GPT와 함께 웹 3.0 시대는 시작되었다. 웹 3.0이 추구하는 방향에 맞춰 기업뿐 아니라 개인들도 생존 모델을 다시 짜야 할 것이다. 특히 기업이 비즈니스 판도 변화에 주목해야 한다.

AI와 공존하는
콘텐츠 크리에이터의 생존법

챗GPT는 누구나 예술가의 창작 활동을 할 수 있는 세상을 열어 주었다. 전문 지식이 없더라도 '활용 지식'만 있으면 기사, 소설, 웹툰, 그림, 영상 등 모든 콘텐츠를 창작해 낼 수 있다. AI가 사용자가 원하는 결과물을 만들어 주기 때문이다.

크리에이터들은 이제 자신의 경쟁력을 강화하기 위해 어떤 AI를 핵심 파트너로 삼을 것인지, 자신에게 가장 잘 맞는 'AI 친구'를 찾아 나서야 한다. 텍스트, 이미지, 영상, 음성 등을 어떤 업무와 창작 활동에 사용할지 정해 분야별 최적의 AI를 창작 파트너

AI 친구

수많은 생성형 AI 가운데 자신의 창작 활동을 도와줄 최적의 AI 창작 파트너를 찾아야 한다.

로 삼아야 한다. 생성형 AI들은 같은 질문이라도 저마다 다른 답변을 내놓기 때문에 사용자들은 자신이 선호하는 형태로 결과물을 가져다주는 AI를 찾아내 활용하는 게 좋다.

결국 빨리 써보는 자가 살아남는다

생성형 AI를 사용하는 방법은 아주 간단하다. 인터넷에서 오픈 AI 홈페이지를 검색한 뒤 공식 사이트에 접속해서 '제품'Product을 클릭한 다음 챗GPT, GPT-4, 달리3 가운데 사용하고 싶은 제품을 선택해서 우선 테스트부터 해보자. 로그인은 이메일 정보와 구글 계정만으로도 가능하다. 로그인 후에는 무료로 챗GPT와 달리를 사용할 수 있다. 로그인을 하면 사용 방법과 예시가 안내되고, 하단 질문 창send a message에 물어보고 싶은 내용을 입력하면 AI와의 대화가 시작된다.

질문 창

생성형 AI를 통해 원하는 결과값을 얻기 위해 텍스트 질문을 입력하는 대화 입력 창.

"올여름 매우 더울 것 같은데, 어떤 제품들이 인기를 끌 걸로 예상되나?"라고 입력해 봤다. 그랬더니 순식간에 답이 돌아왔다. 에어컨, 휴대용 공기 냉각기, 선풍기, 아이스크림, 냉동 요구르트, 수영복, 비치파라솔, 자외선 차단제, 스포츠 장비, 샌들, 탱크톱 등 8가지 카테고리의 다양한 아이템과 수요 증가 예측치가 나왔다. 기사도 척척 써준다. 삼성전자에 대한 기사를 〈뉴욕 타임스〉 또는 CNN

유형으로 써 달라고 요청하면 포맷에 맞춰 기사를 작성해 준다. 너무 길게 써졌을 경우 질문 창에 다시 짧게 요약해 달라고 요청하면 더 짧은 기사를 제시한다.

다만 "현재 한국의 대통령은 누구냐?"라는 질문에는 "문재인 대통령"이라고 답했다. 답이 틀렸다며 수정을 요구하자, "2021년 9월 이전 데이터만 학습했기 때문에 실시간 정보를 제공할 수 없다."라고 했다. 이런 경우를 고려해 크롬 웹스토어에서 무료 확장판인 '웹챗GPT'를 내려받아 웹 접속 기능을 켜두면 웹 검색 결과까지 가져다준다. 현재 챗GPT의 한계를 뛰어넘게 해주는 기능이다.

웹챗GPT

생성형 AI가 웹 검색 결과까지 가져다줄 수 있는 챗GPT 무료 확장판.

챗GPT를 쓸 때 영어로 질문하면 더 정확한 답을 빠르게 얻을 수 있는데, 이를 위해서는 크롬 웹스토어에서 확장판 '프롬프트 지니'를 내려받으면 질문을 영어로 번역하고 답변도 한글로 번역해 준다. 30분짜리 유튜브 영상에 대한 요약본도 만들어 준다. 크롬 웹스토어에서 확장판 '유튜브 서머리 위드 챗GPT'를 내려받아 '트랜스 크립트'를 클릭하면 대본이 나오고 '요약'을 클릭하면 동영상 내용을 요약한다. '세이브 노트'를 누르면 대본을 저장한다.

프롬프트 지니

한글로 질문하면 영어로 번역해 입력해 주는 한영 번역 확장판.

유튜브 서머리 위드 챗GPT

유튜브 대본과 동영상 요약 기능을 제공하는 확장판.

이처럼 챗GPT는 개인의 지적 호기심을 충족시켜 주고 창작을 지원하는 AI 비서로 활용할 수 있

AI 비서

챗GPT의 대화 기억 기능을 활용해 개인화된 AI 비서를 만들 수 있다.

● **프롬프트 이해도가 높은 이미지 생성형 AI 도구 달리3.**

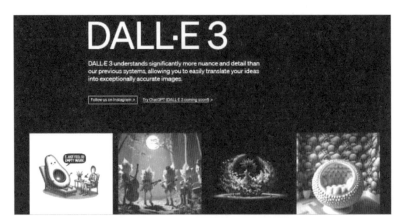

출처: 오픈 AI

다. 대화 창 안에는 대화를 기억하는 기능이 있어, 이를 활용하면 자신만의 전문 비서를 만들 수 있다. 각각의 대화를 시작할 때 '뉴챗'New Chat이 뜨는데, '뉴챗'(업무 보조), '뉴챗'(법률 지식) 등으로 대화 창의 명칭을 정해 관리하면 개인화된 AI 비서를 둔 셈이 된다. 초개인화 설정도 가능해, 성별과 나이를 학습시키면 그에 맞춘 대답이 나온다.

기술은 개발자가 아닌 사용하는 사람의 것이다. 자신의 콘텐츠에 경쟁력을 강화하고 싶다면 챗GPT를 자신과 조직을 더 똑똑하게 만드는 멘토와 같은 존재로 여기고 적극 활용해야 한다.

쓰레기가 들어가면 쓰레기가 나온다

챗GPT는 기본적으로 대화형 AI인 챗봇이다. 질문에 답변하는 방식이고, 계속적인 수정 질문을 통해 원하는 결과에 근접하는 결론을 도출해낼 수 있다. AI는 질문의 맥락을 판단해서 답변하기 때문에, 질문이 엉뚱할 경우 가끔 일관성 없고 말도 안 되는 답변을 내놓을 때도 있다. 그만큼 질문이 중요하다.

생성형 AI는 프롬프트Prompt를 사용한다. 프롬프트란 챗GPT 같은 생성형 AI의 답변을 받기 위해 사용하는 명령어로, 이를 잘 입력하는 기술인 프롬프트 엔지니어링을 잘 활용하는 프롬프트 엔지니어가 신종 직업으로 등장했다. 이들은 한발 더 나가 챗GPT를 활용해 업무를 자동으로 수행할 수 있는 소프트웨어를 설계하고 만드는 일을 하고 있다. 그렇다면 어떻게 질문해야 AI가 최적의 결과를 내놓을까?

> **프롬프트**
>
> 생성형 AI의 답변을 받기 위해 사용하는 명령어.

> **프롬프트 엔지니어**
>
> 프롬프트 명령어를 가장 정교하게 설계해서 최적의 결과값을 얻을 수 있도록 해주는 컨설턴트.

우선 질문이 간단명료하고 구체적이어야 한다. 예를 들어 "AI 반도체가 뭐야?"라고 물어보는 것보다 "AI 반도체의 개념에 대해 설명해 주고 어떻게 활용하는지, 어떤 종류가 있는지, 어떤 기업들이 제조하는지, 성장 가능성은 얼마나 높은지 분석해 줘."라고 요구하면 여기에 맞춰서 답변을 작성해 준다.

챗GPT는 주제와 관련해 사세한 정보를 제공하면 더 지세한 결과를 제공한다. 사용자가 질문의 의도나 용도, 목적에 관한 정보를 제공할 경우 좀 더 구체적인 답을 끌어낼 수 있다. 예를 들어 "챗GPT 너는 이제부터 중학교 교사야. 네가 가르치는 학생들에게 뉴턴의 만유인력의 법칙을 어떻게 설명할지, 구체적인 사례를 들어 소개해 줘."라고 요청하면 학생들에게 설명하는 친절한 톤으로 자세히 알려 준다.

이미지 생성형 AI를 사용할 때도 마찬가지다. "호랑이 그려 줘."라고 요청하는 것보다 "광야에서 얼룩말을 쫓고 있는 호랑이의 얼굴 표정을 그려 줘."라고 구체적으로 명령어를 입력하는 게 좋다. 고화질로 만들어 달라거나 스튜디오 조명을 반영해 달라는 등 세세한 지침을 주면 결과가 더 좋아진다.

질문이 중요해짐에 따라 잘 만들어진 프롬프트를 판매하는 마켓 플레이스 프롬프트베이스PromptBase, 프롬프트헌트PromptHunt까지 등장했다. 이곳에서는 특정 텍스트나 이미지를 생성하기 위해 챗GPT, 달리3, 미드저니 같은 AI 생성기에 공급할 샘플 프롬프트를 판매한다. 프롬프트 엔지니어는 다양한 프롬프트 모델을 직접 만들어 판매할 수도 있다.

샘플 프롬프트

특정 텍스트나 이미지를 생성하기 위해 AI 생성기에 입력할 예시 프롬프트.

AIPRM 포 챗GPT

명령어에 대한 예시문이 있는 프롬프트 엔지니어.

명령어에 대한 예시문이 필요하다면 프롬프트 엔지니어 'AIPRM 포 챗GPT' 확장판을 크롬 웹스토어에서 다운받으면 된다. 키워드를 설정하면 해당 키워드와 관련해 엄선된 명령어 목록을 보여 준다. 사용자는 이 명령어를 토대로 자신의 질문(명령어)을 수월하게 만들 수 있다. 가령 사용자가 단순히 '개'를 입력하면 일반적인 개의 이미지를 보여 주지만, 판매용 프롬프트가 제시한 대로 '개 초상화, 50밀리미터 필름 카메라, 포토 리얼리스틱'과 같이 구체적인 항목을 입력하거나 샘플 프롬프트를 활용하면 수준 높은 개의 이미지를 받아 볼 수 있다.

챗GPT는 명령어만으로 원하는 파워포인트도 제작해 준다. 우선 챗GPT를 통해 필요한 자료들을 수집하고 파워포인트를 만들어 주는 톰tome AI를 활용하면 슬라이드를 디자인하고 이미지까지 직접 제작해 준다. 주제와 목차를 정해 초안을 만든 뒤 본문을 구성할 내용은 챗GPT에게 요구해서 채워 넣으면 된다. 마지막으로 슬라이드 디자인을 추가하거나 그래프와 이미지, 영상을 추가하면 근사한 파워포인트가 완성된다.

톰 AI
파워포인트를 만들어 주는 AI. 슬라이드 디자인, 이미지까지 직접 제작해 준다.

이처럼 생성형 AI의 활용은 질문으로 시작해서 질문으로 끝난다. 좋은 질문을 입력하면 그만큼 더 좋은 결과물을 받아 볼 수 있다. 반면 쓰레기 같은 질문이 들어가면 쓰레기 같은 결과가 나온다. 생성형 AI 시대, 원하는 바를 잘 정리해서 컴퓨터가 쉽게 알아들을 수 있도록 프롬프트를 작성하는 크리에이터의 능력이 콘텐츠의 경쟁력과 창의성을 높여 줄 것이다.

생성형 AI는 인간의 창의성을 이길 수 있을까?

챗GPT와 같은 생성형 AI의 창작 수준은 생각보다 높은 평가를 받고 있다. 그렇다면 AI가 인간의 창의성을 뛰어넘을 수 있을까? 지적인 수준에서는 인간을 넘어설 수 있을 것이라는 전망이 나온다. 챗GPT는 미국 의사 면허 시험은 물론 로스쿨 시험, MBA 기말 시험까지 합격했다. 한국 수능에서도 수학 9등급, 영어 2등급을 받았다. 시, 기사, 논문, 소설까지 쓰고 개발자처럼 컴퓨터 코딩도 한다. 글쓰기 능력이 사람과 구분하기 힘들고 그림 그리는 실력도 수준급이다.

하지만 표절에 따른 저작권 문제, 도덕적·윤리적 문제 등은 극복해야 할 과제다. 이와 관련해 교육계에 비상이 걸리면서 미국, 프랑스, 호주 등의 일부 학교는 챗GPT 활용을 제한하기 시작했다. 지금도 창작물과 논문 등의 표절 문제가 심각한데 본격적인 AI 시대에는 더욱 큰 문제가 될 것이다.

챗GPT 활용 제한

미국, 프랑스, 호주 등의 일부 학교는 챗GPT 활용을 제한하기 시작했다.

그렇다면 창조와 학문의 영역에 도전하는 AI는 인간의 창의성과 통찰력을 넘어설 수 있을까? 쉽지 않을 것이다. AI가 방대한 데이터에 기반해 의미 있는 결과물을 생성할 수 있지만, 인간의 의도와 감정 그리고 문화적 맥락을 반영한 독창적인 작품을 만들 수는 없을 것이다. 인간의 창의성은 상상력, 통찰력, 표현력, 감성, 경험, 철학, 가치 등 다차원적이고 복잡한 창작자만의 영혼이 결합돼 표현되기 때문이다. 이는 얀 르

쿤Yann LeCun 뉴욕대 교수가 "챗GPT는 그저 높이 나는 비행기를 만들려고 하는 것뿐, 이 기술로는 절대 달에 갈 수 없다."라고 언급한 것과 일맥상통한다.

물론 생성형 AI와 인간이 협업할 경우 상황은 달라질 수 있다. 생성형 AI를 사용해 새로운 아이디어를 브레인스토밍하고, 만들어진 작품을 수정하면서 원하는 작품의 콘셉트에 맞게 다듬고 예술적 표현을 가미한다면 새로운 예술 작품이 탄생할 수 있다. 다시 말해, 인간의 창의성과 생성형 AI의 관계는 경쟁이 아니라 협력 관계가 되어야 한다.

AI와 인간의 융합

AI를 활용해 창작 아이디어와 기초 창작의 도움을 받고, 여기에 인간의 예술적 감성을 불어넣어 새로운 융합 예술이 탄생할 전망이다.

콘텐츠,
한국 경제의 마지막 퍼즐

프로젝트 타이탄

애플이 추진하고 있는 전기
차 프로젝트.

콘텐츠 제왕 '애플'

애플은 앱스토어, 아이폰,
MR 헤드셋, 애플 워치 등을
앞세워 세계 최로로 '3조 달
러 기업'이 됐다. 모두 콘텐츠
가 만들어 준 승리다.

현재 전 세계에서 '시가총액 1조 달러(약 1,300조 원)'
기업은 애플, 아마존, 알파벳, 테슬라, 메타, 마이크
로소프트, 엔비디아 등이다. 애플의 비즈니스 앱스
토어, 아이폰, MR 헤드셋, 애플 워치 등은 말 그대
로 콘텐츠 그 자체다. 애플은 여기에 더해 '프로젝
트 타이탄'에까지 뛰어들면서 신흥 콘텐츠인 '전기
차'까지 구상 중이다. 콘텐츠 파워에 힘입어 애플은
2023년 7월 창립 47년 만에 전 세계 기업 최초로
'시가총액 3조 달러' 기업이 되었다. 이는 대한민국

의 2022년 GDP 1조 6,600억 달러를 훌쩍 넘는 놀라운 액수다.

알파벳은 '콘텐츠 집합체'인 구글과 유튜브, 메타는 페이스북, 인스타그램, 왓츠앱 같은 '콘텐츠 플랫폼', 마이크로소프트는 오피스, 클라우드 애저, 윈도, 검색 엔진 빙 같은 '콘텐츠 소프트웨어', 테슬라는 전기차라는 '혁신 콘텐츠', 엔비디아는 AI용 그래픽 처리 장치GPU라는 '반도체 콘텐츠'로 콘텐츠 시장을 선도하고 있다. 콘텐츠 생성기 챗GPT를 개발한 오픈 AI는 단숨에 기업가치 290억 달러로 평가받았다. 그만큼 콘텐츠의 시장 가치는 위력적이다. 우리가 주목해야 할 사실은, 세계를 선도하는 비즈니스의 본류가 산업 분야를 막론하고 모두 콘텐츠라는 점이다.

콘텐츠 트렌드가 미래 산업의 트렌드다

콘텐츠가 개인과 기업의 경쟁력을 좌우한다면, 우리는 어디에서 기회를 찾아야 할까? 필자는 미래 비즈니스를 기획한다면 콘텐츠의 트렌드를 추적할 것을 권고한다. 콘텐츠의 트렌드가 미래 산업의 방향타 역할을 하고 그 속에서 모든 미래 비즈니스가 파생되기 때문이다.

세계 최대 IT 박람회인 CES 2023이 제시한 콘텐츠 트렌드를 토대로 미래 산업의 트렌드를 전망해보면 초거대 AI, 웹 3.0, 메타버스가 미래의 메가트

CES 2023이 제시한 미래 트렌드

초거대 AI, 웹 3.0, 메타버스가 미래 핵심 콘텐츠 시장을 창출할 것이다.

렌드를 완성할 것이다. 특히 창작자들은 초거대 AI가 바꿀 콘텐츠 창작 방식과 시장의 판도를 주시해야 한다. 나아가 기업과 개인은 현재의 비즈니스에 어떻게 접목해서 혁신을 일으키고 비즈니스 모델을 만들어 부가가치를 창출할지에 대해 심도 있게 고민해야 한다.

웹 3.0은 콘텐츠의 '개인 주권 시대'를 재촉하고 있다. 블록체인 기술을 이용해 데이터와 콘텐츠를 분산 저장함으로써 콘텐츠에 대한 창작자의 저작권을 보장하고 별도로 보상을 제공한다. 이제 모든 기업은 블록체인, 암호화폐, 메타버스 등을 통해 웹 3.0 생태계를 만드는 데 선도적인 역할을 할 수 있어야 한다.

3차원 가상현실 메타버스는 말 그대로 '콘텐츠의 집합체'다. 현실세계와 닮은꼴 세상을 온라인 세계에 구현하는 것으

콘텐츠의 집합체
3차원 가상현실 메타버스를 지칭하는 말이다.

로, 메타버스 세상 자체가 콘텐츠 백화점이다. 가상 공간 안에서 이용자와 이용자 간, 이용자와 가상 객체 간 상호 작용이 가능한 시뮬레이션 환경을 만드는 것이기 때문에 모두 3D 콘텐츠로 구현되어야 한다. 여기에 생성형 AI가 주도적인 역할을 하게 된다. 미래 산업은 그야말로 콘텐츠가 모든 것을 지배하게 된다.

무엇보다 생성형 AI의 등장으로 한때 주춤했던 메타버스 생태계가 다시 살아나고 있다. 애플, 메타, 구글 등이 AI를 앞세워 3차원 콘텐츠 개발에 본격적인 시동을 걸었으며, 전문가들은 챗GPT가 3차원 가상세계인 메타버스와 결합할 때 가장 큰 파급력을 가져다줄 것이라고 전망

하고 있다. 일례로 로블록스는 생성형 AI를 도입해 별도의 코딩 없이 텍스트만으로 가상세계 속 캐릭터, 아이템, 건물을 생성할 수 있는 게임 제작 도구 '머티어리얼 제너레이터'Material Generator를 내놓았다.

챗GPT는 VR, 디지털 트윈 같은 메타버스 기술과 결합해 대화형 메타버스 세상을 구현해 줄 것이다. 현실과 똑같이 구현된 가상세계에서 챗GPT는 현실세계 매장의 점원과 직접 대화하는 것처럼 고객의 모든 질문에 답변해 준다. 이처럼 챗GPT는 메타버스를 만나 또 다른 세상인 디지털 트윈을 꽃피울 것이다.

머티어리얼 제너레이터

텍스트만으로 가상세계 속 캐릭터, 아이템, 건물을 생성할 수 있는 게임 제작 도구.

디지털 트윈

현실세계와 똑같이 구현된 닮은꼴 가상세계.

콘텐츠 강국 대한민국의 도전은 이제 시작이다

현대경제연구원과 《포춘》에 따르면, 슈퍼 크리에이터 7명이 10년 동안(2014~2023) 창출한 경제 파급력이 약 41조 8,600억 원에 달한다. 관광·유통·미술 등 국내 각 생산 분야에 유발한 효과는 연평균 4조 1,400억 원, 부가가치는 연평균 1조 4,200억 원으로 추산된다. 《포춘》은 "BTS가 한국 경제에 매년 36억 달러(약 5조 원) 이상 기여한다. 이는 26개 중견기업이 기여하는 규

BTS 36억 달러 기여

BTS가 한국 경제에 기여하는 효과는 매년 5조 원으로, 이는 한국 중견기업 26개의 기여도와 같다는 《포춘》의 분석.

모와 같다."라고 강조했다.

BTS 같은 슈퍼 크리에이터들은 단순히 K콘텐츠를 세계화한 게 아니라 대한민국의 문화와 제품, 나아가 자긍심과 자신감까지 세계화했다. 패션, 화장품, 푸드, 교육, 소비재, 관광, 문화, 게임, 드라마, 영화 등 산업 전반에 활력을 불어넣고 있다. 이는 국가의 지원 없이 이뤄 낸 놀라운 성과다.

하지만 초거대 AI, 웹 3.0, 메타버스를 앞세운 크리에이터 이코노미시대에는 국가적 차원에서 슈퍼 크리에이터를 집중 육성해 그들이 창조해 낸 지식재산권이 글로벌 슈퍼 IP로 발전할 수 있도록 지원해야 한다. 이제 대한민국은 이들이 만들어 낸 글로벌 슈퍼 팬들의 팬심을 K제품의 수익 창출로 연결시켜야 한다.

다양한 분야의 크리에이터들이 영역을 넘나들며 창작 활동을 하고 기업형으로 도약할 수 있도록 제도적 뒷받침을 고민해야 한다. 이를 통해 '크리에이터-콘텐츠-슈퍼 팬'의 선순환 구조가 만들어져야 'K콘텐츠 경제'가 한국의 미래를 선도할 수 있을 것이다.

K콘텐츠 경제
크리에이터-콘텐츠-슈퍼 팬의 선순환 구조를 통해 국가적 부가가치를 창출하는 한국 경제 시스템.

K콘텐츠 신드롬을 진정한 경쟁력으로 발전시키기 위해서는 크리에이터들의 자구책도 필요하다. BTS 신화를 만들어 낸 방시혁 하이브 의장이 "K팝의 성취에 만족하기보다 오히려 위기감을 가져야 할 때다."라고 말한 이유를 상기해야 한다. 세계 음악 콘텐츠 시장은 유니버설 뮤직 그룹, 소니 뮤직 엔터테인먼트, 워너 뮤직 그룹

등 3대 메이저가 장악하고 있다. 3사의 시장점유율이 67.4퍼센트인 만큼 아직은 다윗에 불과한 K팝이 넘어야 할 벽은 높다. 그러므로 K팝 기업이 세계적인 음악 산업의 메이저로 부상하기 위한 본격적인 노력이 요구된다.

K팝과 드라마, 예능, 영화, 웹툰, 웹소설, 게임 등 K콘텐츠의 본질적인 경쟁력을 키우고 그 자체를 글로벌 문화 산업으로 육성시키는 것은 당연한 일이다. 이제는 이를 뛰어넘어 새롭게 요구되는 미래 콘텐츠, 즉 산업 콘텐츠에 도전할 것을 제안한다. 이를 통해 디지털 콘텐츠 산업을 선도하는 국가가 되어야 할 것이다.

산업 콘텐츠

K팝, 드라마, 예능, 영화, 웹툰, 게임 등 K콘텐츠를 산업적 측면에서 육성 및 발전시켜 글로벌 선도 국가로 도약시켜야 한다는 입장.

미래 콘텐츠는 하이테크놀로지와 생성형 AI가 만들어 내는 3차원 디지털 콘텐츠다. 메타버스, VR, 모빌리티, 디지털 휴먼, 게임, NFT, 영화, 드라마 등에 특화된 프리미엄 콘텐츠로, 산업용 콘텐츠가 주류다. 현재의 기술 수준은 가상현실을 소재로 다룬 영화 〈매트릭스〉, 〈백 투 더 퓨처〉, 〈마이너리티 리포트〉 등에 소개됐던 세상을 그대로 체험할 수 있는 미래 콘텐츠의 구현을 가능하게 한다. 나아가 현실세계와 똑같은, 실제보다 더 현실감 넘치는 세상을 보고 듣고 체감할 수 있는 가상 현실세계를 구현해 주고 있다. 그 결과 게임과 엔터테인먼트를 결합한 메타버스 플랫폼은 물론 가상현실 기반 업무용 메타버스 플랫폼까지 확장현실(AR·VR·MR) 형태로 체험할 수 있는 3D 콘텐츠들이 속속 등상하고 있나.

3D 콘텐츠

미래 웹 3.0, 메타버스 세상
을 지배할 콘텐츠

미래 산업 콘텐츠

자율주행차, 드론, 전기차,
UAM 등 미래 모빌리티에 탑
재될 콘텐츠들. 첨단 기술이
결합돼 고부가가치 산업으로
부상할 것이다.

미래 콘텐츠의 또 다른 용도는 자율주행차, 드론, 전기차, 커넥티드카, 플라잉카, 도심 항공 교통UAM 등 미래 이동 수단인 모빌리티를 위한 것이다. 이들 모빌리티는 기술로 구현된 '깡통'에 불과하며, 그 상품성을 돋보이게 만든 것이 바로 콘텐츠다.

모빌리티 안에는 필요한 서비스가 탑재되어야 한다. 인공지능 기반 음성 비서는 물론 동영상 콘텐츠 추천, 최적의 이동 경로 안내, 특정 부위 고장 여부 진단, 안전 운행 안내 등 수많은 콘텐츠가 미래 차 안을 채우게 된다. 현재와 차원이 다른 4차원 콘텐츠, 360도 콘텐츠, 4K를 넘어선 6K(약 6,000픽셀) 영상 콘텐츠 등 미래 콘텐츠가 탑재될 예정이다.

우리는 지금 당장 첨단 기술이 결합된 고부가가치 미래 산업 콘텐츠 개발에 뛰어들어야 한다. 이를 통해 미래 콘텐츠 산업을 국가의 성장 동력으로 만들어야 한다. 서둘러 도전을 시작하자!